L'ESPRIT DU DON

Jacques T. Godbout
en collaboration avec Alain Caillé

L'ESPRIT DU DON

Boréal

Les Éditions du Boréal sont inscrites au Programme de subvention globale du Conseil des Arts du Canada et reçoivent l'appui de la SODEC.

Conception graphique: Gianni Caccia
Illustration de la couverture: *Les Trois Grâces* de Raphaël

Diffusion au Canada: Dimedia

Données de catalogage avant publication (Canada)

Godbout, Jacques T., 1939-

L'Esprit du don

2e éd. –

(Boréal compact; 67)

Comprend des réf. bibliogr.

ISBN 2-89052-733-6

1. Générosité. 2. Altruisme. 3. Cadeaux. I. Caillé, Alain, 1944-
II. Titre. III. Collection.

BJ1533.G4G62   1995   179' .9   C95-941644-7

Avant-propos et remerciements

Il est d'usage, spécialement dans les ouvrages de sciences humaines et sociales, de nommer les personnes, toujours nombreuses, envers qui l'on se sent redevable d'une idée, d'une critique, d'une information, d'une remarque, ou encore d'une aide matérielle ou affective. Ce seul fait atteste l'importance des relations de don et de gratitude à l'étude desquelles le présent livre est consacré. Mais, bizarrement, le fait d'avoir écrit sur le don ne rend pas plus perspicace au chapitre de l'identification des personnes à qui l'on doit quelque chose et ne facilite pas la réalisation du travail de gratitude. Celui-ci devient particulièrement ardu lorsque le livre résulte d'une collaboration. Qui a donné quoi à qui? Quel est l'auteur premier et véritable de telle ou telle idée? Si la réponse à de telles questions est délicate, c'est que, justement, la possibilité que les idées naissent et s'échangent suppose que leur appropriation soit mise entre «parenthèses». Mais au bout du compte, et avec son accord, je crois que c'est à moi qu'il revient de remercier Alain Caillé de la collaboration qui nous a liés. Celle-ci s'est amorcée en fait bien avant que nous fassions connaissance. Alain Caillé avait déjà commencé à réfléchir sur le don et à attirer l'attention sur son importance dans le cadre du *Bulletin*, puis de la *Revue du MAUSS*[1] (Éditions La Découverte), dont il est le fondateur-directeur. Pendant l'année où, à Paris, je rédigeais la première version de cet ouvrage, nous avons discuté régulièrement de la problématique générale et échangé nos points de vue sur la quasi-totalité des thèmes abordés ici. Nous avons écrit l'introduction ensemble, et il a fait les chapitres 7 et 8, ainsi que la plus grande partie du chapitre 9. Comme je suis l'unique rédacteur du reste, c'est à moi qu'il convient d'assumer la responsabilité des insuffisances et approximations qui s'y trouvent.

De cette dette-là, je ne pouvais pas ne pas faire état en premier lieu. Mais je veux aussi rappeler mes déjeuners périodiques avec Anne Gotman. Ils m'ont soutenu pendant toute cette année sabbatique à Paris. Sa sensibilité, sa générosité et son intelligence avaient régulièrement raison de mes angoisses et de mes incertitudes.

Je dois aussi beaucoup à tous ceux qui m'ont fait comprendre l'importance du don, par leurs conversations, leurs histoires de don, mais aussi et surtout leurs gestes, leur attitude, leur sagesse quotidienne. Parmi eux, je veux nommer mon frère Guy, mort dans un naufrage au moment où s'achevait le travail de rédaction. Je lui dédie ce livre, ainsi qu'à tous ces «gens sans importance» avec qui, comme dit le poète, on est si bien et sans qui on n'est plus rien.

JACQUES T. GODBOUT

Introduction

Le don existe-t-il (encore[1])?

«Les temps sont durs mais modernes»

«Les temps sont durs mais modernes», dit un proverbe italien rapporté par Sloterdijk (1983). L'individu moderne veut bien qu'on lui reproche beaucoup de choses, mais certainement pas d'être naïf. Il serait même tout sauf ça. Il sait bien, lui, ce qui se cache derrière les histoires de dieux, derrière les mythes, derrière les beaux et grands récits de tous les pays et de tous les temps. L'individu moderne est réaliste. Il sait donc aussi ce qui se cache derrière le don. Ayant le triste mais moderne privilège de regarder la réalité en face et de n'être pas abusé par les faux-semblants, il sait bien que ce qui motive la production et l'échange des biens, ce n'est pas l'altruisme ou la générosité mais l'intérêt matériel; que la politique n'est pas affaire d'idéaux mais de pouvoir et de violence, et que les affects ne sont pas commandés par les sentiments, mais d'abord par le sexe. Plus généralement, l'homme moderne entend n'obéir qu'au principe de réalité, et celui-ci énonce que seuls la matière et le corps existent réellement. Le reste n'est qu'invention de l'esprit! Alors le don, cette simulation ou cette affectation de l'ineffable, on a toujours le droit d'en rêver dans l'intimité ou dans l'obscurité d'une salle de cinéma. Mais il ne saurait être question de s'en soucier dans l'analyse de la dure réalité.

On a tout compris lorsqu'on a compris cela. Et si l'on affirme autre chose, c'est qu'on n'a pas su voir ce qui se dissimule derrière les apparences. Après Freud, Marx, Lévi-Strauss ou Bourdieu, pense l'homme moderne cultivé, l'innocence n'est plus possible, sauf «avec ironie». C'est-à-dire justement, précise Umberto Eco, d'une façon «non innocente». «L'homme pense, Dieu rit», ajoute Kundera. Bien sûr, la recherche d'une nouvelle clé pour comprendre le monde, d'une nouvelle grille de lecture de la modernité, est tentante, louable et sympathique. L'utilitarisme, le marxisme, le structuralisme sont bien tristes et «désenchantants». Peut-être même sommes-nous tous floués par la modernité. Mais c'est comme ça. L'innocence est perdue pour toujours. Il faut s'y faire, ne pas succomber à des nostalgies passéistes, être un brave petit moderne. Or, assumer la modernité (ou la post-modernité), c'est avant tout confesser l'inexistence ou l'inconsistance du don. «À la dure réalité seule tu croiras, aux mirages et aux tentations du don tu te garderas de succomber.» Tel pourrait être le premier commandement d'un petit caté-chisme à l'usage des modernes.

Le don n'existe pas. Le don est partout

On comprend mieux dès lors l'étonnant jeu de bascule et de renversement dont témoignent les réactions suscitées par le projet d'écrire un livre sur le don. C'est que, pour nos interlo-cuteurs, à la fois le don n'existe pas, puisque ne sont réels que le corps et l'intérêt, et en même temps il existe encore trop. Écoutons ces premières réactions avant de tenter une première formulation de nos hypothèses: prenant l'esprit moderne au mot, nous refuserons de le croire sur parole et étendrons le soupçon au soupçon lui-même, pour nous demander ce qui se cache derrière cette insistance à nier l'existence du don.

Le don n'existe pas (plus)

«Le don, mais ce n'est pas sérieux. Tu veux étudier la charité, la bienfaisance? Ou alors la générosité? Alors ça, c'est un bon sujet! Mais ça n'existe à peu près plus, malheureu-sement.» Ou heureusement, pensons-nous à peu près tous. Que le don ait fait place à l'échange marchand et au calcul, il est encore possible d'affecter de le déplorer au nom du regret ou de l'espoir d'un monde plus chaleureux, humain et fraternel. Mais personne ne se plaint que la justice ait remplacé la charité et que les droits à l'assistance, garantis par l'État-providence, se soient substitués à l'aumône. En ces matières, si le don n'existe plus, c'est tant mieux.

La générosité a disparu elle aussi; elle a été remplacée par le calcul égoïste, dit-on encore. Égoïsme, c'est le mot clé des premières réactions spontanées. «Les gens sont tellement égoïstes!» Alors, outre la charité et les références religieuses, vient à l'esprit le «don de soi». Spontanément, on allie l'idée de don à celle de don de soi. Et cela semble tellement saugrenu et dépassé...

«Un livre sur le don? Donne-moi un exemple.» Après quelques instants de réflexion, celui-ci vient à l'esprit: «Je viens de t'offrir l'apéritif. Tu m'as dit: d'accord, mais alors je paye le vin. Pourquoi cette contrepartie? C'est ce genre de question que nous traiterons.» Un malaise suit habituellement ce type de propos. Qui ne surprendra pas les habitués de la littérature théorique sur le don, dont une des conclusions principales est que, à la différence de celui du marché, l'univers du don requiert l'implicite et le non-dit. La magie du don n'est susceptible d'opérer que si ses règles demeurent informulées. Sitôt qu'elles sont énoncées, le carrosse redevient citrouille, le roi se révèle nu, et le don équivalence. Aussi, après quelques instants de silence et de réflexion, notre interlocuteur se ressaisit et rétorque: «Mais, justement, ce n'est pas un don, puisque je vais payer le vin.» À quoi l'on peut répondre: «Mais est-ce vraiment la même chose que si nous avions partagé les additions de l'apéritif et du vin, et cela, même en supposant que, pécuniairement, le bilan comptable soit le même? Et si c'est la même chose, pourquoi se compliquer la vie ainsi?»

D'une certaine manière, tout le problème est là. Si le don et le contre-don sont inégaux, alors il y a un gagnant et un perdant, et probablement exploitation et tromperie. Si, au contraire, ils sont équivalents, alors il n'y a apparemment pas de différence entre le don et l'échange marchand intéressé et rationnel. Bref, le don paraît soit illégitime, soit inexistant ou illusoire. Telle est la conviction moderne qu'exprime cet interlocuteur. Celle que toute tentative de dénier la loi de l'équivalence comptable soit au mieux suspecte ou dérisoire. Il faudra nous demander au contraire si la formation du lien social n'obéit pas à des règles qui nous échappent, et qui n'entretiennent avec la logique économique que des rapports étranges et paradoxaux. Combien de temps Robinson et Vendredi auraient-ils survécu sur leur île s'ils n'avaient entretenu que des rapports d'affaires, à l'exclusion de tout autre lien? Peut-être le vin équivaut-il à l'apéritif, mais si les deux convives n'avaient pas eu en tête d'autres motivations que le partage de l'addition, ils ne se seraient même pas rencontrés et la question de l'équivalence ne se serait simplement pas posée.

À l'évocation d'un projet de livre sur le don, la première réaction spontanée est donc celle du déni. Le don n'existe plus. Ou alors il n'est qu'une manière de faire des manières et de simuler la gratuité et le désintéressement là où ne règnent, comme partout, que l'intérêt et l'équivalence.

La deuxième réaction spontanée est faite de gêne ou de défiance. Comme si, dans une soirée, un inconnu se mettait inopinément à vous questionner sur votre vie sexuelle ou à s'enquérir du montant exact de votre revenu. «De quoi se mêle-t-il?», inclinerez-vous à penser. Vous tenterez probablement de désamorcer la question par quelque plaisanterie, mais vous resterez mal à l'aise. Ce sont les mêmes réflexes de défense que suscite la thématique du don. Cela ne laisse pas d'intriguer. Naguère, les «choses cachées» étaient l'argent et le sexe. Les sciences humaines en ont déduit que ces choses devaient, puisque cachées, constituer la réalité ultime, le lieu de la vérité par excellence. Or, par un étrange renversement, le don, autrefois sujet obligé des discours édifiants, est devenu plus obscène que l'obscénité même. De ses conquêtes financières ou sexuelles, il devient presque obligatoire de parler. Le don, par contre, est désormais tabou, interdit de discours. Au minimum, comme la religion, c'est une affaire privée qui ne regarde personne. Voilà qui incite à poursuivre l'investigation dans l'espoir, puisque le don fait rougir, de trouver quelque chose de caché... sous le don.

Le don est partout

Après quelques explications, les premières réactions font place à un intérêt grandissant. Souvent même, «l'aveu» remplace l'indifférence et le malaise. Et alors le don, qui n'était nulle part, surgit de partout. Telle personne qui avait affirmé «que le monde actuel n'est qu'égoïsme» se révèle particulièrement généreuse, à en croire ses amis: «Je suis étonnée qu'il ait réagi de cette façon. Robert est tellement généreux; il donne beaucoup. Il m'a même offert récemment de payer pour l'école de ma fille parce qu'il sait que je traverse des moments difficiles financièrement.» Ou encore on apprend de la bouche même de ceux qui, dans un premier temps, avaient nié l'existence ou l'importance du don:

- qu'un fonctionnaire à la retraite, athée et rationaliste, laïc convaincu, fait du bénévolat auprès des petits Frères des pauvres: «Tu sais, je reçois plus que je ne donne», précise-t-il aussitôt, comme pour se justifier devant le tribunal de la raison utilitariste de se laisser aller à de tels comportements. «Souvent, je ne dis rien, c'est la personne que je visite qui parle seule.» Le message est évident, et tant qu'il reçoit plus qu'il ne donne, tout va bien, il est en règle avec les exigences de la liberté moderne. Notons au passage un élément qui pourrait surprendre davantage: parler est considéré comme un don. Le premier peut-être.
- qu'un professeur de faculté à l'humour cynique fait du bénévolat auprès des sidéens. Commentaire d'une amie: «Il a le cœur tellement grand, et pourtant il est toujours distant avec ses meilleurs amis. Mais il travaille avec les sidéens. Personne ne le sait.»
- qu'une de ses amies est bénévole à Tél-Aide, un service d'aide téléphonique personnelle. Avant même d'avoir commencé, elle affirme recevoir déjà beaucoup de la formation qu'on lui donne. «Je veux, dit-elle, rendre un peu de ce qu'on m'a donné dans la vie. J'ai beaucoup reçu.»
- que la mère d'une amie «a été littéralement sauvée par les Alcooliques anonymes», groupe entièrement fondé sur le

principe du don. «Elle est transformée depuis qu'elle est dans les AA.»

À certains égards, ces illustrations de la réalité du don sont presque trop belles. Du don, elles montrent une facette purifiée et apaisée à l'excès. Non qu'il y ait lieu de jeter le doute sur la sincérité des gestes. Même les modernes les plus caustiques admettent qu'il existe de «braves gens». La coloration vaguement méprisante attachée à ce qualificatif est d'ailleurs là pour en témoigner. Ce qui gêne dans ces exemples, c'est leur trop grande simplicité, qui désarme le commentaire. Ils mettent en scène, en effet, une symétrie trop parfaite avec la négation du don qui vient spontanément à l'esprit des modernes. «Le don n'existe pas, tout est égoïsme», souffle l'esprit du temps. «Le don existe bel et bien, et l'altruisme aussi», semblent montrer les cas cités — ce que bien d'autres pourraient confirmer à l'envi. L'esprit moderne peut toujours se contenter de voir dans cet altruisme une manière comme une autre que l'on a de se faire plaisir. Mais au minimum cet égoïsme, dont la satisfaction passe par l'altruisme, est bien différent de l'égoïsme premier et fruste dont la modernité postule l'universalité.

Le débat se révélerait ainsi circulaire et sans fin. Ce qui montre assez que les dés sont pipés. Si la modernité refuse de croire à l'existence du don, c'est qu'elle se le représente comme l'image renversée de l'intérêt matériel égoïste. À ses yeux, le «vrai» don ne saurait être que gratuit. Et comme la gratuité est impossible («*There is no such thing as a free lunch*[2]», et jamais on ne rasera gratis), le don, le vrai don est également impossible. D'où, à l'inverse, l'insistance de ceux qui sont effectivement dévoués à protester qu'ils y trouvent leur compte. D'une part, comme nous l'avons dit, cela leur permet de sacrifier au moralisme égoïste de l'époque. Mais, plus profondément, en niant la gratuité de leurs motivations, ils attestent la réalité de leur don. En effet, comme le montre Mary Douglas (1989), le don gratuit n'existe effectivement pas — ou alors de manière asymptotique à l'asocialité. Car le don sert avant tout à nouer des relations. Et une relation sans espoir de retour (de la part de celui à qui l'on donne ou d'un autre qui se substituerait à lui), une relation à sens unique, gratuite en ce sens et sans motif, n'en serait pas une. Au-delà ou en deçà des moments abstraits de l'égoïsme et de l'altruisme, de l'antithèse figée entre un moment supposé réel de l'intérêt matériel calculé et un moment supposé idéal mais inaccessible du désintéressement radical, il faut penser le don, non pas comme une série d'actes unilatéraux et discontinus, mais comme relation. Plus encore que le capital selon Marx, le don est, non pas une chose, mais un rapport social. Il constitue même le rapport social par excellence, rapport d'autant plus redoutable qu'il est désirable. L'idée que le don serait toujours intéressé et celle qu'il devrait toujours être gratuit ont en commun de fournir du don une représentation aseptisée. Et d'interdire de comprendre que s'il est à ce point conjuré et dénié par les modernes, c'est qu'il est dangereux.

Dangers et refus du don

«J'ai refusé le cadeau que mon patron m'offrait, dit une secrétaire. Il ne mérite pas que j'accepte ses cadeaux. Cela supposerait un type de rapports dont je ne veux pas.» On sait que les Grecs sont redoutables lorsqu'ils sont porteurs de cadeaux: *Timeo Danaos et dona ferentes*. Marcel Mauss a relevé que, dans les langues germaniques, le mot «*gift*» désigne à la fois le don et le poison. Simple hasard? La chose est peu probable, puisqu'on retrouve la même signification double dans le grec «dosis», d'où vient notre «dose», dose de produit toxique notamment. «J'en ai eu ma dose», dit-on encore couramment.

Quoi qu'il en soit, il est clair que les cadeaux sont particulièrement empoisonnés lorsque leur donateur est empoisonnant: «Un ami m'a offert, ainsi qu'à plusieurs autres, un livre qu'il a publié à compte d'auteur. Personne ne l'a lu, tous ont refusé. Il est très vexé. C'est dramatique. Mais son livre est illisible; il faut consulter le dictionnaire dix fois par page, c'est un vrai cadeau empoisonné! Au fond, son livre, on le ressent tous plutôt comme une demande de sa part, comme une demande de reconnaissance dans tous les sens du terme: qu'on reconnaisse sa valeur, et qu'on manifeste de la reconnaissance, de l'estime, en travaillant très fort pour lire son livre, pour recevoir son cadeau, et manifester ainsi qu'on l'aime.» Ce don est en fait indirectement une demande de contre-don. Cela n'est pas dans les règles du don et les amis résistent à un cadeau aussi exigeant et aussi «obligeant».

Pour son anniversaire, Nadine a offert des confitures maison à Jérôme, dont elle s'est récemment séparée. Elle est vexée par la réaction de Jérôme: «Je n'ai eu aucun commentaire. J'ai fini par lui demander s'il avait apprécié. Il m'a seulement répondu que j'avais touché sa corde sensible. Même pas un mot de remerciement!» Le donataire sort d'une relation difficile avec la donatrice. Cette relation l'a menacé dans son intégrité. Il craint que ce don puisse être un geste de reconquête. Il est donc incapable de dire merci. Cela reviendrait à dire: «J'accepte de nouveau d'être à ta merci.» Il lui explique même qu'elle touche sa corde sensible, c'est-à-dire le lien qui attache. Nous sommes ici en présence d'une magnifique illustration de la puissance d'expression du vocabulaire courant, tout anodin qu'il paraisse au premier abord. Tout se passe comme si des mots tels que «merci» et «s'il vous plaît», dans leur évolution sociale vers des niveaux superficiels, formels, n'étaient neutralisés qu'en apparence et gardaient toujours leur puissance d'expression originelle liée au sens des rapports qui ont présidé à leur naissance. On peut considérer le mot «merci» comme une sorte d'ellipse pour dire que le fait de recevoir un cadeau peut rendre en quelque sorte dépendant, nous mettre à la merci de celui qui le donne. Le cheminement historique du mot vers la formule de politesse et sa superficialité apparente ne l'empêche pas de conserver sa force, qui se manifeste lorsque le mot «tombe dans le mille», pour ainsi dire. Cet exemple est aussi une remarquable illustration du fait que le cadeau est un bien au service du lien social; cela n'empêche pas les confitures d'être délicieuses, sans aucun doute. Et c'est d'ailleurs parce qu'elles sont délicieuses, et faites par la donatrice elle-même, cristallisant quelque chose de sa personne, donc parce qu'il est de grande qualité que le bien peut ainsi se mettre au service du lien. C'est ainsi en effet qu'il contient nécessairement le lien, qu'il le renferme, et devient dangereux pour le donataire, dont il «touche la corde sensible». D'où la difficulté de dire «merci». Le mot «reste dans la gorge» du receveur.

À y réfléchir superficiellement, ces trois exemples pourraient sembler dénués de mystère. Chaque fois le don est refusé, ou n'est pas reconnu comme don, parce que l'accepter serait reconnaître l'établissement d'une relation personnelle dont justement on ne veut pas ou dont on ne veut plus. Mais une telle explication n'explique rien puisqu'elle considère comme allant de soi ce qui, précisément, fait problème. Elle tient pour évident que le don est symbole et, en quelque sorte, «performateur» des relations de personne à personne, catalyseur et marqueur des affinités élues. Surtout, elle tient pour évident que le don oblige et qu'il ne peut pas ne pas être rendu. Voilà qui est bien étrange d'un point de vue rationnel. Pourquoi ne pas accepter le livre empoisonnant et dire qu'on aime bien son auteur mais pas ce genre de littérature? Pourquoi ne pas accepter les confitures et dire qu'elles sont bonnes, mais que ce qui est fini est fini? Bien sûr, dans les cas présentés, il y a lieu d'envisager des représailles affectives. Mais en examinant les deux cas suivants, on ne peut que s'étonner de la puissance avec laquelle se manifeste l'obligation de rendre, alors même que nulle sanction d'aucune sorte n'est envisageable et que le donataire n'a même pas à redouter l'instauration d'une relation qui risquerait d'être ennuyeuse ou sans attrait.

De retour d'Haïti, Albert se dit frappé par l'espèce de nécessité qui existe au Québec de ne rien devoir à personne, alors qu'en Haïti, c'est le contraire. (Ce qui pose évidemment des problèmes d'un autre ordre.) Il donne l'exemple suivant: «Ma fille vient de recevoir un bon bulletin scolaire. Pour la récompenser, ma femme et moi-même sommes allés lui acheter quelques friandises chez le marchand du coin. Nous y avons rencontré un de ses camarades d'école à qui nous en avons offert également. Dix minutes plus tard, il arrive chez nous avec un dollar que son père lui a dit de me remettre.»

Et que dire de l'exemple suivant: «Un homme frappe à ma porte. Sa voiture est en panne en face de chez moi et il voudrait téléphoner. Il me demande aussi de l'eau. En partant il sort 20 $ de sa poche et me les offre. Je refuse. Il me présente alors sa carte en me disant: "J'espère bien pouvoir vous remettre ça un jour... le plus vite possible".» Le point de vue utilitaire dominant aujourd'hui aurait dû conduire l'automobiliste à considérer que «c'était toujours ça de gagné». Or, tout se passe comme si les dettes, même dérisoires, étaient intrinsèquement dangereuses et insupportables. À moins que l'on éprouve, tout simplement, un certain plaisir à rendre. Face aux dangers inhérents à tout don, l'argent et le recours à une logique marchande sont les antidotes — à la fois contre-dons et contrepoisons — par excellence.

Françoise raconte: «J'ai eu tellement de problèmes avec un cadeau récemment. Une personne m'avait fait un très beau présent pour mon anniversaire. C'était maintenant le sien et, normalement, je devais lui offrir quelque chose d'équivalent. Mais je n'en avais vraiment pas envie, je n'en étais pas capable, je bloquais. Car notre relation ne méritait pas cela, ça n'allait pas. Je n'arrivais pas à me décider entre le fait que je lui devais en un sens un cadeau équivalent mais que, par ailleurs, un tel cadeau aurait signifié quelque chose qui n'existait plus, ou si peu. Je ne pouvais pas ne pas tenir compte de notre relation en faisant le cadeau; c'est lié. Finalement je lui ai offert quelque chose d'une assez grande valeur, mais neutre, quelque chose que n'importe qui aurait pu lui offrir; ce n'était pas personnel.» Cette personne a trouvé la solution à son problème par un jeu sur le double système de référence: le système du marché, où les choses valent entre elles seulement, et le système du don, où les choses valent ce que vaut la relation — et la nourrissent. Françoise ne voulait pas que le bien nourrisse le lien. Elle a donc choisi un objet ayant une valeur marchande équivalente à celle du cadeau qu'elle avait reçu, mais un objet neutre, que n'importe qui aurait pu offrir. Dans notre société, ce jeu est fréquent. Il est possible par exemple d'utiliser le rapport quasi marchand pour interrompre une chaîne de dons. Ainsi, un couple invité à dîner apporte un cadeau tellement important (deux bouteilles d'un très bon vin) que cela est interprété par les hôtes comme une volonté de ne pas rendre l'invitation. La suite leur donne raison.

En suivant simplement l'ordre des réactions de nos interlocuteurs à l'évocation du don, nous avons, assez bizarrement, accompli le parcours que suit le don effectif. Au départ, rien n'existe sauf des individus séparés qui, en tant que tels, ne suivent que leur propre intérêt. Puis apparaît le don, presque trop beau, tonitruant, ou bien modeste et insidieux. Mais qui crée un sentiment d'obligation. Soit l'obligation de rendre est assumée, et alors un circuit de relations de personne à personne est établi, au sein duquel les biens nourrissent le lien. Soit elle est refusée grâce à un contre-don monétaire immédiat, et l'on se retrouve à la case départ. À cette différence près que l'état initial de séparation des individus égoïstes et calculateurs, qui semblait tout naturel et premier, apparaît désormais comme ce qu'il est aussi, le résultat d'un refus de relations, terme aussi bien qu'origine, conséquence et effet tout autant que cause première.

Nous avons désormais assez d'indices de la persistance du don, de ses séductions et de ses dangers dans la société moderne, pour tenter une première généralisation et hasarder quelques hypothèses.

Quand le don forme système

À écouter ces premières réactions à l'idée d'un livre sur le don, on éprouve des sensations qui ne sont sans doute pas très éloignées de celles qu'a dû connaître Marcel Mauss lorsqu'il réunissait les matériaux, tirés de l'ethnographie et de l'histoire des religions, qu'il présente dans son célèbre *Essai sur le don* (1932-1934), le plus grand livre, probablement, de l'anthropologie moderne. «Dans bon nombre de civilisations archaïques […], écrit-il au tout début de l'*Essai,* les échanges et les contrats se font sous la forme de cadeaux en théorie volontaires mais en réalité obligatoirement faits et rendus» (1950, p. 147).

La pérennité du don dans la société moderne

Malgré la prudence de sa formulation initiale et l'interdiction que, faute de matériaux suffisants, il se faisait à lui-même de généraliser à l'ensemble des sociétés archaïques, ce que Mauss découvrait, au-delà de la multiplicité des témoignages et des exemples, n'était rien d'autre que l'universalité du don dans les sociétés anciennes. Universalité qu'il convient d'ailleurs d'entendre dans un double sens. Le don concerne toutes les sociétés, et il concerne la totalité de chacune d'entre elles. Là où les spécialistes ne pouvaient que détailler des exemples particuliers, Marcel Mauss commence à déceler les contours d'une forme générale et à deviner la généralité de sa prégnance. De même, une fois dépassé le moment des dénégations initiales, les réactions de nos interlocuteurs incitent à penser qu'aujourd'hui encore, malgré toutes les bonnes raisons qu'il y aurait de croire à sa disparition définitive et inéluctable, le don est partout. Si tel est bien le cas, et si l'on veut commencer à décrire et à penser cette ubiquité, il faut surmonter un deuxième réflexe de prudence scientifique de Marcel Mauss. Malgré son désir de revivifier l'esprit de don pour en faire le socle sur lequel pourrait être édifiée une société solidaire, à égale distance de l'égoïsme d'un libéralisme désocialisant et des violences d'un socialisme bureaucratique, Mauss semble avoir eu du mal à reconnaître que le don existe encore aujourd'hui autrement que sur le mode d'une sorte de survivance, illustrée par l'exemple, somme toute marginal, des cadeaux d'anniversaire ou de nouvel an. De même, pour éclairer le concept de réciprocité, Claude Lévi-Strauss (1967, p. 68 et suiv.) décrit la pratique de l'échange des bouteilles de vin dans les petits restaurants du Midi de la France. L'exemple est sympathique et parlant, c'est vrai. Mais si le don ne se manifestait plus que sous ces aspects mineurs et marginaux, il ne serait guère utile de s'en préoccuper, sauf par nostalgie ou par goût des études folkloriques.

Or, l'idée qui s'est peu à peu imposée à nous est que le don est aussi moderne et contemporain que caractéristique des sociétés archaïques; qu'il ne concerne pas seulement des moments isolés et discontinus de l'existence sociale, mais sa totalité même. Aujourd'hui encore, rien ne peut s'amorcer ou s'entreprendre, croître et fonctionner qui ne soit nourri par le don. À commencer par le commencement, autrement dit par la vie elle-même, au moins pour quelque temps encore, ni achetée ni conquise, mais bel et bien donnée, et donnée, généralement, au sein d'une famille, légitime ou illégitime. Or, tout porte à croire, quoi qu'en disent les sociologies de l'intérêt et du pouvoir, que les familles se dissoudraient instantanément si, répudiant les exigences du don et du contre-don, elles en venaient à ne plus ressembler qu'à une entreprise ou à un champ de bataille. À continuer par les relations d'amitié, de camaraderie ou de voisinage qui, elles non plus, ne s'achètent ni ne s'imposent par la force ou ne se décrètent, mais présupposent réciprocité et confiance. À finir, provisoirement et pour ne pas allonger une liste qui menacerait d'être interminable, par les entreprises, l'administration ou la Nation, dont il est clair que toutes péricliteraient rapidement si des salariés ne donnaient pas plus que ce que rapporte leur salaire, si des fonctionnaires ne faisaient pas preuve de quelque sens du service public et si un nombre suffisant de citoyens n'étaient pas prêts à mourir pour la Patrie.

Que, loin d'être mort ou moribond, le don soit donc encore bien vivant, voilà qui doit maintenant paraître plausible. Mais sans doute convient-il d'aller au-delà du simple constat et de faire l'hypothèse que cette pérennité ne résulte pas seulement et négativement de l'universelle nécessité d'apporter un supplément d'âme aux seules logiques solidement constituées qui seraient celles de l'intérêt marchand et du pouvoir d'État, mais qu'elle témoigne du fait que le don, lui aussi, comme le marché et l'État justement, forme système.

De cette systématicité, le meilleur indice est sans doute celui que fournit une rapide réflexion sur le statut et la fonction de la parole. Pour illustrer l'importance du don, nous avons donné des exemples d'échanges de biens et de services. Mais ce sont d'abord des mots, des phrases et des discours que le sujet humain produit et échange avec les autres. Assurément il arrive, et de plus en plus, qu'on ne parle que pour communiquer des informations ou pour donner des ordres. Mais, avant d'informer ou de viser à faire en sorte que les autres se conforment à nos objectifs, la parole est d'abord destinée à l'autre en tant qu'autre. Comme les biens précieux archaïques, elle ne peut circuler que si, entre l'un et l'autre, entre les uns et les autres, a préalablement été créée et symbolisée la relation même qui autorise la parole — celle qui permet d'être en *speaking terms* — et se nourrit d'elle. C'est ainsi qu'on «donne» la parole à quelqu'un ou que, si on refuse de vous la donner, vous la «prenez». Et puis on la reprend, non sans avoir dit «pardon», «merci», «*gracias*», «*grazie*», «*thanks*», puisqu'il faut aussi bien remercier l'autre du don qu'il vous fait en vous parlant que signifier qu'en parlant on se met à la merci de l'autre, et que c'est ainsi qu'on s'expose aussi bien à «l'obliger» qu'à devenir son «obligé», «*muito obrigado*». Pour pouvoir échanger des biens et des services, il faut instaurer avec l'autre une confiance minimale, qui implique généralement qu'on «donne sa parole» et qu'on ne peut la «reprendre» sans raison grave. L'art de la conversation doit permettre à chacun de parler. Doit accorder à chacun, donc, le plaisir de donner ce qui, pour ne rien coûter apparemment, n'en est pas moins précieux: des mots, des mots simples, des bons mots, sinon des gros, ou des idées rares, des formules bien ciselées qui ont une chance de rester dans l'esprit des interlocuteurs. La règle est que personne ne monopolise la parole et que, si quelqu'un la garde un certain temps, ce soit en vue de la charger de plus de valeur encore lorsqu'elle sera rendue.

Il apparaît ainsi que la conversation, chez les modernes, fonctionne exactement comme la *kula,* l'échange cérémoniel des Trobriandais, longuement décrit par B. Malinowski (1922). De même que les *vaygua's,* biens précieux des Trobriandais, les mots qui circulent n'ont pas d'abord une valeur utilitaire. Observer qu'il fait beau ou mauvais n'apprend rien à personne. La première fonction de la parole est d'abord de circuler, d'être donnée et rendue, d'aller et de venir. De même qu'il serait infamant pour un Trobriandais, explique Malinowski, qu'on dise de lui qu'il a confondu le registre de l'échange cérémoniel avec celui du troc, de même, rien ne serait plus malséant que de réduire la conversation à un simple échange d'informations utilitaires. Et même au sein du domaine le plus utilitaire, celui des affaires, on fait plus en parlant d'autre chose dans les déjeuners du même nom, que dans les réunions d'experts réduites au traitement de la seule information brute.

Ainsi surgit une question, de prime abord étrange, celle de savoir s'il existe un rapport entre le don de la vie, l'art de la conversation, l'amour familial ou patriotique, le goût du travail bien fait, l'esprit d'équipe, le don du sang et les déjeuners d'affaires.

Sous le marché et l'État, le système invisible du don

L'examen des premières réactions suscitées par la thématique du don pourrait s'interrompre sur un constat empirique sans grandes conséquences. Celui qu'il existe encore aujourd'hui des périodes consacrées à l'échange de cadeaux, qu'il subsiste des occasions d'être charitable, d'offrir des tournées, de se sentir endetté, d'être «en reste» ou, au contraire, de se libérer de dettes symboliques contraignantes en recourant à la marchandise et à l'argent. Mais ces occasions peuvent sembler éparses, îlots isolés sur une mer de calculs utilitaires. C'est cette hypothèse d'une simple survie occasionnelle et discontinue du don que nos dernières observations ne permettent plus de tenir. Bien plutôt faut-il concevoir le don comme formant système, et ce système n'est rien d'autre que le système social en tant que tel. Le don constitue le système des relations proprement sociales en tant que celles-ci sont irréductibles aux relations d'intérêt économique ou de pouvoir.

Ce qui empêche de percevoir cette presque-évidence, c'est la manière dont la tradition de pensée de l'utilitarisme, dont nous dépendons tous, conduit à formuler les questions. Rappelons que, pour elle, le don n'existe pas parce que seul le don véritablement désintéressé serait un vrai don, et que le désintéressement est impossible. Ou encore, le don authentique suppose un altruisme véritable. Or, celui-ci est inconcevable parce que l'altruiste doit bien avoir un intérêt égoïste à être altruiste. Ces tautologies dichotomiques, qui excluent l'existence d'un troisième terme, brouillent tout. De retour de Moscou, un journaliste du magazine *Time* affirmait récemment: «Le problème avec le communisme, c'est que ça ne fonctionne pas. C'est une noble idée, mais l'individu est égoïste. Parce que nous ne sommes pas des saints, nous en faisons souvent le moins possible» (31 juillet 1989; notre traduction). Voilà comment, en général, on juge l'échec actuel du communisme, c'est-à-dire selon la seule alternative de la sainteté et de l'égoïsme, dont la traduction sociale concrète est: travailler pour la bureaucratie, ou pour le marché. Mais, après avoir écrit son article, le journaliste, rentrant chez lui, entend dans sa voiture une chanson d'amour qui l'émeut beaucoup. À son arrivée, il embrasse sa femme et ses enfants, à qui il consacre la plus grande partie de ses revenus une fois l'impôt prélevé pour la collectivité. Autrement dit, la vie du journaliste contredit ce qu'il vient d'écrire. Il travaille très peu pour lui seul, mais beaucoup pour les autres: pour sa femme et ses enfants, pour que son père soit fier de lui, et même pour l'État! Mais il continuera à écrire sur l'Europe de l'Est en n'y voyant, en toute bonne foi, que l'opposition entre la bureaucratie et le marché. L'éclatement de la vie communautaire a entraîné cette incapacité de penser la façon dont se rencontrent et fusionnent concrètement, dans toute société, l'individuel et le collectif. On ne voit pas que c'est seulement face à une solidarité *qu'il n'a pas voulue,* qui lui est imposée de l'extérieur, que l'individu devient nécessairement égoïste, et qu'il est confiné au seul espace du marché. Entre une collectivisation forcée des rapports humains et le marché, entre une autorité extérieure à *ses* liens «communautaires» et le marché, il préférera toujours le marché, certes. Mais cela ne lui suffit pas. En marge du marché ou de la bureaucratie centralisée, il continue par ailleurs à vivre, souffrir et aimer, à travailler pour ses amis et ses enfants. Il continue à vivre la société, la communauté et les réseaux sociaux, qui sont un mélange d'égoïsme et d'altruisme.

Les sciences sociales nous ont habitués à interpréter l'histoire et le jeu social comme étant les produits des stratégies d'acteurs rationnels qui cherchent à maximiser la satisfaction de leurs intérêts matériels. Telle est la vision «utilitariste» et optimiste dominante. À peine contrebalancée par la vision plus noire, complémentaire, d'inspiration à la fois machiavélienne et nietzschéenne, qui rapporte tout à la quête du pouvoir. La combinaison de ces deux traditions de pensée conduit à considérer qu'il existe deux grands systèmes d'action sociale, et deux seulement: le système du marché, où s'affrontent et s'harmonisent les intérêts individuels, et le système politique, structuré par le monopole du pouvoir légitime[3] (Max Weber). Or, il est bien évident que personne ne vit d'abord et avant tout du marché et de l'État, dans le marché ou dans l'État. Marché et État représentent les lieux de ce qu'il est possible de nommer une *socialité secondaire,* celle qui relie des statuts et des rôles plus ou moins définis institutionnellement. Dire que la socialité marchande et politique est secondaire n'implique nullement qu'on puisse la considérer comme inessentielle, comme étant de l'ordre d'une superstructure. C'est rappeler simplement qu'avant même de pouvoir occuper des fonctions économiques, politiques ou administratives, les sujets humains doivent avoir été constitués en personnes, c'est-à-dire non pas comme des sommes plus ou moins hétérogènes de rôles ou de fonctions particulières, mais comme des unités autonomes dotées d'un minimum de cohérence propre. Et cette constitution des individus biologiques en personnes sociales ne s'opère pas d'abord dans la sphère plus ou moins abstraite du marché et de l'État, même si celle-ci y contribue à sa façon, mais dans le registre de la *socialité primaire;* celui où, dans la famille, dans les relations de voisinage, de camaraderie, d'amitié, se nouent, justement, des relations de personne à personne (Caillé, 1982).

Deux économistes hétérodoxes, François Perroux (1960) et Serge Christophe Kolm (1984), ont bien su distinguer trois systèmes économiques complémentaires, celui du marché, régi par l'intérêt, celui de la planification, régi par la contrainte, et celui du don. La limite de cette distinction, dont même Marcel Mauss ne s'est pas assez clairement affranchi, tient à ce qu'on fait encore du don un système *économique.* On ne pose pas de façon suffisamment claire que le système du don n'est pas d'abord un système économique, mais le système social des relations de personne à personne. Il n'est pas le complément du marché ou du plan, mais celui de l'économie et de l'État. Et il est même plus fondamental, davantage premier qu'eux, comme en témoigne l'exemple des pays désorganisés. Là, à l'Est, ou dans le tiers monde, où le marché et l'État ne parviennent pas ou plus à s'organiser, subsiste encore, ultime garde-fou, le réseau des relations interpersonnelles cimenté par le don et l'entraide qui, seul, permet de survivre dans un monde en folie. Le don? Ce qui reste quand on a tout oublié, et avant qu'on ait tout appris?

De quelques raisons de l'occultation du don

Si ces affirmations ne sont pas trop éloignées de la vérité et si, même dans les sociétés modernes, apparemment indivi-dualistes et matérialistes, le don forme système et constitue la trame des relations sociales interpersonnelles, la question se pose de savoir pourquoi un fait aussi massif et important n'est pas plus visible et mieux reconnu. Pourquoi les sociologues et les économistes ne raisonnent-ils qu'en termes d'intérêt et de pou-voir, ou de culture, ou de tradition héritées, mais jamais en termes de don? Pourquoi les hommes et les femmes non versés dans les sciences sociales se pensent-ils souvent eux aussi comme des individus séparés, et rarement comme des donateurs ou des donataires? À cette occultation de la réalité du don, il est possible de trouver trois raisons principales.

La première a déjà été signalée dans les pages qui précèdent. Mais elle est tellement importante qu'il est nécessaire d'y revenir rapidement. C'est elle, en effet, qui fait paraître incompré-hensible le projet même d'une réflexion sur le don aujourd'hui. «Tu t'embarques dans quelque chose d'impossible, de trop gros, de trop difficile à traiter. C'est trop délicat», disent certains inter-locuteurs. «Il faut laisser ça aux poètes, aux artistes, aux chan-teurs, à tous ceux qui, à longueur de journée, parlent d'amour, écrivent et décrivent des sentiments qui sont les moteurs du don.» Et si on leur répond que le don n'est pas l'amour mais une forme d'échange, ils s'exclament: «Mais alors tu nies la générosité, la gratuité. Si c'est un échange, ce n'est plus un don. Un don doit être unilatéral, sans attente de retour.» Nous avons déjà noté que cette image du don, qui vient spontanément à l'esprit de tous aujourd'hui, représente l'exact pendant et le complément de l'imaginaire utilitariste dominant et légitime. Au don est impartie la tâche impossible d'incarner l'espoir absent d'un monde sans espoir, l'âme introuvable d'un monde sans âme. Un monde dont, depuis la Réforme, la grâce a été expulsée pour être rejetée dans l'extériorité radicale de la transcendance. Seul Dieu peut donner véritablement sa grâce de façon gracieuse, être gracieux et généreux. Le don ne saurait donc être de ce monde. Par où la conception utilitariste du don rejoint son interprétation religieuse. Au moins celle qui prévaut depuis la Réforme et la Contre-Réforme. Les hommes doivent s'efforcer d'imiter le Christ, sans doute, mais il est clair qu'ils ne sauraient prétendre l'égaler. Il faudra en arriver à une conception plus réaliste du don, qui échappe aussi bien à son imputation au pôle d'une transcendance ineffable et hors du monde qu'à sa réduction aux intérêts profanes, trop profanes, en le pensant comme système d'échange social plutôt que comme une série d'actes unilatéraux et discontinus.

Pour ce faire, il faudra rompre aussi bien avec les explications de la pratique humaine que propose l'utilitarisme — alias l'individualisme méthodologique ou la théorie des choix rationnels — qu'avec les diverses variantes du nietzschéisme; avec celles qui présentent le sujet humain comme un égoïste naturel, aussi bien qu'avec celles qui veulent voir en lui, au moins dans sa variante occidentale moderne, un assoiffé de pouvoir. Non pas que ces théories manquent absolument de pertinence. Ne serait-ce d'ailleurs que parce qu'elles sont largement tautologiques. On voit mal en effet comment les individus pourraient agir délibérément contre leurs intérêts, ou sans «de bonnes raisons». Mais de telles théories, du seul fait qu'elles centrent systématiquement l'action sur l'individu isolé, sur «ego» (à moins qu'elles ne l'imputent au contraire aux «appareils de pouvoir» dont se constitue la socialité secondaire), ne peuvent que manquer le don puisque, par hypothèse, celui-ci est une relation. Et même, serait-on tenté de dire, une relation sociale synthétique *a priori,* qu'il est vain de vouloir réduire aux éléments qu'il relie. On pressent cependant le danger de cette dernière formulation, qui pourrait nous faire taxer de penchants holistes discutables, et d'un oubli de la liberté et de l'autonomie des individus. Tel n'est nullement le propos. Mais celui-ci ne sera éclairé que par la troisième raison de l'oubli du don par la modernité.

Qui pourrait se dire en peu de mots. Les sociétés archaïques et traditionnelles se sont pensées dans la langue du don. C'est à travers les mots de celle-ci qu'elles ont nommé leur être-au-monde, leurs particularismes, faits de divers modes de prédominance de la socialité primaire, leur refus de basculer dans l'historicité radicale. C'est donc dans l'espace imaginaire et parfois proprement idéologique du don qu'elles ont vécu et pensé aussi bien la communauté des humains et leur égalité, que l'autorité, la loi, la hiérarchie, l'exploitation, la domination et le pouvoir. Comme la modernité se définit au premier chef par son refus absolu de la tradition, il est naturel qu'elle ait cru pouvoir s'en affranchir en se débarrassant du langage qui semblait coextensif à la tradition, le langage du don, et qu'elle n'ait pas eu de mots assez durs ni de sarcasmes assez acérés pour discréditer et délimiter les exigences de la générosité ou de la noblesse comme celles de l'amour chrétien.

Il est possible de débattre longuement des causes historiques du développement de l'économie de marché et des États-nations bureaucratiques modernes. Mais il est peu douteux qu'elles ont beaucoup à voir, sinon tout, avec l'horreur croissante des modernes pour les communautés closes, soudées par les dons obligatoires qui affermissaient les hiérarchies immémoriales. En ce sens, le marché et l'État de droit moderne, bureaucratique, sont avant tout, en tant que machines à détruire les traditions et les particularismes, des dispositifs anti-dons. Que cette destruction ait été une bonne chose ou non, à la limite il ne vaut plus la peine d'en discuter. Elle a été indissociable du mouvement, décrit par Tocqueville, de l'égalisation des conditions, dont sont nées les démocraties modernes. Et ce mouvement est irréversible, sauf à basculer dans l'horreur. Modernes nous aussi, nous n'avons pas le moindre doute quant aux vertus libératrices du marché et de l'État abstrait. À tout le moins les jugerons-nous toujours préférables à un ordre communautaire non choisi ou à des obligations de don imposées. Qu'on ne soupçonne donc dans les pages qui vont suivre nul passéisme, ni aucune apologie discrète d'un monde idyllique supposé et, de toute façon, révolu. Les tentatives de réinstituer les sociétés modernes dans l'ordre d'une socialité primaire fantasmée se nomment totalitarisme.

À l'inverse, pourtant, il y a lieu de remarquer qu'aucune société ne peut fonctionner sur le seul registre de la socialité secondaire ni dissoudre le système du don dans ceux du marché et de l'État, à moins de sombrer dans ce despotisme que Tocqueville redoutait de voir poindre à l'horizon de la démocratie. L'erreur de la modernité n'est certainement pas de viser à l'autonomie des individus et à l'universalisme. Elle pourrait être de croire que le système du don est intrinsèquement lié aux sociétés traditionnelles et archaïques, et que l'on pourrait donc en faire l'économie, alors que le don n'est rien d'autre que le système des relations sociales de personne à personne. Si bien qu'à vouloir l'éradiquer, on risque de produire une société radicalement désocialisée et des démocraties au mieux vides de sens. Mais nous touchons ici aux implications éthiques, philosophiques et politiques d'une réflexion sur le don dans les sociétés modernes, dont il importe maintenant de fixer et de rassembler les hypothèses et les présupposés principaux avant de poursuivre la route.

Les biens au service des liens

En un sens, le présent livre n'est rien d'autre qu'une tentative de prendre au sérieux l'*Essai sur le don* de Marcel Mauss. Il serait intéressant de se demander pourquoi un livre de cette importance n'a guère eu de postérité véritable, en dépit des multiples hommages qui lui ont été rendus. On ne saurait compter dans sa descendance, en effet, les innombrables monographies ou analyses ethnologiques consacrées à l'étude du don dans telle ou telle peuplade. Dans ces études, anglo-saxonnes pour le plus grand nombre, le nom de Mauss est à peine mentionné. Et c'est naturel, car Mauss ne livre pas de grille d'analyse empirique particulière. Son apport réside dans l'éclairage qu'il projette sur un matériau largement disparate et dans les questions qu'il ouvre. Et que ne reprennent que ceux qui visent à une théorie anthropologique générale, Claude Lévi-Strauss, Georges Bataille, Karl Polanyi, Marshall Sahlins par exemple. Il ne serait sans doute pas trop difficile de montrer que chacun de ces auteurs, à sa façon, s'est montré largement infidèle aux leçons de l'*Essai sur le don*. Mais une telle observation laisse entière la question de savoir ce qui a rendu l'infidélité possible. Une bonne partie de la réponse tient sans doute aux hésitations et incertitudes de Marcel Mauss lui-même, qui l'ont conduit à rester trop timide sur deux points essentiels qu'il aurait fallu aborder de front pour donner à l'*Essai* toute son ampleur. Pour lui permettre notamment d'accomplir la tâche que lui assignait en fait Mauss, celle d'amorcer une alternative scientifique et philosophique à l'utilitarisme, et de trouver une solution pratique et non seulement spéculative aux problèmes agités par la philosophie morale et politique depuis 2500 ans, en touchant «le roc», celui de la «morale éternelle [...] commune aux sociétés les plus évoluées, à celles du proche futur et aux sociétés les moins élevées que nous puissions imaginer» (1986, p. 283-284).

Pour tenter d'avancer dans la réalisation d'un tel projet, il faut tout d'abord surmonter la première timidité de Marcel Mauss et, nous l'avons suggéré, formuler l'hypothèse que le don ne concerne pas seulement les sociétés archaïques, mais tout autant, quoique sous une forme transposée qui reste à analyser, la société contemporaine. Ou, pour dire les choses différemment, que le don doit intéresser le sociologue autant ou plus que les seuls ethnologues ou spécialistes de l'histoire ancienne. Si effectivement la logique du don est perdurable, alors elle doit éclairer non seulement le passé, mais aussi bien le présent et l'avenir. La deuxième timidité de Mauss qu'il faut dépasser est relative à la théorie du sujet et de l'action humaine. Là encore, Mauss a formulé l'essentiel. En notant, par exemple, que «la notion qui inspire tous les actes économiques des Trobriandais n'est ni celle de la prestation purement libre et purement gratuite, ni celle de la production et de l'échange purement intéressé de l'utile, mais une sorte d'hybride» (p. 287). Ou qu'«intérêt et désintéressement expliquent également cette forme de la circulation» (p. 288). Encore faut-il tirer toutes les implications d'une telle formulation. Si le don est perçu comme un cycle et non comme un acte isolé, comme un cycle qui s'analyse en trois moments, donner, recevoir et rendre, alors on voit bien par où pèche l'utilitarisme scientifique dominant: il isole abstraitement le seul moment du recevoir et pose les individus comme mus par la seule attente de la réception, rendant ainsi incompréhensibles aussi bien le don que sa restitution, le moment de la création et de l'entreprise comme celui de l'obligation et de la dette.

L'idée centrale qui inspire ce livre doit paraître maintenant assez simple. Elle n'est autre que l'hypothèse selon laquelle le désir (*drive*) de donner est aussi important pour comprendre l'espèce humaine que celui de recevoir. Que donner, transmettre, rendre, que la compassion et la générosité sont aussi essentiels que prendre, s'approprier ou conserver, que l'envie ou l'égoïsme. Ou encore que «l'appât du don» est aussi puissant ou plus que l'appât du gain, et qu'il est donc tout aussi essentiel d'en élucider les règles que de connaître les lois du marché ou de la bureaucratie pour comprendre la société moderne. On envisagera ici la société comme composée d'ensembles d'individus qui tentent perpétuellement de se séduire et de s'apprivoiser les uns les autres en rompant et en renouant des liens. S'apprivoiser, «c'est créer des liens», dit le renard au Petit Prince. C'est rendre quelqu'un unique. Rien n'est plus banal assurément. Mais en passe de raréfaction. Car le temps manque, et apprivoiser prend du temps. C'est pourquoi les hommes achètent des choses toutes faites chez le marchand, des signes d'apprivoisement qui sont eux-mêmes apprivoisés, et confient leur quête d'une «solution unique» à la solidarité du grand nombre, à l'État-providence... ou aux psychanalystes.

Ce livre est un essai qui se demande s'il est possible à un adulte de prendre le *Petit Prince* au sérieux, et au sociologue d'accorder effectivement la priorité aux liens sociaux dans ses

31

schémas d'explication. Nous tenterons de comprendre pourquoi cette société qui affirme plus qu'aucune autre que chaque personne est unique tend systématiquement à supprimer les liens sociaux primaires dans lesquels les personnes affirment et créent leur unicité, au profit des liens abstraits et secondaires qui rendent, au moins en théorie, les individus interchangeables et anonymes, quitte à produire ensuite, industriellement et bureaucratiquement, de la personnalisation fictive. Mais nous tenterons également, et même principalement, de montrer comment les personnes réagissent à cette entreprise en maintenant et en faisant vivre des réseaux régis par le don qui s'infiltrent partout dans les interstices des systèmes «officiels» secondaires et formellement rationalisés du marché et de l'État. Et cela parce que le don seul est susceptible de surmonter pratiquement — et non seulement dans l'imaginaire et dans l'idéologie — l'opposition entre l'individu et le collectif, en posant les personnes comme membres d'un ensemble concret plus vaste.

La seule hypothèse qu'il soit nécessaire de nous accorder à cette étape est qu'il existe dans la société moderne, comme dans la société archaïque ou traditionnelle, un mode de circulation des biens qui diffère intrinsèquement du mode analysé par les économistes. «J'ai retrouvé chez des amis le cadeau que j'avais offert à François pour son anniversaire quand on était ensemble. Il le leur a même vendu. C'est répugnant!», dit une interviewée. Pour comprendre ce dégoût, il suffit de penser que, dans le don, le bien circule au service du lien. Qualifions de don toute prestation de bien ou de service effectuée, sans garantie de retour, en vue de créer, nourrir ou recréer le lien social entre les personnes. Nous nous proposons de voir comment le don, ainsi caractérisé comme mode de circulation des biens au service du lien social, constitue un élément essentiel à toute société.

Dans la première partie, le lecteur est invité à se familiariser avec les formes multiples que prend le don dans les différentes sphères de la société libérale moderne. Vient ensuite une présentation du don dans les sociétés archaïques, présentation qui conduit à une réflexion sur cette étrange obligation d'être spontané, suivie d'une réflexion sur les conséquences de l'organisation du marché dans la société occidentale. La troisième partie est consacrée à une réflexion générale, à partir notamment de la notion de gratuité. Le paradoxe de la liberté et de l'obligation y est également traité, et on se demande comment il est possible d'élaborer une théorie d'un phénomène qui, par définition, échappe à toute formalisation. Au sujet du don, doit-on se satisfaire de la métaphore, telle l'allégorie des trois Grâces, qui, depuis l'Antiquité[4], a constitué pour l'Occident une figure emblématique des trois moments du don: donner, recevoir, rendre?

I

Les lieux du don

1

Trois formes du lien social

Nous souhaitons, dans cette partie, passer en revue et discuter les principaux acquis des recherches et réflexions sur le don dans nos sociétés, poursuivant ainsi, en toute modestie, l'entreprise de Mauss là où il s'est arrêté: à la porte de la modernité. À cette fin, nous adopterons la distinction commode et courante entre la sphère du *marché,* la sphère de *l'État* et la sphère *domestique*[1], ou privée, lieu des rapports interpersonnels, de l'amitié, de la famille, etc. Pour notre propos, la célèbre distinction conceptuelle de Hirschman (1970) entre *exit, voice and loyalty* est tout à fait propre à caractériser ces trois sphères. Alors que le principe qui définit la sphère marchande est la possibilité et la facilité de sortir du rapport social (*exit,* traduit en français par défection) dont un agent n'est pas satisfait, la sphère politique est plutôt régie par la discussion et le débat (*voice*). Et c'est la «loyauté» qui constitue le principe de base de la sphère domestique.

Cette dernière sphère est généralement considérée comme le lieu naturel du don dans la société moderne. Nous lui consacrerons un chapitre. Après avoir pénétré dans ce lieu où le don est chez lui, nous nous demanderons ce qu'il advient du don dans les autres sphères, dont l'importance caractérise la société moderne. Car même si ces secteurs fonctionnent à partir de principes différents du don, ce dernier y est aussi présent à plusieurs titres, au point que certains auteurs ont cru voir dans la coexistence du don avec l'État et avec le marché la forme spécifique du don dans les sociétés modernes.

Nous allons examiner successivement ces différents lieux dans lesquels on peut reconnaître le don. Comment aborder cet examen? Nous avons l'embarras du choix: cadeaux, services rendus, bénévolat, invitations de toutes sortes, don d'un rein, de sang, héritage, hospitalité, don de la vie, rapports aux enfants... Ces formes d'échange social ne sont pas résiduelles aujourd'hui, ni quantitativement (vu leur fréquence dans la vie quotidienne), ni qualitativement (étant donné l'importance de leur signification, qu'illustre le don d'organes). S'ouvre devant nous un vaste champ de recherche empirique déjà exploré par d'autres auteurs, mais généralement dans un cadre différent, le plus souvent marchand. Les entrées possibles sont multiples. Elles se distinguent par l'importance relative accordée soit à la chose qui circule, soit aux caractéristiques du lien. À cet égard, la distinction entre les rapports sociaux primaires et secondaires, introduite par les sociologues de l'École de Chicago, demeure pertinente. Elle se situe même au cœur du phénomène du don, puisque la différence essentielle entre les deux types de relation réside dans le fait que le lien primaire est voulu pour lui-même, alors que le rapport secondaire est au contraire considéré comme un moyen pour atteindre une fin. Un sociologue comme Wirth[2] considérait que l'essentiel du phénomène de l'urbanisation résidait dans ce passage des liens primaires aux liens secondaires.

Les interprétations, classifications et typologies du don sont nombreuses, surtout à propos des sociétés archaïques[3]. Nous discuterons ces typologies ultérieurement. Notons seulement ici que chez la plupart des auteurs, elles consistent à examiner ce qui circule en se demandant essentiellement, voire exclusivement, quelle est l'importance quantitative de ce phénomène selon des critères marchands. C'est pourquoi on se contente souvent de calculer l'équivalence monétaire de ce qui est échangé. C'est uniquement à cette aune monétaire qu'on évalue l'importance de ce qui circule et qu'on identifie les «perdants» et les «gagnants» (Roberge, 1985).

Ce faisant, on néglige à tout le moins l'évaluation de la qualité. Mais, plus profondément, on laisse dans l'ombre la nature et les caractéristiques des liens à travers lesquels circulent les choses et les services, alors que ce sont ces caractéristiques qui donnent sens à ce qui circule. Selon notre perspective, il est au contraire essentiel de ne jamais isoler ce qui circule, de ne jamais se contenter de l'observer en soi, indépendamment du lien. Procéder autrement revient pratiquement à nier le phénomène du don et à y appliquer le modèle marchand. Exemple: lorsqu'une grand-mère garde ses petits-enfants, suffit-il de lui imputer le salaire d'une gardienne pour comparer les deux situations? La valeur de lien d'une grand-mère, sans comparaison avec celle d'une gardienne étrangère, n'est pas incorporée dans le prix, elle est gratuite! De façon plus générale, un même objet, ou service, n'a absolument pas le même sens selon qu'il est donné ou rendu à son propre enfant ou à un étranger. De son enfant, il ne vient même à personne l'idée de trouver anormale ou même étrange l'absence de retour; on songera encore moins à procéder au calcul de ce qu'on lui donne. L'attitude contraire serait considérée comme anormale, voire «dénaturée». Mais une bénévole qui rend un service à l'enfant de quelqu'un d'autre sera perçue de façon tout à fait différente. Il est donc essentiel de fonder toute éventuelle typologie du don sur les caractéristiques des liens, sans pour autant négliger ce qui est échangé.

Plusieurs entrées sont possibles. Mais elles doivent toutes tenir ensemble les caractéristiques du lien et leur rapport avec ce qui circule; elles doivent inscrire ce qui est observé dans le cycle «donner, recevoir, rendre», étant entendu que donner et rendre ne sont souvent qu'une seule et même chose et que le mot «rendre» exprime déjà une caractéristique du rapport entre les choses qui circulent. On a toujours l'impression à la fois de donner et de rendre, sauf au moment de l'inauguration d'un cycle ou de sa fin. Presque toujours, le don est inséré dans une séquence de don.

Une telle présentation de la variété des formes de don dans la société occidentale a rarement été effectuée. Elle doit reconnaître l'importance des deux autres systèmes d'échange qui existent dans cette société, l'État et le marché, et y analyser le rôle du don. Il faudra aussi montrer comment la présence du marché et de l'État modifie le don lui-même, notamment sous l'influence de la libéralisation des rapports sociaux introduite par le marché.

L'étude de la sphère domestique fera l'objet du premier chapitre. Les liens de parenté en constituent l'illustration la plus courante et la plus importante. Dans cette sphère, *domestique* les partenaires ne sont pas choisis. La possibilité de rompre avec eux, sans être inexistante, est beaucoup plus difficile et dramatique qu'ailleurs, et parfois nulle. L'obligation y est plus présente. C'est la forme qui se rapproche le plus du don traditionnel analysé par les ethnologues. Dans les deux chapitres suivants, le visage plus moderne du don sera présenté, c'est-à-dire la façon dont le don se manifeste en dehors de la sphère domestique, à l'intérieur même des systèmes marchand ou étatique. Cela nous conduira à reconnaître l'existence d'une sphère spécifique au don moderne, le don aux étrangers, auquel un chapitre sera consacré.

2

Le lien interpersonnel

C'est dans l'univers des relations personnelles que le moderne se permet de «donner sans compter» et que régnerait ce que l'on a appelé l'économie du don (Cheal, 1988). Mais justement, s'agit-il d'une économie? Qu'est-ce qui circule aujourd'hui dans cette sphère des rapports privés? De l'affection, de l'amour, de la sécurité, assurément. Mais uniquement cela? C'est la thèse qui a longtemps prévalu en sociologie. Le marché et surtout l'État ont libéré l'individu moderne d'une grande partie de ses obligations «privées». Par son travail, situé hors des rapports privés, l'individu remplit ses obligations vis-à-vis de la société en échange d'un salaire. Une partie de ce revenu est octroyée à l'État pour que ce dernier s'occupe, par l'intermédiaire également de personnes qui le font pour un salaire, des besoins que le marché ne prend pas en charge. Si bien que petit à petit la sphère privée se déleste de toutes les tâches concrètes de production de biens ou de services aux personnes et deviendrait le royaume exclusif des manifestations libres de l'affectivité, positive ou négative.

Cette vision classique n'est plus tenable. Quelques faits. Les deux tiers de la population canadienne affirment avoir fait du «bénévolat non encadré» (visite d'un ami à l'hôpital, etc.) durant l'année précédente. En ce qui concerne les personnes âgées, «toutes les études américaines, canadiennes ou québécoises confirment que de 70 % à 80 % des soins et services personnels sont assurés par la famille», affirme un rapport gouvernemental[1]. En France, les donations entre vifs ont doublé depuis 1945, selon Anne Gotman (1985); un tiers des enfants de moins d'un an sont gardés par leur grand-mère (Cuturello, 1988, p. 152)[2].

Ce n'est que la pointe de l'iceberg de ce réseau compliqué d'obligations que nous nous donnons, envers nos amis, nos voisins, nos «proches», et dont le cœur se situe toujours, probablement pour longtemps encore, dans les réseaux familiaux et de parenté. Ces obligations sont cependant de plus en plus volontaires, de moins en moins contraignantes, la société moderne permettant à tout individu qui le choisit de vivre seul, sans enfants, sans rapports familiaux, sans amis, «nourri» exclusivement, ou presque, par le marché et par l'État, par les rétributions que lui valent ses contributions en tant que travailleur. Peu le font, certes, du moins volontairement, mais il importe d'insister sur cette possibilité qui constitue l'horizon du rapport social moderne (qui n'est autre que celui de l'*homo œconomicus:* Robinson et Vendredi se contentent de faire des affaires seuls sur leur île), pour montrer que si ces dons sont certes obligés par rapport aux dons plus libres examinés jusqu'à maintenant, on peut de moins en moins parler de contrainte à leur égard. Fréquemment, les obligations que nous avons envers nos enfants, nous les avons d'abord voulues, comme nous avons voulu nos enfants. Et même s'il demeure dans ces rapports un certain nombre de contraintes de type contractuel, celles-ci en constituent un aspect de plus en plus secondaire, de sorte qu'on peut affirmer que ces rapports tendent à former des systèmes de don modernes, au sens de don librement consenti. Nous examinerons brièvement, dans cette perspective, comment fonctionne le don à l'intérieur de la sphère domestique, d'abord entre copains, amis; puis dans la famille en général, puis plus spécifiquement dans le rapport à l'enfant et dans le phénomène de transmission de l'héritage. Cela permettra également de souligner le rôle particulier de la femme dans le rapport de don.

Les amis, les copains

On choisit ses amis, mais non ses parents. Les réseaux d'amitié sont donc plus libres de ce point de vue. Contrairement à ce qui se passe dans la famille, «l'exit» y est possible, souvent même facile. Il est vrai que l'on peut également cesser toute relation avec un membre de la famille. Mais on ne peut pas lui dire: «Tu n'es plus mon frère.» Par contre, on peut dire à quelqu'un: «Tu n'es plus mon ami.» Cette expérience de liberté face aux liens d'amitié, les enfants la vivent d'ailleurs très tôt.

Ce qui circule entre amis relève de toute évidence du système de don. On peut illustrer cela brièvement à l'aide de la recherche effectuée par Florence Weber (1989, chapitre 2) dans un village ouvrier français. Weber oppose le système de coopération informelle qui existe dans ce village aux règles du travail officiel. Ce système possède les principales caractéristiques suivantes:

- Il y a réciprocité, mais différée dans le temps: «L'obligation de donner en retour y est masquée (sic) par une affirmation de gratuité» (p. 74).

- L'auteur affirme à plusieurs reprises l'importance de la spontanéité et la nécessité de laisser la générosité se manifester. C'est ainsi qu'elle explique la constatation que les gens du village évitent le plus possible toute circulation monétaire. «Une des raisons de cette convention réside dans la fiction de gratuité nécessaire à la réciprocité différée.» (p. 83.) Autrement dit, dans ce système, l'argent est un révélateur brutal d'une équivalence marchande que le don supporte mal.

- Le don, même une fois rendu, ne s'arrête pas là. Il fait partie d'une chaîne ininterrompue. Il n'est qu'une «séquence arbitrairement découpée par moi […] dans la masse de services rendus […] qui tissent de bonnes relations [...]» (p. 76). Autrement dit, ce qui circule est au service du lien, comme le notera d'ailleurs Weber à plusieurs reprises.

- La séquence n'est pas fermée, contrairement à ce qui se passe dans l'échange marchand, lequel ne donne pas lieu à ce que l'auteur appelle avec à propos «une spirale de générosité». Autrement dit, l'équivalence marchande tend à être remplacée par une certaine propension à rendre plus que l'on a reçu.

- La séquence n'engage pas seulement les deux individus immédiatement concernés, mais leurs deux ménages. Les individus sont dans un réseau de liens dont ils ne s'isolent pas, à la différence de ce qu'on observe dans une transaction marchande.

- Enfin, l'auteur note le plaisir du don.

Dans l'univers des copains, voisins, rencontres de bistrot, etc., une grande importance est accordée à la réciprocité attachée aux choses qui circulent. Il n'empêche que ce qui circule est imbriqué dans le lien. Les choses sont souvent au service du lien, même dans des cas de réciprocité similaires à l'équivalence marchande. Ainsi, à propos du phénomène courant des «tournées» dans les bistrots, Florence Weber affirme que «cette spirale est à la limite de l'absurde: à la fin chacun a payé, en principe, ce qu'il a consommé, puisqu'il y a autant de tournées que de personnes présentes.» Mais elle ajoute aussitôt: «C'est que la relation instaurée est plus importante que ce qui en a été l'occasion» (p. 81). L'équivalence marchande est ici étrangère à ce qui circule.

L'auteur retrouve l'ensemble des caractéristiques habituelles des systèmes de don dans le phénomène qu'elle observe, celui-ci étant cependant plus centré sur la réciprocité que d'autres réseaux sociaux, comme la famille, que nous allons maintenant examiner.

La famille

Dans le sens commun, le don ne s'applique pas à la famillle, aux rapports habituels parents-enfants, sauf pour les cadeaux, ce supplément, cet excédent, cette exception par rapport aux échanges quotidiens. Souvent l'individu moderne n'utilise spontanément le terme don que pour les rapports entre étrangers, tels qu'ils existent par exemple dans l'aumône, l'aide au tiers monde, le bénévolat. Pour la majorité, le don désigne souvent cet état intermédiaire entre le marché et la communauté: il existe au sein de rapports non marchands, certes, mais qui ne sont pas intimes comme dans la famille.

Cette position est partagée par plusieurs analystes, qui considèrent que le don suppose d'abord la constitution d'agents autonomes et indépendants (Cheal, 1988). Dans cette perspective, le lien entre les membres d'une famille est considéré comme tellement étroit et intense que ce qui circule entre eux relève plus du partage que du don, se trouve comme immergé dans le courant créé par le lien affectif et n'arrive pas à apparaître de façon autonome, suffisamment en tout cas pour que la distinction puisse être établie entre le lien et ce qui circule.

Le partage constituerait donc un autre mode de circulation, à côté de l'État, du marché et du don proprement dit. Ainsi, Jean-Luc Boilleau (1991) exclut du don le partage et, à l'autre extrême, le don caritatif, qu'il assimile à l'abandon. À l'inverse, Alvin Gouldner (1960) termine son texte célèbre sur la réciprocité en évoquant la famille, domaine où, dit-il, on passe de la réciprocité au don proprement dit.

Certes, ces distinctions entre don, abandon, partage sont très importantes. Mais distinguent-elles des types de don, ou des formes de circulation qui seraient différentes du don? Pour répondre à cette question, il nous semble nécessaire de connaître beaucoup mieux comment fonctionnent ces modes de circulation des choses. Il est d'abord indispensable de faire l'inventaire de tout ce qui circule en dehors du marché et de l'État, et d'en analyser les caractéristiques communes et les différences avant de se prononcer sur la question de savoir si, à l'intérieur de cet univers, le mode de circulation est suffisamment différent pour restreindre le concept de don à certains échanges seulement, ou si tout cela ne constitue que des modalités diverses du don.

Dans ce sens, nous considérons que la famille est le lieu de base du don dans toute société, le lieu où il se vit avec le plus d'intensité, le lieu où on en fait l'apprentissage. L'enfant, devant sa part de gâteau, dit à sa mère: «Je le prends, c'est ma part, c'est mon droit, cela me revient.» La mère répond: «Tu as raison, c'est ton droit. Tout ce que je te demande, c'est de partager ta part avec ton copain qui vient d'arriver. Tu le fais si tu le veux bien, car tu as le droit de le garder en entier.» Dans cet exemple, on voit émerger la différence entre l'apprentissage des droits et l'apprentissage du don, ce «surplus nécessaire», au-delà du droit et en même temps condition des droits. C'est d'ailleurs l'apprentissage le plus important pour «réussir» sa vie: apprendre à donner sans se faire avoir. On peut même penser qu'il est d'une importance plus grande que le succès scolaire et que toutes les autres performances de ce type, qui ne sont qu'instrumentales, mais qui font l'objet de l'attention quasi exclusive des utilitaristes... et de beaucoup de parents qui ne comprennent pas que leur enfant soit aussi «mal dans sa peau, après tout ce qu'il a reçu»!

La famille est d'ailleurs elle-même fondée sur un don, sur la création d'un lien de don: l'union de deux étrangers pour former le noyau de ce qui sera le lieu le moins étranger, le lieu de la définition même de ce qui n'est pas étranger: la famille. «Il n'est pas exagéré de dire que [la loi de l'exogamie] est l'archétype de toutes les autres manifestations à base de réciprocité» (Lévi-Strauss, 1967, p. 551). Cette rencontre entre deux étrangers qui produit le noyau de la famille est le «foyer» incontournable du rapport de don, le point où éclate toute typologie, l'impensé du lien social, le point aveugle, le lieu de la transmutation, le lieu de «naissance», d'apparition du lien social, et non pas seulement biologique, comme dans le lien parent-enfant. La transmutation d'un étranger en familier est le phénomène de base du don, qui permet ensuite la réciprocité et le marché, mais permet d'abord à la société de se perpétuer comme société (et non pas seulement comme famille), de se renouveler en renouvelant l'alliance à chaque «génération». On trouve donc l'étranger au lieu où on l'attendait le moins: au cœur des rapports personnels, comme fondement de la sphère domestique elle-même.

L'interprétation utilitariste

Si certains auteurs excluent le don de la famille au nom du partage, d'autres, au contraire, tentent de réduire les différents phénomènes de circulation dans les réseaux familiaux à l'utilitarisme en leur appliquant la théorie de l'équilibre de l'économie néo-classique. De la formation des couples (*matching*) au divorce (Mortensen, 1988), en passant par les comptes familiaux, plusieurs tentent aujourd'hui de réduire la famille à un système d'échange utilitariste. On établit avec beaucoup de minutie les comptes familiaux (de Singly, 1987), ce qui est tout à fait légitime. Mais on affirme du même souffle que le couple fonctionne sur cette base, que c'est la dynamique qui explique ce qui circule dans le couple et de façon plus générale au sein de la famille et de la parenté. Le raisonnement est le suivant:

1. Il est vrai que, habituellement dans le couple, les membres ne semblent pas trop calculer, ni faire de comptes, au moins pas de façon explicite.
2. Toutefois, quand ça va mal, et surtout en cas de divorce, on se met à calculer, on essaie d'obtenir le maximum, etc.
3. Donc, quand tout va bien, le couple se cache le fait qu'il calcule toujours. Il n'ose se l'avouer, mais c'est ce qu'il fait.

La conclusion de ce raisonnement est tout à fait illégitime. Même si on admet les prémisses, la seule conclusion que l'on puisse tirer, c'est que lorsqu'un couple ne fonctionne plus, il applique le système utilitariste. Et avant de considérer que ce système était auparavant caché, il faut d'abord se demander s'il ne s'agissait pas tout simplement d'un autre système, et si on ne passe pas au système marchand précisément parce que l'autre système d'échange et de circulation des choses a échoué. L'hypothèse juste est donc alors la suivante. Après avoir souvent «donné sans compter», on règle ses comptes, non sans difficultés souvent, et non sans l'aide d'un avocat, qui transforme l'opération en un «règlement de comptes». Une interviewée raconte: «Quand j'ai divorcé, je n'ai pas pu passer tout d'un coup aux questions d'argent, comme si notre ménage n'avait été qu'une affaire. Après quelques années, lorsque le sentiment n'y était plus, j'ai pu. Je ne comprends pas ceux qui y arrivent.» Les ex-conjoints y arrivent grâce à leurs avocats respectifs. Il s'agit d'un beau cas de transformation du don en marché sous l'effet de l'entrée en scène d'un spécialiste dont le rôle principal est de prêter l'intention marchande à l'autre partenaire, ce qui entraîne les deux membres du couple dans la logique marchande[3]. C'est la condition préalable à son intervention, sans laquelle on se passerait de lui. Ce type d'intermédiaire doit, pour être utile, procéder d'abord à la transformation du rapport, à la transmutation préalable du système en un rapport marchand, ou en un état de justice (Boltanski, 1990).

Avoir besoin de compter, c'est déjà l'indice qu'on sort du système de don, c'est l'indice d'une dégradation du rapport, et non le signe que le système du don est fondé sur le calcul. Rien n'autorise une telle interprétation, qui s'oppose à la façon dont les couples le vivent, y compris les chercheurs utilitaristes qui dédient leur livre à leur épouse «sans qui ce livre n'aurait jamais existé»... Le don est un accord spontané, ce qui ne signifie pas exempt de tâtonnements. Le fardeau de la preuve appartient à la thèse utilitariste: puisqu'on y affirme que le modèle est caché, ils doivent le dévoiler autrement qu'en démontrant que le modèle utiltariste fonctionne quand précisément le couple ne fonctionne plus! Mais aucune démonstration n'est jamais apportée. C'est de l'ordre de l'application d'un axiome.

On peut au moins nous accorder l'hypothèse inverse. Elle n'est pas facilement vérifiable en l'état actuel, la plupart des recherches sur la famille se restreignant au calcul des équivalences monétaires. Quelques recherches récentes vont cependant dans notre sens[4]. Que constate-t-on? D'abord, les recherches de Kellerhals (1988), depuis quelques années déjà, montrent que les échanges familiaux jouent sur de multiples registres. La «norme de l'échange» n'est pas facile à déterminer; à la différence de l'équivalence marchande, elle tient compte des caractéristiques des personnes. Cet auteur conserve toutefois, même de façon nuancée, le postulat de l'équivalence comme règle fondamentale des échanges.

D'autres chercheurs vont explorer l'hypothèse du rapport de dette comme fondement des rapports de couple. Quelles sont les conclusions de ces recherches? Il est remarquable de constater qu'on y retrouve les principales caractéristiques des systèmes de don.

- D'abord la spontanéité. Quand Jean-Claude Kaufmann demande comment s'est établie la répartition actuelle des tâches dans le couple, la réponse la plus fréquente est: «Ça s'est fait tout seul!» (1990, p. 91). La même réponse se retrouve dans l'enquête de Françoise Bloch *et al.*: «Les choses se sont faites par elles-mêmes» (1990, p. 77). Cela ne signifie pas qu'il n'y ait pas de système, ni que ce système soit inconscient. Mais il est implicite.

- Ce système ne touche pas que le couple, mais l'ensemble de la famille, y compris les parents, la filiation. L'ensemble est vu comme un tout plus grand que ses parties, incluant le processus de transmission de génération en génération.

- Bloch *et al.* (1989) vont plus loin. La famille est vue par eux comme «un univers social fondé sur l'inversion de la loi fondamentale du monde économique» (p. 13). Alors que ce dernier fonctionne à l'équivalence, le don fonctionne à la dette (p. 22). Il relève plus «des notions de réversibilité et d'enchaînement que de réciprocité». «L'échange matrimonial [...] entretient une asymétrie de position des échangistes. Ce qui maintient le lien social [...] c'est le fait que chacun pense donner à l'autre plus qu'il ne reçoit» (p. 21).

Le grand acquis de cette recherche est de poser l'état de dette comme normal dans un rapport de don. Mais nos entretiens nous portent à croire que les auteurs ne font que la moitié du chemin, et qu'un rapport familial réussi serait celui où la dette est renversée relativement à leur hypothèse: un rapport où chacun croit recevoir plus qu'il ne donne, où chacun se sent en dette vis-à-vis de l'autre, plutôt que de considérer que l'autre est en dette envers lui. «Je lui dois tellement» est une phrase que nous avons entendue souvent, des deux partenaires. Cette constatation est également faite par Arlie R. Hochschild (1989) dans son analyse des rapports de couple.

Plus précisément, il ne s'agit pas de nier la présence de la norme d'équivalence dans le champ du rapport. L'équivalence n'est pas absente d'un tel rapport de don. Mais elle en est un élément seulement, qui ne serait pas central. L'équivalence est présente et absente à la fois au sens où:

- on ne peut pas s'en éloigner trop sans considérer qu'au lieu de donner on «se fait avoir»;
- mais on ne peut pas non plus s'en rapprocher trop, s'acquitter de la dette sans mettre fin à la relation.

Quand on s'en rapproche trop, l'un des partenaires accomplit un geste qui fait éclater l'équivalence, une folie, un excédent qui éloigne à nouveau les partenaires de l'équilibre. Le champ de la dette se situe entre ces deux pôles, et l'état de dette réciproque volontairement entretenu en serait l'état normal. En outre, l'équivalence elle-même est de type différent de l'équivalence marchande, parce qu'elle tient compte des caractéristiques personnelles des agents, de leur niveau de revenu, de leurs besoins, etc.

Évidemment, seule une recherche empirique permettra de vérifier cette hypothèse, que l'on peut énoncer ainsi: plus le rapport est considéré comme réussi par les partenaires, plus cet état de dette existera. La même hypothèse peut s'appliquer au rapport parent-enfant: même si l'enfant reçoit «objectivement» infiniment plus, les parents diront facilement qu'ils en reçoivent encore plus. «Je lui dois tellement» est encore là l'expression qui décrit le mieux cet état du système que Hochschild appelle «économie de la gratitude».

Ces recherches permettent d'aller plus loin que celles qui adoptent le modèle de l'équivalence marchande, dont on peut se contenter de retenir que lorsque le lien social est en crise, les agents passent effectivement à un modèle marchand, à la réciprocité immédiate. Ils «règlent leurs comptes». Quoi de plus banal, et pourquoi conclure qu'ils font cela tout le temps, même lorsque ce n'est pas visible, c'est-à-dire, quand on observe le contraire «scientifiquement»? Citons René Girard: «Les échanges matrimoniaux ou bien les échanges de biens de consommation ne sont guère visibles en tant qu'échanges. Quand la société se détraque, par contre, les échéances se rapprochent, une réciprocité plus rapide s'installe» (1982, p. 23). Comment mettre au fondement d'une relation une règle dont on ne constate l'apparition que lorsque le rapport ne fonctionne plus? Pourquoi cette réduction à rebours du lien dans le cycle court et binaire du système marchand, ce qui suppose l'affirmation jamais justifiée et non expliquée de son invisibilité? Le postulat implicite de Girard est que l'équivalence existe, même invisible. Comme quoi nous croyons tous aux choses invisibles, l'invisible du moderne étant l'extension à tout lien social de la main invisible du marché. Notre hypothèse, explicite, est que lorsqu'un rapport matrimonial se caractérise par la recherche de l'équivalence marchande, lorsqu'un couple essaie continuellement de faire les comptes, cela est un indicateur de mauvais fonctionnement, et la vie à deux finit par un «règlement de comptes». Le don a horreur de l'égalité. Il recherche l'inégalité alternée.

Famille et liberté

Le lien familial suppose une limite importante à la liberté par rapport aux autres lieux du don moderne: le fait de ne pas choisir ses parents, ses frères et ses sœurs, de ne pas choisir les membres de ce réseau. Il s'agit là pour certains d'un véritable crime de lèse-modernité, qui leur fait dire: «Les amis, c'est mieux que la famille, car on les choisit.» Cette phrase illustre tout le problème des obligations sociales. Elle illustre le problème de la liberté. Car, par ailleurs, l'une des principales caractéristiques que retiennent les personnes lorsqu'on les interroge sur ce qui fait pour elles l'importance actuelle de la famille, sur ce que le lien familial a de particulier, est l'inconditionnalité. Or, l'inconditionnalité inclut l'absence de choix. Si on peut choisir, on peut toujours choisir de ne plus choisir. Une relation libre n'est pas une relation inconditionnelle et alors, définie ainsi, une relation amicale ne peut pas remplacer la famille.

Le problème des obligations vient du fait que l'on ne cherche pas seulement la liberté, mais aussi la sécurité. Or, plus on est libre dans une relation, moins on reçoit d'elle la sécurité, car plus la relation elle-même est alors libre de disparaître. La liberté moderne implique le risque d'abandon. (Les jeunes vivent souvent l'abandon d'un de leurs parents, et la reproduction de cette perte dans leur première peine d'amour. Cela est étroitement lié au suicide des jeunes, à la délinquance et à la toxicomanie. Toute société doit apprendre à ses membres à s'abandonner et à pouvoir en supporter les conséquences.) Cette propriété (la liberté) ne s'applique pas qu'aux individus dans la relation; elle s'étend à la relation elle-même. Le rappel de ces vérités élémentaires est nécessaire parce que la modernité valorise une certaine liberté aux dépens des autres nécessités, comme la sécurité.

La famille fait donc partie de ces institutions qui procurent la sécurité au détriment, traditionnellement du moins, de la liberté, comme n'ont eu de cesse de nous le rappeler les «family haters» (Gotman, 1988, p. 5). Le noyau fondateur de la famille — le couple — établissait d'ailleurs aussi un rapport inconditionnel: «pour le meilleur et pour le pire»; il entretient aujourd'hui un rapport librement choisi (dans nos sociétés), c'est-à-dire du type «ami»... La relation de don comporte un aspect inconditionnel impensable par la modernité, mais dont la conjugaison était la base de la famille. C'est pourquoi le divorce est probablement la révolution sociale la plus importante de l'époque moderne. L'inconditionnalité des autres relations familiales (frères, sœurs...) survivra-t-elle à la fin de l'inconditionnalité du couple? L'inconditionnalité des liens familiaux non choisis survivra-t-elle à la brisure de la seule relation qui était librement choisie dans cet espace relationnel? Tout un champ de recherche essentiel est ouvert ici sur les liens familiaux dans les familles séparées, «reconstituées» (Le Gall et Martin, 1990). C'est le dispositif fondamental de toute société qui est en question: la rencontre à chaque génération de l'alliance et de la filiation. Dans les petites communautés (sociétés archaïques), ce lien devait être indissoluble à cause de l'alliance qu'il scellait en amont, entre deux groupes. Dans la société moderne, ce rôle avait presque disparu mais le lien était aussi indissoluble à cause de ce qu'il portait, en aval cette fois: les enfants et la responsabilité unique attribuée aux parents (peu existante dans les petites communautés, où la prise en charge des enfants est plus collective).

Il est étrange que cette société ait dans un même mouvement confié une telle charge au couple et permis aussi facilement sa dissolution. Comment s'explique une telle contradiction? Sans le couple, l'inconditionnalité communautaire de type familial se maintiendra-t-elle? Sinon, se reconstituera-t-elle en dehors, autrement, éventuellement par le retour à certaines formes de petites communautés fortes, primaires, seule alternative logique à la «décommunautarisation» de la famille? Ou alors l'espèce humaine peut-elle se passer de ce type de sécurité communautaire, si elle dispose en contrepartie de la sécurité sociale étatique et de l'abondance marchande? Ce sont ces questions que pose l'affirmation que tout lien est soluble, que les biens sont plus importants que les liens, et que ces derniers, à terme, ne servent qu'à assurer la circulation des premiers sous le mode utilitariste. Robinson et Vendredi n'ont pas besoin de liens autres que ceux nécessaires à la poursuite de leurs intérêts, nous dit James Buchanan, prix Nobel d'économie et fondateur de l'école du *public choice;* ils ont encore moins besoin de liens inconditionnels ou indissolubles... Cela n'existe tout simplement pas dans cet univers. On peut se demander comment, dans ces conditions, une société assurerait son renouvellement.

C'est également à cause de cette absence de choix qu'on retrouve dans les réseaux familiaux le paradoxe suivant: alors que la famille est considérée généralement comme l'institution sociale la plus fermée sur elle-même, dans nos sociétés, c'est souvent et même parfois seulement dans les familles qu'on entretient des rapports avec les personnes les plus différentes en termes de revenu, de classe sociale, de profession, d'intérêts... Les rapports familiaux traversent les classes sociales, les milieux professionnels, les régions, etc. Si nous avions eu à choisir ces liens, nous ne l'aurions pas fait, ne serait-ce que parce que nous n'aurions probablement jamais rencontré ces personnes! Pour Lévi-Strauss, il fallait qu'éclate la famille pour que la société existe: «Si chaque famille biologique formait un monde clos et se reproduisait par elle-même, la société ne pourrait exister[5]». Or, c'est peut-être en partie grâce aux réseaux familiaux que la société actuelle, par un retour historique incroyable, n'éclate pas en conflits professionnels corporatistes de type clanique. Grâce aux fêtes de Noël et, de façon générale, aux «fêtes de famille». Dans les années 1980, au Québec, au moment des plus grands conflits syndicaux du secteur public, c'est lors de ces réunions de famille que les travailleurs du secteur public et ceux du secteur privé se rencontraient et «s'expliquaient»!

Le rôle de la femme

Au centre de la sphère domestique, on trouve la femme. Elle a été de tout temps un symbole du don. Dans la mythologie grecque, la première femme a pour nom Pandora, qui signifie «celle qui donne tout» (Vernant, 1985, p. 266). On dit de la femme (mais pas de l'homme) qu'elle «se donne» lorsqu'elle fait l'amour. On le dit même d'une prostituée: le *Petit Robert,* ne reculant pas devant la contradiction, la définit comme étant une femme qui «se donne pour de l'argent». Lorsque l'artiste se vend, on dit qu'il se prostitue. Mais la femme, même lorsqu'elle se vend, se donne encore... Se prostituer, c'est soumettre un don au système marchand. La femme est «donnée en mariage» dans la majorité des sociétés connues de l'histoire de l'humanité. Non seulement elle reçoit et donne alors des cadeaux, mais elle est elle-même considérée comme un cadeau dans la littérature anthropologique sur les systèmes de parenté. Cela est étrange; et on peut à tout le moins soupçonner qu'il s'agit là de quelque chose de plus compliqué que la «femme objet». De toute évidence, il existe quelque chose de particulier, un lien spécial entre la femme et le don, commun à toutes les sociétés, dont certaines féministes voudraient d'ailleurs bien se débarrasser. Mais il existe aussi un lien particulier entre le don et la femme dans la société moderne. Avec l'arrivée des systèmes marchand et étatique, tout se passe comme si la femme se définissait comme le dépositaire, le noyau de résistance à l'envahissement par ces systèmes. L'installation des systèmes marchand et étatique a semblé suivre une frontière sexuelle en tous points remarquable.

Que nous apprend la femme sur le don moderne? Il s'agit là d'un sujet «délicat». Nous nous limiterons le plus possible aux «faits», sans nous demander s'ils sont d'origine culturelle, naturelle ou... surnaturelle (comme la grâce d'état de la femme mariée). Les faits, de toute évidence, c'est que l'univers du don, dans nos sociétés plus que jamais peut-être, est la spécialité, la compétence des femmes. C'est souvent la secrétaire qui choisit le cadeau de Noël de la femme de son patron! Dans tout le secteur du bénévolat, même si la proportion d'hommes augmente, les femmes demeurent largement majoritaires. Et les femmes sont au cœur du don dans la sphère domestique. Tous les travaux sur ce sujet le constatent, souvent pour le déplorer, voyant là une forme d'exploitation. Les femmes prennent en charge les cadeaux et sont à l'aise dans cet univers (Fischer et Arnold, 1990; Caplow, 1982; Cheal, 1988). Les hommes sont patauds, gênés, souvent ridicules, comprennent mal les règles du jeu, manquent de subtilité, font des gaffes... Souvent même, les rituels de dons entre femmes ont pour contrepartie, chez les hommes, des rites marqués par la violence. Ainsi, en Amérique du Nord, l'opposition entre le rituel du «shower» et celui de «l'enterrement de vie de garçon» est particulièrement éloquente. Tandis que les amies de la fiancée organisent pour elle une fête qui lui donne l'occasion de recevoir et d'exhiber de magnifiques cadeaux de mariage, les amis de l'homme organisent une fête qui met en scène sa castration, où il est tourné en ridicule et souvent rudoyé. Les deux rites sont des rites de passage, l'un marquant la naissance à une nouvelle vie, l'autre la mort et la célébration de la vie présente; l'un l'entrée dans un nouveau groupe social, celui des femmes mariées, l'autre l'expulsion violente du groupe actuel. Tout cela pour célébrer la même alliance entre deux personnes. David Cheal a observé le *shower* à Winnipeg, où il se pratique encore à grande échelle. D'importants dons en nature et en argent sont faits à la mariée. Ils sont «présentés» aux nombreux participants (plus de 100) par un système de haut-parleur. Cheal affirme que le succès du *shower* procure prestige et *social standing* aux femmes qui l'organisent[6] (Cheal, 1988 et 1989, p. 105).

Enfin, la compétence de la femme dans ce domaine s'affirme dans le rite le plus important qui accompagne l'échange moderne de cadeaux: leur emballage, ce supplément entièrement gratuit (au sens qu'il est inutile), mais essentiel à tout cadeau, symbole de l'esprit du don, à la fois parce qu'il cache ce qui circule pour montrer que l'important n'est pas l'objet caché mais le geste, mis en valeur par l'éclat de l'emballage, et ultérieurement par la dilapidation de l'emballage, qui disparaît à l'instant même de la réception du don. L'emballage assure ce minimum de dilapidation attachée au cadeau, la dilapidation servant à signifier que ce n'est pas tant l'aspect utilitaire de la chose donnée qui compte, que le geste, le lien, la gratuité. Ce que l'on a pris tant de temps à préparer est déchiré et jeté. L'emballage est un rite comprenant tout l'esprit du don. Cette opération est partout laissée aux femmes. Il existe par ailleurs une tendance, dans le système marchand, à envelopper tout bien de consommation dans du plastique. Le sens de ce geste est totalement opposé: il vise à séparer le producteur et le consommateur, à s'assurer que rien de la personne du producteur ne soit «transmis» au consommateur, pas même des virus! D'ailleurs, cet emballage-là ne cherche pas à cacher et il est souvent transparent.

La généralisation de cet univers du marché où l'on ne se fait pas de cadeau (en affaires pas de sentiment, etc.) a approfondi et radicalisé la division sexuelle des tâches, l'univers du don devenant le propre des femmes au point que, pour un homme, le fait de s'engager dans le monde des cadeaux soit souvent considéré comme suspect: marque de faiblesse, de féminité, de non-virilité. Pourtant, depuis quelques décennies, le monde du travail est de plus en plus investi par les femmes. Dans quelle mesure la «culture marchande», au sens de Gouldner (1970), en est-elle transformée? Il serait intéressant d'étudier dans cette perspective les changements de pratiques qui ont accompagné la masculinisation ou, inversement, la féminisation d'une profession: travail social dans le premier cas, médecine dans le second.

Pourquoi la culture marchande a-t-elle si peu pénétré l'univers des femmes jusqu'à récemment? Pourquoi le don s'est-il réfugié chez les femmes, même depuis que ces dernières ont à leur tour envahi le secteur marchand et étatique en tant que productrices et non plus seulement consommatrices ou clientes? Le phénomène peut s'expliquer autant par la domination des hommes que par la résistance des femmes à l'envahissement du marché. Le mouvement féministe tend à ne retenir que la première hypothèse. En fonction de ses principes et valeurs, qui le portent à remettre en question le monde des hommes, on pourrait s'attendre à ce qu'il vise à réintroduire le don chez les hommes, à renforcer un mouvement de résistance à la généralisation de la culture marchande. Or, il semble souvent souhaiter le contraire: transformer toute activité féminine en rapport marchand monétaire utilitariste, tout rapport non salarial étant synonyme pour lui de travail gratuit, et donc d'exploitation marchande (Juteau et Laurin, 1988).

Pour une partie du mouvement féministe, cette compétence unique des femmes dans le système du don n'est en fait que dévalorisante, voire asservissante pour les femmes, preuve de l'exploitation et de la domination dont elles sont l'objet. Cette position repose sur le postulat qu'il est impossible de donner sans «se faire avoir». Cela est certes vrai dans la mesure où on partage l'idéologie utilitariste des hommes et où on souhaite que tous les secteurs de la société soient régis par les règles du marché. Dans ce cadre de pensée, fonctionner dans le système du don équivaut effectivement à se faire avoir constamment. Il y a là une profonde ambiguïté du mouvement féministe: rejetant d'une part le système de valeurs attribué aux hommes, il souhaite par ailleurs le généraliser à l'autre moitié de l'humanité et tend à condamner les femmes qui adhèrent à un autre modèle que celui du calcul et de la rationalité utilitariste — qui décident, par exemple, qu'il est plus important pour elles de s'occuper des enfants que de faire carrière. Ainsi, être puéricultrice dans le secteur public, donc s'occuper des enfants des autres, est une activité valorisée. Mais se contenter d'élever ses propres enfants signifie que l'on est aliénée et dominée. La différence réside dans le fait que dans un cas les femmes accomplissent la tâche dans un rapport salarial, et dans l'autre, par le biais d'un réseau de don. Certaines féministes, quand elles comparent ces deux systèmes, ont tendance à ne retenir que les avantages du premier (libération, etc.) et à généraliser les inconvénients du second (contraintes, domination, exploitation, comme si les femmes salariées n'étaient pas exploitées). Elles manifestent un préjugé favorable au marché et se comportent alors comme tous les néophytes du rapport marchand. Ce dernier met toujours en évidence la libération des liens sociaux pour faire avaler l'appauvrissement des rapports sociaux qu'il représente. On ne tient pas compte de la dégradation de la qualité du lien social qui s'instaure.

En faisant le choix de demeurer dans le réseau familial, les femmes se voueraient à une situation d'infériorité parce que ce rôle n'est pas reconnu à sa juste valeur dans des sociétés contrôlées par les hommes. Cela est exact dans le cadre de la culture marchande dominante, qui transforme en permanence les liens sociaux en rapports entre étrangers. Mais les femmes veulent justement changer les valeurs dominantes de la société moderne. Est-ce en adhérant d'abord aux valeurs que l'on veut changer qu'on atteindra le but? Une telle stratégie est pour le moins étrange! Et elle éloigne du mouvement de nombreuses femmes qui, concrètement, font le contraire. Ainsi la présidente d'un centre caritatif qui, après avoir élevé quatre enfants, préfère faire du bénévolat plutôt que de retourner sur le marché du travail, nous dit: «Nous nous privons d'un autre revenu, nous voyageons moins, mais mon mari l'accepte, et je préfère faire ce que j'aime plutôt que de dépendre d'un patron. Je me sens plus libre.» En rejetant un certain mode de consommation, ce couple ne remet-il pas en question le modèle économique et culturel dominant, beaucoup plus fondamentalement que si la femme acceptait un emploi rémunéré? Il n'est évidemment pas question ici de nier le droit des femmes à un accès au marché du travail équivalent à celui des hommes. Ce qui est en question, c'est uniquement l'affirmation selon laquelle seul le rapport salarial permettrait l'épanouissement de l'individu, homme ou femme.

Les enfants: don ou objet

La même semaine (mars 1988), à Montréal, on peut lire deux nouvelles dans les journaux:

- Dans un hôpital, un bébé a le sida. Des centaines de personnes s'offrent pour l'adopter.
- Un couple a adopté un bébé coréen il y a quelques années. Il veut maintenant le «retourner» parce que l'enfant a mauvais caractère.

La marchandise ne convient pas. Satisfaction garantie ou argent remis: on applique la règle du marché à la relation parentale parce que, au départ, on a payé, le bien ne nous a pas été donné. Ceux qui affirment: «Ma vraie famille, ce sont mes amis, parce que je les ai choisis» devraient réfléchir à la monstruosité d'une société où on pourrait tout choisir, sans obligation, sans contrainte, sans «garantie» sauf celle de la qualité de la marchandise, sans égard à l'inconditionnalité du lien, bref une société marchande. Que deviendraient ceux que personne ne choisit? Comment se renouvellerait une telle société? Le rapport à l'enfant est nécessairement un rapport de don et il inclut un sens quelconque de l'obligation.

Ces deux nouvelles illustrent l'ambiguïté du rapport à l'enfant dans la société actuelle. Voyons les deux faces de ce rapport.

Le don par excellence

À l'intérieur de la famille, le don qui demeure encore le moins libre est celui des rapports à l'enfant, le don de la vie, don par excellence en un certain sens, mais chargé d'obligations consenties, raison d'être de la famille. Il peut paraître étonnant que l'on fasse du rapport à l'enfant un prototype du rapport de don. Et pourtant il l'est de multiples façons.

59

D'abord, la naissance est un don. Don de soi par excellence, don de la vie, don originel, fondant le rapport de don et l'inscription dans l'état de dette de toute personne, dette dont le marché et certains psychanalystes veulent nous libérer. Dans la société actuelle, ce rapport dure plus longtemps que dans toute autre société. Le début de la chaîne du don se situe là, pour tout individu, dans une dette qu'il ne peut assumer qu'en donnant la vie à son tour, ce qui établit le caractère fondamentalement non dyadique, non symétrique du don.

La naissance pose l'état de dette comme définissant la condition humaine. Certes, cet état peut prendre un caractère névrotique. La psychanalyse nous rappelle avec raison qu'il n'y a rien de pire qu'une mère qui veut «tout» donner à son enfant. Mais l'état de dette en soi n'est pas une névrose, et le but n'est pas de s'en libérer, mais d'apprendre à donner à son tour, à «jouer» dans ce système sans «se faire avoir». Se faire avoir ne signifie pas donner plus que l'on reçoit, mais ne pas respecter certaines règles qui jouent sur de multiples registres, l'équilibre entre les choses qui circulent n'en constituant qu'un élément, souvent secondaire, comme on l'a vu. La reconnaissance, le plaisir de donner en sont aussi des éléments essentiels. Une éducation réussie consiste à apprendre à donner, et à recevoir, sans se faire avoir. On peut en effet se faire avoir en donnant, si le donataire ne reçoit pas le don comme un don, mais comme un dû; mais on peut également se faire avoir en recevant, par le poids de la dette contractée à l'égard du donateur. Contrairement à l'idée reçue, l'enfant commence très jeune à aimer transmettre ce qu'il a reçu. Ainsi, des psychologues observant des enfants constatent, dès l'âge de 18 mois, l'apparition de l'offrande et de ce qu'ils appellent l'imitation de l'offrande: un jouet ayant été offert à B par A, B l'offre ensuite à C par une sorte d'imitation. On relève également que les enfants les plus «offreurs» tendent plus tard à devenir des leaders. Ce sont les plus «attractifs» et les plus sociables. Les auteurs les distinguent des «dominateurs», agressifs et solitaires[7]. On a là en germe le potlach, le marché, la démocratie, la dictature, le fondement du lien social, de la logique non sacrificielle.

Le plaisir qu'on éprouve à «faire la chaîne» vient de là. Cette façon de faire symbolise tout système de don: donner, recevoir, rendre, en un mot transmettre, être canal plutôt que source (Darms et Laloup, 1983). En donnant à son tour, l'enfant fait la chaîne. La chaîne de production moderne est l'extrême opposé de cette situation. Elle exclut la personne du circuit, de la circulation, la rend spectatrice et la subordonne, la livre à une chaîne d'objets qui s'organisent entre eux, la soumet au rythme des objets. La chaîne de production est l'image parfaite du marché. L'expulsion du don commence avec l'introduction du marchand et s'achève avec la chaîne de montage, à laquelle l'artiste résiste.

Enfin, l'enfant est l'être à qui on doit tout donner. Non seulement on lui a donné la vie, mais encore c'est le seul être pour lequel on affirme aussi spontanément qu'on serait prêt à donner la sienne. Jamais peut-être n'a existé entre des êtres, au centre d'une société, un rapport asymétrique dont l'intensité et l'extension dans le temps soient aussi constantes. Un enfant est actuellement en rapport de don presque unilatéral pendant souvent plus de vingt ans. Le don à l'enfant est peut-être la forme la plus spécifique du don moderne, et la dette contractée la plus difficile à assumer. L'enfant est la seule personne à qui la société moderne permette de donner sans compter. C'est le dieu de la modernité, le roi, celui pour qui on peut tout sacrifier. Avec toute autre catégorie de personnes, trop donner devient rapidement louche, bizarre, anormal. L'enfant est la seule transcendance qui reste.

Le danger du don chez l'enfant

Cela ne va sans doute pas sans de nombreux problèmes pour l'enfant. Seul un dieu peut recevoir sans jamais avoir à rendre. Rien de plus difficile à assumer qu'un don pareil. Dans les autres sociétés, l'enfant commence très rapidement à rendre, en produisant et en procréant à son tour. Il faut être particulièrement fort pour assumer le rôle de l'enfant moderne. Or, l'enfant est faible par définition. Dans les autres sociétés, seuls les fils des rois et des princes ont eu un tel statut, ce qui n'allait d'ailleurs pas sans des contraintes assimilables à un certain enfermement. Et la situation est assez semblable pour l'enfant moderne. Pour comprendre cela, comparons cet enfant avec les enfants du tiers monde. Nous avons eu l'occasion de le faire dans un village mexicain, en observant les enfants du village et ceux du couple propriétaire de l'hôtel. Ces derniers étaient enfermés, ne pouvant se baigner seuls à la mer, ne sachant nager, ignorants et attardés par rapport aux autres enfants; ils restaient seuls, regardant les autres courir et rire, mais aussi travailler; eux, regardant les autres avec envie, étaient instruits, apprenant ce qu'il faut pour «réussir» plus tard.

L'utilisation psychologique des enfants dans les séparations (pour «régler des comptes» avec le conjoint) est-elle moins grave que le fait de les utiliser en les faisant travailler à la ferme ou contribuer au revenu familial, pratique aujourd'hui dénoncée par les organismes internationaux? La formation et l'acquisition de connaissances utiles à la mobilité sociale est la valeur première transmise aux enfants actuels, première par rapport à l'amitié, par exemple. On n'hésitera pas à changer un enfant de collège et à le séparer de ses amis si le nouveau collège a meilleure réputation. Chaque décision de ce type transmet à l'enfant un message définissant les valeurs qui «comptent». Les liens sont sacrifiés aux biens, ou plus précisément les liens affectifs sont subordonnés aux liens utilitaires, aux relations utiles pour l'avenir.

Il y a dans l'actuel rapport parents-enfants une perversion du don qui risque de renverser ce rapport. À force de vouloir des enfants parfaits et de rechercher les moyens de les obtenir, nous en viendrons à faire de la naissance non plus un don, mais un produit, qui ne lie plus autrement que dans un rapport libre le ou les producteurs et productrices et le «produit». Avec les progrès des techniques de reproduction et la finalité individualiste et utilitariste qu'on leur applique, cette prédiction n'est plus de la science-fiction, comme le montre l'exemple déjà mentionné, où des parents souhaitent «renvoyer à l'expéditeur» un enfant qu'ils ont adopté. Le don ne repose pas sur la dualité, mais sur la continuité, le lien, la filiation. La différence entre un enfant adopté et un «vrai» réside dans la filiation. Un enfant «naturel» ne nous appartient pas, il nous est donné, par Dieu ou par la nature. Au contraire, l'enfant qu'on a adopté (ou, encore plus,' celui qu'on «produirait» en laboratoire en spécifiant d'avance ses caractéristiques) vient de quelque part, d'un lieu connu, il est le fruit de nos efforts, de nos démarches administratives, de l'acquiescement d'un fonctionnaire et de techniciens, et donc il nous appartient d'une certaine façon, on a sur lui des droits de propriété qui peuvent aller jusqu'au droit de ne plus l'avoir, au droit de le vendre, qui font partie des droits de base de tout propriétaire.

L'enfant, dans la société moderne, est dans une situation unique: d'une part, jamais il n'a été aussi bien considéré, mais jamais il n'a été aussi menacé de se transformer en objet. C'est ce qu'exprime le double exemple cité au début de cette section. Jamais un tel rapport de don total n'a été aussi près de se renverser en rapport marchand et juridique, jamais ce lien n'a été aussi menacé par les droits des adultes — à commencer par celui d'user de son propre corps sans obligation vis-à-vis des autres — et par le transfert à des spécialistes, dans un rapport marchand ou étatique, d'un ensemble de responsabilités assumées auparavant par les parents. Les deux mouvements existent: l'enfant-dieu, seul être humain à qui on peut tout donner sans être regardé avec suspicion dans la société actuelle; l'enfant-objet, dont on pourrait disposer à sa guise (un peu comme on le fait pour les animaux domestiques), à qui on pourrait beaucoup donner aussi, mais dont on pourrait tout aussi facilement se débarrasser sans obligation.

Le père Noël

Nourri par le mythe du plus grand don possible (un Dieu qui naît pour donner sa vie aux hommes), le «temps des Fêtes» est la période de l'année pendant laquelle l'univers du don, habituellement logé dans les interstices de la société moderne, vient occuper le devant de la scène. De ce fait, on y observe bien plus crûment que d'habitude les avantages et les inconvénients d'avoir des obligations et des liens sociaux. Les pauvres, ou les éclopés des rapports sociaux, détestent cette période et la fuient. Ils attendent avec impatience le retour des échanges froids, neutres, ce grand cadeau de la société marchande, où l'on paie tout et où l'on ne doit rien à personne, où l'on peut être seul sans être (trop) malheureux, sans éprouver le manque de relations. La solitude est moins facile à oublier entre le 24 décembre et le 1er janvier, car le marché lui-même cesse d'être neutre et se met à nourrir ostensiblement les réseaux sociaux. C'est pourquoi les personnes seules ou en rupture de liens vont dans le Sud, au soleil. Le voyage dans le Sud est le cadeau de Noël du marché, pour ceux qui peuvent se le payer, bien sûr.

Vu l'importance de l'enfant dans l'univers moderne du don, nul ne sera étonné de constater qu'il est le personnage central de cette période des Fêtes: le don aux enfants est le rapport de don le plus soumis aux liens. Ce qui n'empêche pas l'un des phénomènes les plus étonnants du don moderne: le fait que les donateurs réels soient masqués, comme s'ils voulaient se soustraire à toute gratitude en introduisant un personnage mythique, étrange et évanescent, le père Noël. Ce phénomène est en expansion. Dans plusieurs pays, les postes organisent un service spécial de réponse aux lettres adressées au père Noël. On voit là un appareil étatique se mettre au service du don, ce qui ne manque pas d'étonner dans cet univers fondé sur la rationalité. Mais notons que le service postal fait appel à des bénévoles pour répondre aux enfants. Au Canada, en 1989, les pères Noël bénévoles ont répondu à plus de 700 000 lettres.

Pourquoi les adultes jugent-ils tellement nécessaire que les enfants croient au père Noël, au point que beaucoup d'enfants font semblant d'y croire pour leur faire plaisir? Pourquoi cet être, qui n'a qu'une seule fonction, donner, et qu'une existence éphémère? Pourquoi ce dispositif, grâce auquel les enfants peuvent croire que les cadeaux ne viennent pas des parents? Pourquoi, après s'être endettés voire ruinés dans ce potlatch[8] sans cesse croissant des cadeaux de Noël qui s'accumulent sous l'arbre illuminé, les parents s'évertuent-ils à nier que le don vienne d'eux, à faire croire aux enfants qui le reçoivent qu'ils n'y sont pour rien, et à attribuer le geste à un personnage qui n'a d'autre mérite que d'apporter les cadeaux, accomplissant le geste gratuit par excellence? Pourquoi une telle abnégation, qui relève quelque part du sacrifice, du don aux dieux, et n'empêche pas les parents de se réjouir du plaisir ressenti par l'enfant qui déballe les cadeaux... qu'un autre lui donne? Comme si les parents cherchaient à se prouver à eux-mêmes qu'ils n'attendent aucune reconnaissance de ce don, qu'ils ne sont pas les «vrais» donateurs, en tout cas pas les seuls, que seul compte pour eux le plaisir éprouvé par l'enfant, qu'ils donnent uniquement par plaisir, même pas pour la reconnaissance, acceptant et faisant même en sorte que la reconnaissance soit dirigée vers un autre, irréel toutefois. Car la manifestation de plaisir du donateur est essentielle; mais elle est dissociée, au moyen du père Noël, de la reconnaissance à l'égard du vrai donateur. Pourquoi un esprit moderne invoque-t-il une figure aussi primitive, une conception si profondément religieuse[9] du don? Pourquoi le don devient-il anonyme, ou presque, provenant d'un inconnu en tout cas, à l'intérieur des liens sociaux primaires les plus intenses qui soient? Comme dans le rapport de couple se profile ici la présence de l'étranger, là où on l'attendrait le moins.

Peut-être s'agit-il de libérer l'enfant de la dette si lourde qu'il a envers les parents. De le libérer du danger du don total que constitue le rapport actuel parents-enfants. Pour distinguer un don spécial des dons ordinaires, quotidiens, permanents que les parents font à l'enfant, et qui vont de soi? Pour permettre à l'enfant l'apprentissage du don, de la gratuité, de la chaîne de transmission, pour lui permettre de vivre l'expérience d'un inconnu qui donne sans raison (même pas pour le motif d'avoir été sage, qui est aujourd'hui en voie de disparition...). Mais quel sacrifice il y a là, «objectivement» (mais non subjectivement, car les parents ne le vivent pas comme tel), quand on sait que, surtout pour un enfant, donner et recevoir des cadeaux est «le signe le plus clair, le moins équivoque de l'amour»[10].

Toutes ces raisons ne sont probablement pas sans fondement. Sans les exclure, les caractéristiques du personnage permettent d'avancer une hypothèse plus précise: celle de l'inscription du don dans la filiation. En français, le nom du personnage l'indique déjà: c'est un père. Le père Noël a une grande barbe, il rit d'une voix grave et prend les «petits enfants» sur ses genoux. Le père Noël ressemble à un grand-père. Le père Noël est un ancêtre. Il rétablit la filiation, le lien avec les ancêtres que la modernité rompt constamment, la référence dont nous nous sommes coupés. Le don est une chaîne temporelle, le marché une chaîne spatiale. Les morts aujourd'hui ne sont plus des ancêtres. Ce sont des cadavres. Au moment de la grande fête annuelle des enfants qu'est aujourd'hui Noël, les ancêtres reviennent, et ce sont eux qui donnent les cadeaux aux enfants. Les cadeaux de Noël sont les premiers objets qu'un enfant reçoit de ses parents, dans sa vie, comme un don. Les derniers qu'il recevra constitueront l'héritage, à la mort des parents, quand ceux-ci iront rejoindre les ancêtres. Le premier et le dernier don proviennent ainsi des ancêtres. Ce sont tous deux des héritages. Ainsi, les parents ne sont effectivement pas les seuls à donner. Le père Noël ouvre l'univers fermé de la famille moderne, rétablit un lien avec le passé, dans le temps, mais unit aussi les enfants à l'espace, au reste de l'univers. Il sort les enfants de leur petit monde, ouvre le réseau étroit dans lequel ils se situent habituellement. Le père Noël les relie au monde. C'est pourquoi il vient de si loin, du pôle Nord, et qu'il est accompagné par quelqu'un qui vient de beaucoup plus loin encore: la Fée des étoiles. Le père Noël relie l'enfant à l'univers entier et au passé. Il apporte les cadeaux de l'univers et il autorise les parents, par sa présence, à être aussi des fils, à redevenir aussi des enfants, l'espace d'un moment; enfin, il autorise le père à être un vrai père, si on admet avec Legendre «qu'il n'est de père pensable que sous l'égide du Père mythique» (1989, p. 142).

Pour vérifier cette hypothèse, il serait évidemment nécessaire de faire une recherche sur l'histoire du père Noël, inexistante à notre connaissance, et d'interviewer des parents et des enfants. Mais on sait que, sous sa forme actuelle, le père Noël vient des

États-Unis, société qui, selon Lévi-Strauss, «semble souvent chercher à réintégrer dans la civilisation moderne des attitudes et des procédés très généraux des cultures primitives» (1967, p. 65). Serait-ce parce que cette société est celle qui a le plus radicalement rejeté les ancêtres, puisqu'elle se dit auto-fondatrice? Ici encore, on voit le don s'insérer dans la filiation, établissant un lien avec le passé, au lieu de faire table rase du temps, comme on le verra avec le marché et l'État.

Hériter

À l'intérieur du réseau familial, un autre don est évidemment fondé sur la filiation: l'héritage. L'héritage est à l'image du don en général: comme lui, il a été très peu étudié dans les sociétés modernes, sauf dans un cadre marchand ou de redistribution étatique. Le grand débat porte sur l'imposition des successions en vue de diminuer les inégalités. Ce débat s'applique principalement aux gros héritages, ceux qui ont une valeur économique importante et relèvent alors au moins autant du système marchand et de redistribution (ce qui nous renvoie à la problématique étatique des inégalités) que du système de don. À l'autre extrême on a aussi étudié, dans une perspective ethnologique cette fois, les systèmes de transmission des terres, don lui aussi inséré dans un système de contraintes matérielles externes très lourdes. Mais le très grand nombre de petits héritiers urbains, des «héritiers moyens» qui prédominent actuellement, a rarement fait l'objet de l'attention des chercheurs. Heureusement, Anne Gotman (1988) a étudié ce phénomène avec beaucoup de finesse, en effectuant une série d'entretiens avec des héritiers. Par rapport à la transmission des terres et des grandes fortunes, où il s'agit de faire fructifier le capital, l'usage du petit héritage est libre. Le but n'est pas, en quelque sorte, donné à l'héritier en même temps que l'héritage. Qu'apprend-on en observant cet univers de la transmission libre, surtout en ce qui concerne l'usage de l'héritage? Que fait l'héritier d'un héritage libre?

À la limite, donner, recevoir, rendre peut être contenu dans le même geste, puisqu'un certain nombre d'héritiers utilisent leur héritage en fonction de leurs enfants seulement. Ils ne font que transmettre, rendant directement et immédiatement le don reçu à quelqu'un d'autre (par l'achat d'un appartement pour leurs enfants, par exemple). A. Gotman va même jusqu'à désigner ces héritiers du nom de «témoins»: «La génération héritière fait office de génération-témoin entre la génération précédente et la suivante.» (p. 220). Ils sont un pur canal de transmission. Cela suppose évidemment qu'on s'éloigne ici encore de la réciprocité, puisque cette simultanéité des trois séquences du cycle signifierait alors une sorte de retour à l'envoyeur, «une fin de non-recevoir», comme dit A. Gotman à propos des parents qui affirment que ce que leurs enfants leur donnent, de toute façon, ils vont le récupérer un jour (p. 164). L'héritage est une figure exemplaire du système de don dans la synthèse qu'il effectue des trois moments du cycle. «Sont attachés à l'héritage […] non ceux qui le reçoivent, mais ceux qui le transmettent», écrit Marc Augé dans la préface du livre. «Il est très remarquable, ajoute-t-il, que ceux-là mêmes qui ne se sont jamais considérés comme des héritiers puissent être les premiers à se soucier de transmettre, comme si l'héritage reçu ne s'affirmait comme tel que par son passage à la génération suivante.» Gotman précise: «Le prélèvement d'une somme forfaitaire sur le montant liquide de l'héritage pour être distribuée à chacun des enfants est une quasi-constante de son appropriation. Comme l'exprime si bien une héritière, c'est un "réflexe"» (1989, p. 147). On retrouve ici l'élément de spontanéité également présent dans toutes les formes de don.

On constate donc la primauté accordée au «donner» sur le «recevoir», l'importance de la circulation, la soumission du bien au lien. Ce dernier point se manifeste de multiples façons: dans le fait que certains transmettent immédiatement le bien à leur tour; mais aussi dans toutes les autres utilisations de l'héritage, qui sont en dehors des dépenses ordinaires; on respecte l'esprit de celui qui a donné, ou on pense à acquérir quelque chose qui pourra «rester» dans la famille plus tard, etc. À peu près personne ne fait «n'importe quoi» d'un héritage, au sens de le dépenser sans être influencé par le lien avec la personne décédée et avec la famille. La valeur de lien de l'objet détermine sa valeur d'usage.

L'héritage finit le plus souvent par être transmis à son tour, et souvent l'héritier essaie de laisser plus qu'il n'a reçu. Il se place donc, en un sens, au service du don reçu, au lieu de se l'approprier. Il s'agit bien d'un système de don. Cela implique une notion de fermeture à l'intérieur du système de transmission, qui se traduit par l'importance accordée au fait que les choses ne «sortent pas» de la famille, surtout les plus intimes. À propos de ceux qui donnent aussitôt à leurs enfants, Gotman affirme que «redonner c'est éloigner de soi tout en gardant dans la famille [...] passer la main et faire la chaîne» (1989, p. 148). C'est donner sans perdre tout à fait. L'héritage fait partie des systèmes de don non circulaires, mais c'est une façon de rendre ce que l'on a reçu, même si ce n'est pas par un retour à sa source, à la même personne. C'est la spécificité de ce qui circule sous forme de transmission. Mais faire des enfants, c'est aussi rendre ce que l'on a reçu de ses parents, et c'est aussi le plus beau don que l'on puisse faire à ses parents: les «rendre» grands-parents! Cela n'est donc pas vraiment une exception à la règle de la circularité du don, comme le dit Lewis Hyde, que tout don tende à retourner un jour à son lieu d'origine (*original homeland*) (p. 147). Donner à ses enfants et à sa famille, donner en amont et en aval, c'est en un sens équivalent, symétrique. Cette «circularité rectiligne» ne peut pas être représentée graphiquement, mais elle n'en est pas moins réelle.

Et la dilapidation[11]?

Il y a, bien sûr, ceux qui dilapident l'héritage, l'exception qui confirme la règle, dilapider signifiant sortir du système. Le dilapidateur et la dilapidation sont des réalités qui existent en référence au système de transmission familial ou marchand. On dilapide un capital. On cesse de le faire fructifier. Si nous situons ce geste ou ce comportement dans le contexte du don, autrement dit du cycle «donner-recevoir-rendre», le dilapidateur est quelqu'un qui bloque sur le deuxième terme. Il a trop reçu, il souffre d'une sorte d'indigestion de la réception (donc il «rend»…) et se trouve incapable d'accomplir ce qui doit être fait normalement dans un contexte marchand — c'est-à-dire continuer à recevoir toujours plus, autrement dit placer son capital, le faire fructifier — ou dans un contexte familial: donner à son tour, transmettre. Alors il ne donne l'héritage à personne, il le sort du circuit, il lui enlève toute valeur: marchande, d'usage, de lien. Le dilapidateur, comme son opposé, l'avare, est dans l'incapacité de faire circuler les choses dans leur circuit «normal», c'est-à-dire dans le circuit où il les a reçues. L'avare les retient, le dilapidateur les expulse du circuit où il se trouve, au sein duquel elles sont censées circuler. L'avare retient l'argent, seul élément du système marchand qui ait comme fonction de toujours circuler et n'a pas de consommation finale, ce qui est la fin de tout ce qui circule dans le circuit marchand, alors que, dans le système de don, les choses circulent éternellement, notamment dans la transmission.

Cela permet de rappeler que souvent un peu de dilapidation accompagne le don, un peu d'excès, de folie, un surcroît qui signifie une prise de distance vis-à-vis de l'usage ou de la valeur d'échange de l'objet. C'est l'excès qui signifie que la chose circule comme don. L'emballage des cadeaux en est une illustration frappante. Dans le contexte du don, la destruction ne s'appelle pas dilapidation, elle figure le supplément qui accompagne tout don et constitue la nourriture spécifique de la relation; en cela, elle rejoint le potlatch qui n'est dilapidation que pour les Occidentaux, lesquels analysent le phénomène à travers le modèle marchand. Le potlatch consistait à expulser les choses de leur circuit marchand, c'est pourquoi il a été interdit par le gouvernement canadien: «Le potlatch a été considéré par les autorités canadiennes comme un gaspillage, destructeur de l'initiative économique et de la morale; autrement dit, il barrait la route au développement et à la modernisation» (Belshaw, 1965, p. 21; notre traduction).

Il n'y a pas dilapidation dans le potlach parce que les choses restent dans le circuit, ont un sens dans leur réseau d'appartenance, y compris en tant qu'elles sont détruites. Mais quand la dilapidation se présente seule, sans accompagner le don, elle est alors en quelque sorte un don qui n'est fait à personne, un don qui cherche un donataire, et elle manifeste peut-être une incapacité d'entrer dans un réseau de don, un don dévié de son réseau d'origine, une manière de se «débrancher» d'un réseau. Dilapider son capital, c'est aussi renverser le destin normal d'un capital, qui est de fructifier, de s'accroître, d'enfoncer le détenteur dans le second terme du cycle: recevoir toujours plus, sans fin, sans donner ni rendre. Pour en sortir, on dilapide, on donne à «personne», ou au hasard (jeu), on fait ainsi éclater la logique fermée du «recevoir». Ou alors on dilapide pour montrer que c'est le lien qui compte, plutôt que le bien. Il existe plusieurs cas de figure mais, dans tous les cas, la dilapidation est probablement une perversion de la gratuité[12].

Lorsqu'on demande à un dilapidateur pourquoi il se considère comme tel, il évoque toujours des dons qu'il a faits, pour lesquels il n'a pas perçu de reconnaissance, gratification à laquelle il aurait pu s'attendre. Il ne s'agit pas de réciprocité, mais de reconnaissance. Soit qu'il ait donné de façon plus ou moins contrainte, sans que le geste vienne vraiment de lui, soit qu'il ait cherché à «acheter» des amitiés, ou tout simplement de la «compagnie», soit qu'il ait donné à quelqu'un qui ne le «méritait» pas, etc. Autrement dit, la dilapidation est un don perdu, même comme don.

La famille: un système de dettes

La thèse selon laquelle le lien familial — de même que la sphère des rapports personnels en général — se réduirait de plus en plus aux échanges affectifs, en perdant ses autres fonctions d'échange, est aujourd'hui battue en brèche et infirmée par toutes les recherches sur la famille. Il circule autre chose que de l'affection au sein d'une famille et de la parenté. Et comment! L'utile, le nécessaire, le gratuit, le rituel s'y mélangent joyeusement (ou dramatiquement), dans un réseau de liens inextricables qui constitue un système de dettes qu'on ne peut ni épurer de ses aspects utilitaires, ni réduire à ces derniers. À l'autre extrême, on ne peut voir ici que le partage, résidu d'une conception communautaire dans laquelle les individus ne sont pas autonomes. La famille actuelle est composée d'individus. Et, dans ce contexte, le partage apparaît comme une modalité du don au sens qu'il y a abandon volontaire des objets, expérience phénoménologique fondamentale du don, même si cette expérience prend des formes différentes. C'est le cœur du don moderne. Les valeurs monétaires y sont irrémédiablement immergées dans la valeur de lien, dans une expérience où la peine que l'on s'est donnée prend une valeur. Entrent ici en «ligne de compte» valeur marchande parfois, valeur d'usage souvent, valeur de lien toujours.

La famille étant au cœur du don, il n'est pas étonnant que ce soit en elle qu'on retrouve les utilisations les plus négatives, voire les plus perverses du don, qu'elle soit également le royaume du don-poison, du cadeau empoisonné. On peut même se demander si la plupart des problèmes psychologiques n'ont pas une traduction dans les comportements de don. La psychanalyse a porté une attention particulière à ces dons pervers, et la littérature fournit de nombreuses illustrations de ces dons, particulièrement entre parents et enfants, dons qui visent à empêcher l'acquisition de l'autonomie, à attacher le fils à sa mère, etc.[13] Le don touchant à ce qui il y a de plus essentiel dans le lien social, il sera nécessairement influencé par l'état des relations entre les personnes.

Tout en reconnaissant l'importance de ces problèmes, ce n'est pas à cet aspect du don dans la famille que nous nous sommes intéressés ici. Nous ne nous sommes pas demandé comment le don est utilisé dans un rapport névrotique, mais plutôt comment il opère dans une relation «normale» et habituelle, et quel rôle il y joue. On peut d'ailleurs se demander si, à force de traiter des cas de don «tordus», une certaine littérature psychanalytique n'introduit pas, face au don, un biais conduisant à souhaiter que toute personne se libère du don, la libération de la dette vis-à-vis des parents étant considérée comme l'équivalent de l'accession à l'autonomie. Par une voie tout à fait différente, cette approche psychologique rejoint la conception marchande du don, qui le voit sous l'angle de la dette dont il faut s'acquitter pour être libre. Il est facile, à partir de l'analyse des seuls cas pathologiques, de dégager une conception fausse du fonctionnement normal du don; ainsi font les sociologues utilitaristes qui généralisent à toute la vie antérieure du couple la situation de «règlement de comptes» qui accompagne souvent sa rupture.

Certains psychologues ont tenté de développer une thérapie familiale dont une des bases est le rétablissement de rapports de don «normaux», en accordant une attention particulière aux dons et en jouant sur ce registre. Ainsi, selon Ivan Boszormenyi-Nagy (1991)[14], on doit tout à l'enfant qui vient de naître, mais progressivement le rapport de dette s'inverse, et ce rapport est inscrit dans le «Grand Livre» de comptes de toute famille.

Cette approche conduit à une thérapie qui accorde un rôle primordial au réseau familial (thérapie contextuelle) et aux valeurs éthiques. Mais elle reste fondée sur l'idée de bilan et de dette dont il faut s'acquitter. Nous croyons au contraire que si l'acquittement d'une dette représente bel et bien une voie importante de libération, comme le note Salem (1990, p. 64), ce n'est pas la seule. On peut aussi s'engager dans un processus de libération vis-à-vis de l'état de dette lui-même, et aboutir à un état de dette volontairement entretenu, non sans crises, non sans référence au bilan, mais sans que ce dernier n'en compose l'élément essentiel. Comme le suggérait déjà dans les années 1940 le psychanalyste suisse Charles Odier, il faut procéder à une «débilanisation» des rapports individuels (cité par Salem, p. 68). Autrement dit, il existe une sorte d'état supérieur du don qui est un état de dette renversé par rapport au «bilanisme». Dans cet état, les partenaires ou les agents considèrent tous qu'ils doivent beaucoup aux autres, ce qui est évidemment mathématiquement impossible. Cela n'exclut pas le recours épisodique au bilan comptable, toujours présent à l'horizon.

La circulation du don dans la sphère domestique constitue un champ de recherche immense. Nous espérons en avoir fourni un aperçu dans ce chapitre. Quatre paliers peuvent être distingués pour l'analyse de la circulation du don dans ce secteur.

1. À la base, l'univers des échanges et supports affectifs. C'est le fondement qui tient le reste de l'édifice, mais qu'il ne faut pas isoler comme un joyau débarrassé des scories de l'utilitaire.
2. Les services rendus, les coups de main, les innombrables gestes quotidiens accomplis par les membres du réseau en faveur d'un autre membre, à sa demande ou non.
3. Les dons de transmission, reliant les générations entre elles, dons inscrits dans une chaîne sans fin, mettant en évidence le caractère fondamentalement non réciproque du don.
4. Les dons rituels: les cadeaux, et tous les excès, les folies au-delà de ce qui est dû, au-delà de ce qui est utile, au-delà des règles du rituel lui-même. En effet, celui-ci tend constamment à inclure ces comportements dans une sorte de procédure, à faire en sorte qu'ils soient attendus, alors que la surprise en est un élément essentiel, de sorte que l'on joue continuellement avec le rituel tout en le respectant.

3

Quand l'État remplace le don

La marchandise n'a jamais prétendu avoir des connivences avec le don. Postulant que chaque acteur entre en rapport avec un autre dans le seul but de maximiser ses intérêts matériels, l'idéologie marchande valorise la possibilité de quitter une relation sans autre forme de procès lorsque le bien qu'on y acquiert ne satisfait pas. Mise en évidence par Hirschman (1970), cette possibilité d'*exit* (mot traduit en français par «défection»), de sortie silencieuse, sans prise de parole, constitue le modèle auquel la quasi-totalité des consommateurs se conforme. Si l'on en croit un sondage de la U.S. Education Foundation, 96 % des clients insatisfaits ne disent rien, c'est-à-dire ne recourent pas à la prise de parole, mais 90 % optent pour la défection: ils ne reviennent pas[1].

Tel n'est pas le cas dans la sphère étatique, univers par excellence de la prise de parole, dont le statut historique par rapport au don est bien différent de celui du marché. On pourrait même ajouter que la question est ici renversée. Le développement de l'État-providence a été souvent vu comme un substitut heureux au don, substitut qui diminue l'injustice et redonne la dignité, par opposition aux systèmes antérieurs de redistribution fondés sur la charité. L'État ne nie pas l'altruisme, comme le marché; il répartit, organise, distribue au nom de la solidarité entre les membres d'une société, solidarité plus étendue que celle des réseaux primaires et plus juste que celle des réseaux de charité privés. Dans la société moderne, une proportion importante des choses et des services qui circulent passe par ce circuit de l'État, par la sphère publique.

En quoi consiste ce mode de circulation étatique par rapport au circuit du don? Quels sont ses rapports avec le don? Plusieurs services qui empruntaient auparavant les circuits des réseaux de charité ou des liens personnels entre proches sont maintenant accessibles par le biais de l'État et de son appareil de redistribution. Certains auteurs, et non des moindres, vont même jusqu'à considérer que cet appareil peut remplacer le don dans la société moderne, les formes traditionnelles de don étant de plus en plus résiduelles. À commencer par Mauss lui-même qui, tout en reconnaissant l'importance du don dans toute société, considère que dans la société occidentale, le don prend surtout la forme de la redistribution étatique, que la sécurité sociale est en quelque sorte le prolongement moderne du don archaïque, et que les autres manifestations de don, hors de ce contexte, sont destinées à être remplacées par des formes mixtes de circulation où le don traditionnel sera imbriqué d'une façon ou d'une autre dans l'action de l'État. La redistribution étatique représenterait alors la forme achevée et spécifique que prend le don aujourd'hui, et également son avenir. L'impôt remplace le don. C'est d'ailleurs ce que nous pensons tous lorsque, sollicités par un organisme pour une cause, nous répondons: «Vous ne croyez pas qu'avec mes impôts je donne déjà assez!»

Prolongeant la réflexion de Mauss, Richard Titmuss (1971), dans un livre sur le don du sang, reprenait cette idée en défendant la thèse que l'intervention de l'État stimulait l'altruisme des citoyens en faisant appel à la solidarité entre étrangers inconnus, forme supérieure de don, inexistante dans les sociétés archaïques. Le don du sang lui sert d'illustration et de démonstration de cette thèse.

Sans nier l'importance de ces formes mixtes, nous souhaitons défendre l'idée que:

- même si l'État est souvent imbriqué dans des rapports étroits avec le don, il n'appartient pas à son univers, mais à une sphère reposant sur des principes différents;
- non seulement l'État n'appartient pas à ce secteur, mais il peut même avoir, et a souvent, des effets négatifs sur le don.

Pour amorcer l'analyse des rapports entre le don et l'État, nous partirons de la thèse de Titmuss sur le don du sang.

Le don du sang

Le point de départ de Titmuss est le rapport avec des inconnus, qu'il analyse à travers le don de sang. Don actuel s'il en est, puisque, à l'instar du don d'organes, il n'existait pas encore au moment où Mauss écrivait son *Essai*! Actuel aussi, plus sérieusement, parce que, à la différence du don d'organes, le don de sang est en partie commercialisé dans de nombreuses sociétés. Cependant, pour ce nouveau «produit», plusieurs pays optent pour le don de préférence au marché. Et alors le passage du donneur au receveur est géré par l'État, en collaboration avec la Croix-Rouge.

Non seulement ce don est fait à des inconnus, mais on peut même croire que souvent, s'ils se connaissaient, «tant le donneur que le receveur refuseraient peut-être de participer au processus, pour des motifs religieux, ethniques, politiques ou autres» (Titmuss, 1971, p. 74; notre traduction). En France, ce caractère anonyme a été poussé encore plus loin, puisque l'anonymat est légalement obligatoire et constitue l'un des trois principes de base du système français, les deux autres étant le bénévolat et l'absence de profit. Il est donc interdit à des parents de donner leur sang à leurs enfants, ainsi qu'aux membres de la famille, ce qui suscite d'ailleurs de nombreuses controverses dans le contexte des dangers de contamination par le virus du sida.

On est donc loin d'un rapport de type communautaire puisque c'est au contraire souvent grâce à l'anonymat que le don est recevable. C'est l'artifice de l'ignorance qui rend la circulation possible entre le donneur et le receveur: est-il possible d'imaginer un dispositif plus éloigné du lien primaire jugé essentiel au phénomène du don par la plupart des auteurs? Ou plus éloigné des descriptions habituelles du don dans les sociétés archaïques, comme le souligne d'ailleurs Titmuss: «À la différence du don des sociétés traditionnelles, le don gratuit de sang à des inconnus ne comporte ni obligation coutumière ou légale, ni déterminisme social, ni pouvoir arbitraire, domination, contrainte ou coercition, ni honte ou culpabilité, ni impératif de gratitude ou de pénitence[2]» (p. 239; notre traduction).

Le don du sang a le «don» de remettre en question les relations généralement établies entre don et liens sociaux — tel le fait, souligné notamment par Hyde (1983) et Sahlins (1976), que le don circule sur des liens communautaires, qu'il suppose la proximité sociale, la socialité primaire, etc. Le don de sang est unilatéral, sans retour et donc, selon Sahlins, il appartient au type de don fait seulement à des proches, à des familiers. Or, il est fait à des étrangers. Ce constat est à la base de la réflexion de Titmuss.

Allons plus loin. Comme le don d'organes, le don de sang est pris en charge par un système d'intermédiaires rémunérés appartenant à l'appareil public, et le sang se «rend» jusqu'au receveur grâce à cette organisation, s'assimilant ainsi à tous les autres produits reçus par le malade et faisant partie des soins, comme le sérum. Pour le receveur, le sang fait partie d'un système anonyme de circulation entre des étrangers. C'est du moins l'hypothèse que l'on peut faire, car Titmuss est muet sur ce point. Il traite les receveurs uniquement comme le ferait un économiste: abstraitement (la «demande» de sang, évaluée en nombre de litres, etc.), bien qu'il intitule son livre *The Gift Relationship*. Il note toutefois que, dans un tel contexte, il n'existe pas de gratitude ou de manifestations d'autres sentiments de la part du receveur (p. 74). Le sang n'est pas reçu comme un don, mais comme une marchandise, ou comme une chose à laquelle on a droit comme citoyen. Il n'y a pas de reconnaissance.

Finalement, seul l'environnement immédiat du donneur, le premier intermédiaire à qui il donne, relève en partie du don: la Croix-Rouge vit de dons, c'est un organisme qui n'est ni étatique ni marchand, et se compose en partie de bénévoles. Que le sang soit recueilli par un tel organisme est sans doute essentiel au maintien d'une dose minimale de don dans ce système.

En un sens, le don du sang est un don qui n'est pas reçu. Par rapport au cycle «normal» donner-recevoir-rendre, seul le premier moment existe dans le cas du don de sang. Car si le sang n'est pas reçu comme don, il n'est pas non plus rendu, ou peu, et en tout cas on ne le donne pas d'abord pour qu'il soit rendu. Les motivations du donneur sont principalement d'ordre moral (p. 239). Il espère même ne jamais avoir besoin de recevoir. Mais il a confiance que d'autres feront la même chose que lui si un jour il en a besoin.

Il est toutefois essentiel que le donneur sache que le sang qu'il donne est donné, et non vendu au receveur, même s'il peut faire l'objet de transactions commerciales chez les intermédiaires, c'est-à-dire même si la circulation intermédiaire ne relève pas du système du don. Certaines entreprises exploitent cette situation en intégrant le don à un système mixte dont la moralité est douteuse. Ainsi, au Brésil, une entreprise recueille du sang afin de traiter gratuitement les hémophiles. Du moins c'est ce qu'elle annonce. Et c'est aussi ce qu'elle fait... en partie. Car la quantité de sang recueillie est tellement grande qu'une proportion importante — le surplus — est vendue pour d'autres fins. Le système s'effondrerait si les donneurs l'apprenaient.

Le don de sang est le don unilatéral par excellence. Et pour cause, est-on tenté d'ajouter, car ce don est dangereux. Il transmet des maladies. Le don-poison est éminemment présent dans ce geste. Au début, il était courant que l'on contracte une hépatite B suite à une transfusion sanguine. Aujourd'hui, c'est le sida qui effraie de plus en plus. Aux États-Unis, le nombre d'individus qui «se donnent» leur propre sang, mis en réserve dans une banque de sang personnalisée, augmente constamment.

Il s'agit donc d'un cas limite et on peut même se demander pourquoi qualifier ce geste de don. Ni Mauss (il n'y a pas d'obligation de retour, point de départ de sa réflexion), ni Hyde, ni Sahlins, s'ils appliquaient leurs définitions de façon stricte, ne pourraient l'inclure. Car il ne reste qu'un critère: le geste volontaire et «gratuit» du donneur, qui le vit non pas comme une obligation étatique, ni comme une affaire, mais comme un don. Une fois le don fait, le sang devient un produit semblable à tous les autres, passé le premier receveur, la Croix-Rouge.

Et pourtant cette petite différence de départ suffit pour que Titmuss constate une différence importante entre ce système et les systèmes marchands, fondés sur le sang payé. C'est la grande conclusion de son ouvrage, suite à une comparaison entre le système de don anglais et le système commercial américain: quel que soit le critère économique ou administratif utilisé, le système où l'offre provient d'un donneur plutôt que d'un vendeur est supérieur, écrit-il. Le danger de transmission de maladies infectieuses est moindre si le sang est donné, selon Titmuss. Le système est donc plus sûr pour le receveur. Mais il l'est également pour le donneur à cause des abus qui se produisent lorsque le sang est payé. Citons ici Titmuss, qui conclut, après une comparaison systématique des deux systèmes (quantité de sang, qualité, pertes et gaspillages pendant les nombreuses manipulations administratives et professionnelles, coûts): «Quel que soit le critère retenu — efficacité économique ou administrative, coût par unité pour le malade, pureté, qualité, sécurité —, le marché est pris en défaut» (p. 205; notre traduction). Ainsi, lorsqu'on introduit un système de rémunération du sang, cela a pour effet de diminuer la quantité globale de sang disponible parce que nombre d'anciens donneurs, considérant qu'«ils se font avoir», cessent de contribuer, et le nombre de donneurs qui cessent de donner est plus important que le nombre de vendeurs qui apparaissent. Le «consommateur» est donc perdant selon tous les critères économiques habituels, y compris la liberté de choix entre du sang donné et du sang vendu, puisque la quantité de sang donné diminue[3].

Cette différence infime au départ entre les deux systèmes — le geste du donneur envers un organisme bénévole au début de la chaîne — induit donc des transformations qui se répercutent dans toute la chaîne, même si la conscience du don n'existe plus chez aucun des intervenants, autrement dit même si le sang circule dans un circuit et dans des types de lien d'où le don est absent. Tout se passe comme si l'esprit du don infusé au début réussissait à circuler même après avoir disparu chez tous les autres intervenants, y compris chez le receveur final.

Or, cet esprit du don ne circule pas toujours dans le système, c'est le moins qu'on puisse dire en examinant, vingt ans après l'étude de Titmuss, «l'affaire du sang» en France. Dans un ouvrage portant ce titre, Anne-Marie Casteret montre que l'esprit du donneur, présent au départ de la chaîne, est perverti par les intermédiaires étatiques et que, dans ce cas, le système de don se révèle d'une efficacité inférieure à celle du système marchand. Si Titmuss reprenait aujourd'hui son analyse en comparant le système américain non plus avec le système anglais, mais avec le système français des années quatre-vingt, ses conclusions seraient renversées: le système français, fondé sur le don et l'absence de profit, tout en coûtant très cher, a contribué, au su des responsables, à rendre séropositifs des centaines d'hémophiles en leur distribuant des produits contaminés, alors que «les firmes privées, par crainte des procès, n'ont pas attendu une consigne officielle pour appliquer des mesures de prévention» (Casteret, 1992, p. 229), et détruire des stocks importants de produits douteux.

Que conclut Titmuss de l'analyse de ce don moderne qu'est le don du sang? D'une part, qu'un système fondé sur le don est supérieur au marché, conclusion qu'il faut aujourd'hui relativiser; d'autre part, que ce système est également fondamentalement différent du don archaïque parce qu'il est un don volontaire, sans obligation de retour, à un étranger. Titmuss ajoute que ces traits sont caractéristiques de ce qui circule dans la sphère publique, que le système public, à la différence du marché, aurait la propriété de diffuser dans la société l'esprit de don, que solidarité étatique et don s'amplifient et se nourrissent l'un l'autre. En comparant les États-Unis et l'Angleterre, le don de sang étant, dans ce dernier pays, entièrement contrôlé par un système mixte don-système public, il conclut que l'existence du National Health Service y stimule la dimension altruiste des êtres humains, alors que le système américain la restreint. En introduisant le don aux «étrangers», l'État encourage le reste de la société à suivre son exemple (p. 225-226). C'est pourquoi, selon Titmuss, plus la société accroîtra son niveau de vie, plus on passera de la vente du sang au don comme forme dominante de circulation du sang. Alors qu'on prétend généralement que le don est une forme archaïque et que le marché est l'avenir, pour le sang, Titmuss renverse le raisonnement habituel. Pourquoi? Parce que ce qui lui importe au premier chef, c'est que, dans le cas du sang, on donne à des inconnus. «Lorsque le don en arrive à inclure les inconnus, il entraîne un changement de valeurs qui renforce la dimension altruiste du rapport de don.» Cette possibilité de donner aux étrangers est une caractéristique du don moderne et serait stimulée par l'État, par la prise en charge publique du don du sang, qui permet «aux gens ordinaires de considérer le geste du don comme une valeur morale même s'il se situe à l'extérieur de leurs réseaux familiaux et de leurs rapports interpersonnels» (p. 226; notre traduction).

Titmuss admet que cette théorie est en partie contredite par ce qui se passe dans les pays industrialisés. Car là où le rôle social de l'État est le plus important, le sang a plutôt tendance à être vendu (Suède, URSS: p. 186-187). Cela conduit à se demander ce qui fait que le don du sang est aussi différent du marché, et dans quelle mesure, comme l'affirme Titmuss, cette différence dans les résultats tient à la présence de l'État. D'autant plus que l'étude de la performance de l'État-providence, depuis quelques décennies, ne va pas du tout dans le sens des conclusions de Titmuss, comme l'illustre dramatiquement l'affaire du sang en France. C'est ce qu'il faut maintenant examiner avant de répondre à cette question.

La perversion du don par l'État

Le don de sang est un acte individuel dont le «produit» est géré par l'État ou par un organisme professionnel pour être transmis au receveur. C'est sur l'analyse de cet acte que repose la conclusion de Titmuss. Or, ce dispositif n'est pas le mode habituel de mise en rapport du système public avec le don. En fait, l'État est amené à collaborer beaucoup plus fréquemment — en fait quasi continuellement — non pas avec des donneurs isolés qui s'adressent à lui et lui demandent de faire cheminer leur don jusqu'au receveur, comme dans le don du sang, mais avec des réseaux d'individus liés par des liens personnels, ou avec des bénévoles, avec qui il collabore pour le bénéfice de tiers. Dans ce dernier cas, l'État peut soit faire directement appel à ces bénévoles, soit passer par des associations avec lesquelles il collabore. C'est le cas dans le secteur social et sanitaire, et dans la majorité des fonctions de redistribution de l'appareil étatique qui impliquent autre chose qu'un pur transfert financier. Selon une expression devenue courante aux États-Unis, l'État et ces organismes sont «coproducteurs» de services à des citoyens, des malades, des «bénéficiaires». Dans ce pays, «à tous les éche-lons de gouvernement, le bénévolat dans la fourniture de services est très répandu» (Brudney, 1990, p. 4; notre traduction). Et, contrairement à ce que l'on aurait pu croire il n'y a pas si long-temps, les enquêtes montrent une forte croissance de la partici-pation de bénévoles pendant la dernière décennie (*ibid.*).

Quant aux rapports entre le secteur public et les réseaux primaires comme la famille, ils sont constants. Même si les services antérieurement rendus par le canal des liens personnels sont maintenant en partie dispensés par l'État, les liens per-sonnels sont évidemmnent loin d'avoir disparu: qu'il le veuille ou non, souvent même sans qu'on s'en rende compte, l'État collabore avec un système de don (passant par l'aide familiale intra- et inter-génération, le voisinage, l'amitié, et d'innom-brables et multiformes pratiques d'aide et d'entraide dans tous les domaines) presque chaque fois qu'il dispense directement des services aux citoyens — du moins en dehors des lieux institu-tionnels coupés de la société. Et même dans ces institutions, on retrouve des organismes de bénévoles souvent très actifs et essentiels (en particulier dans ces lieux pour malades en phase terminale récemment institués). En outre, on se rend compte de plus en plus qu'à l'intérieur même de ces institutions, les valeurs altruistes sont indispensables au fonctionnement de l'organi-sation. Le don y joue un rôle important pour de nombreux employés, du moins ceux qui sont en contact direct avec la clientèle, c'est-à-dire ceux qui se situent à la fin de la chaîne d'intermédiaires amorcée par les collecteurs d'impôts. Même si les services sont dispensés dans le cadre d'un droit des citoyens par des employés rémunérés à cette fin, plusieurs de ces derniers en arrivent à ajouter le don à ce droit. C'est un processus inverse de celui du don de sang, dans la mesure où le don se retrouve, non pas au début de la chaîne, mais à la fin, au moment où l'argent, prélevé par imposition, se transforme en services.

Il faut rappeler que pendant longtemps, avant la professionnalisation, l'altruisme était l'esprit dominant chez ces employés du secteur public. Aline Charles (1990; voir notamment p. 139 et suivantes) décrit bien la confrontation des deux modèles dans le cas d'un hôpital pour enfants de Montréal. Le bénévolat était au départ l'idéal et les bénévoles définissaient les objectifs auxquels tous devaient se soumettre, même les employés salariés. Avec la montée du professionnalisme, un renversement s'opère. Le bénévolat devient un signe d'incompétence et il est soumis, à la fin, aux besoins des professionnels et, de façon plus générale, des salariés. Comme le montre Charles, cette évolution se situe dans le cadre d'un contexte plus large de dévalorisation de la compétence domestique de la femme au profit de la compétence issue des diplômes. Or, le service bien dispensé suppose presque toujours un supplément non prévu, relevant de la logique du don. Car le service n'est pas un produit (Gadrey, 1991).

On touche ici à une limite importante de l'approche professionnelle fondée de plus en plus sur un savoir technique et des protocoles bureaucratiques. C'est pourquoi la notion de *service* public demeure essentielle au bon fonctionnement du système; et elle est «réveillée», «activée» par le contact avec les organismes communautaires. La cohabitation des deux modèles n'est pas facile, l'esprit du don entrant en contradiction avec le principe d'égalité, qui joue le même rôle, dans le système étatique, que celui d'équivalence pour le marché. Or, le don repose sur un principe différent. Il fuit le calcul, ce qui l'oppose autant au principe public d'égalité qu'au principe marchand de l'équivalence.

Pendant les plus belles années de l'État-providence, l'appareil étatique a eu tendance à nier cette réalité du don ou à la considérer comme résiduelle et destinée à disparaître. L'État croyait qu'il allait remplacer «progressivement» (et c'était par définition un progrès!) toutes les formes traditionnelles de services. Au Québec, des documents gouvernementaux prévoyaient pour l'an 2000 la prise en charge institutionnelle de toutes les personnes âgées, à la fois objectif à atteindre et situation idéale!

La crise a ramené l'État-providence à beaucoup plus de modération et de modestie, non seulement quant à l'ampleur de son rôle, mais aussi quant à la qualité relative de ses interventions et à leur désirabilité, de sorte que l'on admet facilement aujourd'hui avoir grand besoin de tous ces réseaux qu'on appelle «informels». Ce besoin n'est d'ailleurs pas seulement d'ordre financier, il ne s'agit pas strictement de «faire des économies», comme on se plaît à le dire. Il est lié aussi à la qualité respective des services dispensés par l'État et des services rendus par les réseaux d'aide de toutes sortes.

Mais même si l'État reconnaît aujourd'hui l'apport du secteur associatif, et même si on constate la présence du don à l'intérieur de son appareil, cela ne signifie pas que son intervention ait la même logique que celle des réseaux sociaux avec lesquels il collabore. L'observation de cette collaboration (Godbout et Leduc, 1987) montre en effet de façon évidente que les deux systèmes ne fonctionnent pas à partir des mêmes principes. Par exemple, on constate fréquemment la difficulté éprouvée par l'association volontaire de maintenir avec ses «clients» ses liens habituels lorsqu'elle collabore avec le secteur public. Ainsi, une institution publique locale demande à une association d'aide aux personnes âgées (visites, accompagnement, etc.) de collaborer avec elle dans la fourniture des services. L'institution publique fournit à l'association une liste de ses clients et lui demande de fournir à ces derniers des services tels que l'accompagnement, etc. Après quelques tentatives, la présidente de l'association refuse de poursuivre: «Qu'ils s'occupent de leurs clients; nous, on a nos vieux», dit-elle. «Je ne travaillerai pas pour leurs clients; mais pour mes membres, je ferais tout; c'est comme mes enfants.» Tout se passe comme si le fait qu'une personne âgée soit recommandée par l'institution publique, qu'elle passe par ce canal pour obtenir un service de l'association, empêchait un certain lien de s'établir. Cela ne se produit certes pas toujours, mais les témoignages sont suffisamment fréquents pour faire ressortir le phénomène, que nous considérons comme un révélateur de l'existence de deux modèles différents. Le fait même d'avoir été identifié comme client par une institution publique et d'être présenté à ce titre à l'association rend plus difficile l'établissement de rapports de don et la mise en veilleuse des rapports de droit. On observe un phénomène similaire quand une institution publique, pour se rapprocher d'un milieu, emploie des personnes qui en proviennent. Au lieu que l'on obtienne l'effet souhaité de rapprochement entre l'institution publique et le milieu, il arrive que ces personnes finissent par être considérées comme des étrangères par le milieu même d'où elles proviennent, que la communauté ne les reconnaisse plus comme siennes, du moins dans leur rôle d'employés. Enfin, l'affaire du sang en France est une illustration spectaculaire du fait que le système public puisse en venir à négliger les intérêts de la clientèle plus gravement que ne le fait le marché.

L'impôt n'est pas le don

L'intervention de l'État tendra toujours à transformer l'acte gratuit de quelqu'un en travail non payé, à en changer ainsi le sens, et à effectuer la déconstruction sociale du don en l'insérant dans un modèle d'équivalence monétaire. Contrairement à ce que laisse entendre Titmuss, la prise en charge des programmes sociaux par l'État — sans cesser évidemment d'être souhaitable pour d'autres raisons, comme la justice — n'a pas nécessairement un effet d'entraînement, ne stimule pas nécessairement les «dispositions altruistes» de l'individu. Elle peut au contraire briser des réseaux de don et stimuler des comportements individualistes ou technocratiques, comme le montre l'affaire du sang, où le geste de don original est perverti par les intermédiaires. Le moins que l'on puisse dire, c'est que le système étatique n'est pas un système de don. En outre, contrairement à ce que tendent à croire Mauss et surtout Titmuss, système étatique et système de don ne sont pas «naturellement» complémentaires.

Rappelons que l'État remplit son rôle de redistributeur de deux manières bien différentes.

- Il s'en acquitte par des transferts monétaires directs ou indirects. Il joue alors seul ce rôle, dans le cadre duquel il apparaît comme un intermédiaire anonyme, aussi anonyme que l'argent, entièrement extérieur aux rapports sociaux.
- Mais l'État rend aussi de plus en plus de services lui-même: services sociaux, services de santé, aides diverses, remplaçant des systèmes de liens personnels de don ou de réciprocité (familiaux, de voisinage, etc). Il se fait ainsi dispensateur, non pas d'argent, mais de services.

Dans un premier temps, certes, l'État libère le don. Grâce aux paiements de transfert, il assume des responsabilités qui libèrent les membres des réseaux primaires de leurs obligations. Mais cet effet positif peut rapidement se transformer en son contraire lorsque l'État déborde la fonction de transfert monétaire pour entrer dans son rôle de fournisseur de services. Il cherche alors souvent, soit à se substituer aux réseaux, soit à les utiliser pour remplir sa mission étatique. Car n'oublions pas que, contrairement au marché, l'État détient une légitimité pour définir les besoins collectifs; mais il lui est beaucoup plus difficile qu'au marché d'appréhender les préférences individuelles. Il a donc une double «bonne» raison de tendre en permanence à définir les «vrais» besoins des personnes... à leur place. C'est pourquoi plusieurs organismes fondés sur le don optent pour des rapports minimaux avec l'État.

Nous pouvons maintenant revenir à la conclusion de Titmuss, qui présente l'État comme le champion du don à l'issue de son analyse du don du sang. Nous avons vu que toutes les caractéristiques qui distinguent le système de don gratuit du sang par rapport au système de don vendu s'expliquent par le geste du début: le don libre et gratuit de son sang par une personne. Or, l'État se caractérise exactement par le contraire. La genèse de l'État moderne a consisté à passer «du don à l'impôt», pour reprendre la phrase d'Alain Guéry (1983). Mais un don «imposé» n'est pas un don. Et l'État-providence a prolongé cette tendance en remplaçant des systèmes de don (dons de charité ou dons personnels) par la sécurité sociale, en passant d'un système de don à un système de droits. Toutes les ressources qui entrent dans le circuit étatique y arrivent par une imposition, une contrainte (en partie librement consentie dans le cas des régimes démocratiques, où la représentation précède la taxation, pour reprendre la formule célèbre); c'est exactement le contraire d'un don volontaire. Le don de sang n'illustre donc pas la manière habituelle de fonctionner de l'État, mais une caractéristique particulière située hors du système étatique. C'est grâce au don fait à un organisme sans but lucratif, la Croix-Rouge, que ce système peut avoir des caractéristiques supérieures à celles du système de distribution du sang commercialisé. Et non pas à cause de l'État. À cet égard, il n'est pas sans intérêt de noter le changement de vocabulaire qui est survenu dans les services publics. Ceux-ci ont peu à peu cessé de dire qu'ils «rendaient» des services, préférant affirmer qu'ils les «dispensaient», montrant ainsi qu'ils coupaient le lien avec le circuit du don: s'ils ne les rendent plus, c'est qu'ils sont sortis de la chaîne donner-recevoir-rendre. Ils ne les ont pas reçus, ils les dispensent, leurs agents «recevant» en échange un salaire, et non un contre-don. Le fait d'avoir rompu avec ce vocabulaire indique ce retrait des trois moments à l'intérieur desquels s'inscrit toute chaîne de don: donner, recevoir, rendre.

C'est pourquoi il faut conserver l'idée fondamentale de Titmuss de don aux inconnus comme spécifique au don moderne. Mais l'attribution de ce geste à l'État semble inexacte. L'État crée des rapports entre étrangers, différents certes du marché, mais différents également du don. Sans contredire comme telle l'idée de Titmuss selon laquelle le don aux inconnus est une innovation sociale de la modernité, ces faits obligent à apporter des nuances et à se poser la question des limites de l'intervention de l'État-providence dans ce processus, limites au-delà desquelles le processus se renverserait. La diffusion du rapport entre étrangers à partir de l'État peut facilement produire des effets pervers si elle n'accompagne pas les réseaux sociaux et n'est pas «en phase» avec eux. C'est ce que nous a appris la crise de l'État-providence: la solidarité étatique a des limites qui s'expliquent par le fait que l'État instaure un type différent de circulation, caractérisé par l'hypertrophie de l'intermédiaire: situé en dehors du système de don, celui-ci tend à répandre son propre système, ses propres valeurs.

D'ailleurs, on peut se demander si le don de sang n'est pas un cas limite des rapports entre inconnus. Ainsi, les organisations non gouvernementales (ONG), dans leurs rapports avec le tiers monde, donc avec des étrangers, essaient plutôt de diminuer le nombre d'intermédiaires et de subordonner leur rôle à un lien direct «donneur-receveur», de rapprocher les donneurs d'aide au tiers monde et les receveurs, de personnaliser le rapport entre eux, prenant ainsi explicitement leurs distances par rapport à la «solidarité déléguée» qui caractérise l'État. C'est peut-être la raison principale de leur succès. Le donateur sait[4] que son don va parvenir à qui en a besoin, qu'il ne sera pas accaparé par les intermédiaires et qu'il ne sera pas entamé par les gaspillages et les salaires élevés de la bureaucratie ou le détournement de la corruption. Dans certains cas, on encourage le public à donner à un enfant en l'identifiant, en l'«adoptant», etc. On rétablit ainsi un lien fort entre donataire et donateur, court-circuitant les intermédiaires. S'il s'agit bien de rapports entre étrangers, on constate en même temps une tendance à personnaliser le rapport, au moins symboliquement, à rendre l'étranger le moins inconnu possible, ce qui constitue une logique contraire à celle de l'État. Ce dernier tend au contraire à prendre des décisions indépendantes des rapports et des caractéristiques personnelles, en fonction de critères abstraits découlant des droits de chacun. De la sorte, c'est l'intermédiaire qui impose sa logique au donateur et au donataire, lesquels se transforment en «contribuable» à un bout, en «administré» ou en client à l'autre, chacun ayant des droits précis. Entre les deux, une série d'intermédiaires non régis par le principe du don. À l'opposé, les organismes fondés sur le don font le lien entre donateurs et donataires; ils tendent à diminuer le nombre des intermédiaires et à faire en sorte que leur rôle soit le plus possible confié aux donateurs eux-mêmes: coopérants, organismes sans but lucratif, etc.

Résumons les raisons pour lesquelles la circulation étatique ne peut pas être considérée comme un système de don.

Le don est un système libre, alors que l'État opère des prélèvements obligatoires automatiques sur les citoyens — l'impôt, comme son nom l'indique — et agit avec les citoyens en vertu de lois, règlements et normes préétablies, ayant pour objectif et idéal de traiter tout administré de la même manière. L'État a horreur de la différence, source potentielle d'inégalités et de préférences subjectives. Le don ne vit au contraire que de cela: affinités, liens privilégiés, personnalisés, qui non seulement caractérisent par définition les rapports personnels, mais sont à la base aussi des organismes dont le principe de fonctionnement est le don. Même lorsqu'il s'applique aux étrangers, le don est un système de circulation des choses immanent aux liens sociaux eux-mêmes, alors que la circulation étatique se fait dans un système situé en dehors des citoyens et de leurs rapports. On ne retrouve d'ailleurs les citoyens qu'au début, à titre de contribuables, et à la fin, à titre de bénéficiaires, débarrassés le plus possible de leurs caractéristiques personnelles, l'État ayant le plus grand mal à «traiter» les différences personnelles. Il est embarrassé par elles, alors qu'elles constituent au contraire la source du dynamisme du système de don.

Dans son analyse du don du sang, Titmuss a confondu système de don et système étatique. Comme Mauss[5], il a cru voir dans la sécurité sociale moderne l'équivalent des systèmes de don archaïque. Or, s'il est vrai que ces systèmes collectifs d'assurance, publics ou privés, remplissent des fonctions assumées par le don dans d'autres sociétés, on ne peut pas en déduire que les deux systèmes reposent sur les mêmes principes, ni qu'ils sont naturellement complémentaires. En passant du don à l'impôt ou à l'assurance, on a laissé échapper le geste du donateur, le risque d'une action dont le retour n'est jamais garanti.

Le don aux inconnus

Tous les rapports entre étrangers ne prennent pas la forme du marché. Il existe une catégorie de dons qui se produisent aussi entre étrangers, voire entre inconnus[6]. C'est le cas du don du sang, comme nous venons de le voir, mais aussi des échanges régis par ce qu'on appelle les lois de l'hospitalité, des dons que fait le public au moment de catastrophes naturelles (comme les tremblements de terre) ou de certains événements politiques (dons aux Roumains), des dons de charité, de certaines formes de bénévolat, etc. Toutes ces formes de circulation de biens et de services entre étrangers fonctionnent hors marché, et sans emprunter par ailleurs la voie de la redistribution étatique, c'est-à-dire qu'ils sont entièrement volontaires, spontanés. On peut même penser qu'ils ont une importance telle dans la société actuelle — importance croissante d'ailleurs — que cela en fait une caractéristique propre à cette société: la quantité de biens et de services qui circulent entre étrangers sur une base entièrement volontaire, loin d'être un résidu des sociétés traditionnelles, est un trait moderne.

Compte tenu de l'importance et des caractéristiques spécifiques de ce secteur, nous croyons qu'il s'agit d'une quatrième sphère, puisqu'il faut reconnaître avec Titmuss qu'il s'agit bien de rapports entre inconnus, et donc n'appartenant pas non plus à la sphère domestique. Ni au marché, ni à l'État, ni au domestique. Le don aux inconnus est effectivement une spécificité moderne, un quatrième secteur, entre l'État et la sphère privée, relevant de principes du don au moins en partie, et permettant par ailleurs aux «gens ordinaires de manifester un altruisme qui déborde la sphère des rapports personnels», comme l'affirme Titmuss. À l'époque où il écrivait, c'est-à-dire avant la consolidation de l'État-providence, cet auteur ne pouvait pas voir que la solidarité étatique forme un système différent, à côté du don et du marché. Comparant le don au marché seulement, il pouvait croire que la sécurité sociale, mécanisme de circulation différent du marché, pouvait être un substitut au don archaïque et représenter la forme spécifiquement moderne du don. C'est ainsi que l'on pensait en Occident pendant les «Trente Glorieuses», période durant laquelle on se dirigeait vers le remplacement de tout système de don par des institutions publiques symbolisant le progrès. Or, sans nier tout rapport entre la redistribution étatique et le don, il importe dans un premier temps d'affirmer que ce sont deux systèmes différents, que l'État a aussi beaucoup de complicité avec le marché, et que le système étatique détruit souvent les systèmes de don; sans le faire de la même manière, il le fait tout aussi efficacement que le marché.

Polanyi est l'un des seuls auteurs à avoir bien perçu, dès 1945, dans son ouvrage *La Grande Transformation,* cette différence entre don et système étatique. Certes, il examine surtout les effets du marché et de la liberté de contrat sur les liens primaires: «[Le principe de la liberté de contrat] revenait à dire en pratique que les organisations non contractuelles fondées sur la parenté, le voisinage, le métier, la religion, devaient être liquidées, puisqu'elles exigeaient l'allégeance de l'individu et limitaient ainsi sa liberté.» (1983, p. 220.) Mais Polanyi met aussi en garde contre les conséquences négatives d'un remplacement complet des solidarités par l'État-providence: «Un honnête homme pouvait s'imaginer qu'il était libre de toute responsabilité dans les actes de coercition de la part d'un État que, personnellement, il rejetait; ou dans les souffrances économiques de la société, dont il n'avait personnellement tiré aucun avantage. Il "se suffisait à lui-même", il "*ne devait rien à personne*".» (p. 331; c'est nous qui soulignons).

Ne rien devoir à personne; pouvoir quitter un lien social et se décharger d'une obligation comme on change de commerçant lorsqu'on n'est pas satisfait. Cette capacité d'*exit,* analysée par Hirschman, c'est la définition de la liberté moderne figurée par le marché et prolongée par l'État-providence. L'État a au moins autant d'affinités avec le marché qu'avec le don. Même si, comme le reconnaît Polanyi, il a rempli des fonctions qui étaient auparavant sous la responsabilité des systèmes de don, l'État n'obéit pas à la même logique et constitue véritablement un troisième système. Empruntant à la fois au don et au marché, il se situe presque à égale distance de l'un et de l'autre; mais son action se déroule entre étrangers et accorde un rôle déterminant aux intermédiaires. Simmel a longuement décrit ces systèmes qui «créent certes des relations entre les humains, mais en laissant les humains en dehors de celles-ci» (1987, p. 373). Ce type de lien est la négation même du système du don, mais il est caractéristique de l'échange monétaire et des rapports bureaucratiques. «Lorsqu'on se situe au niveau de l'État, dit Hyde, les liens d'affection susceptibles de bonifier la volonté de la personne n'existent plus» (1983, p. 267).

L'État, tout en étant nécessaire, n'est pas l'avenir du don moderne. Cet avenir est ailleurs. Où? Polanyi distinguait trois systèmes de circulation des choses: le marché, la redistribution, la réciprocité. C'était également notre point de départ. Mais nous constatons que ces trois catégories sont insuffisantes, qu'une autre sphère, propre aux sociétés modernes, le don aux étrangers, ne fait partie ni du marché ou de l'État, ni de la sphère domestique. À un extrême, elle se rapproche de l'État (on y trouve des organismes avec employés, etc.) et finit d'ailleurs souvent par s'y intégrer; à l'autre, elle se rapproche de la sphère domestique sans vraiment y appartenir (c'est le cas des groupes d'entraide). Avant de présenter la sphère marchande, examinons de plus près les caractéristiques de cette sphère du don entre étrangers.

4

Le don entre étrangers

Nous abordons maintenant directement la sphère propre au don moderne. Ses limites ne sont pas claires. À un extrême, elle bascule dans l'État. La fonction redistributrice de l'État s'est nourrie constamment de ce secteur et de la sphère domestique, et a constitué l'État-providence dans ses rôles autres que de transfert monétaire. À l'autre pôle, cette sphère du don moderne rejoint les rapports personnels et la sphère domestique. Elle n'est d'ailleurs pas toujours entièrement autonome et indépendante du marché ou de l'État. Les organismes qui la composent sont souvent, mais pas toujours, financés en tout ou en partie par l'État ou par le secteur marchand. Mais ils s'en distinguent par le fait que le don y est au centre du système de circulation des choses et des services.

Libérés d'une partie de leurs obligations par le marché et par l'État, ce secteur et les institutions qui le composent n'ont pas pour autant disparu, comme on l'avait souvent prédit. Profitant de ce «temps libéré», les institutions comme les Églises ont modifié leurs pratiques (Turcot, 1990). D'autres associations, comme les syndicats, se sont créées pour s'attaquer aux conséquences négatives du marché ou de l'État. Ce qu'on appelle «la vie associative» constitue un domaine extrêmement riche et varié. C'est un monde coloré, en mouvement, souvent discret, même s'il est de plus en plus visible depuis quelques années. C'est un monde de femmes, même si on y trouve de plus en plus d'hommes. Selon tous les indicateurs, son importance est croissante. Aux États-Unis, en 1988, environ 80 millions de personnes ont donné du temps à un organisme, temps évalué à l'équivalent de 8,8 millions d'employés à temps plein (Brudney,

1990, p. 2). Au Canada, en 1987, 27 % de la population affirme avoir fait de «l'action bénévole encadrée», c'est-à-dire au sein d'organismes reconnus. Ces associations assurent une partie importante des services personnels, leur domaine étant délimité par l'État d'un côté, par les réseaux sociaux familiaux, de voisinage et amicaux de l'autre.

Cet univers tend généralement à être proche de l'esprit du don dans la mesure où la naissance des associations est un acte libre et où leurs membres ne visent pas le profit. Mais nombre d'entre elles s'éloignent rapidement de cet esprit et se rapprochent de l'État et du marché dans leur mode de fonctionnement. Elles deviennent des institutions obéissant à la logique du rapport salarial et à la «loi d'airain de l'oligarchie» décrite par Robert Michels (1914) dans son célèbre ouvrage sur le parti social-démocrate allemand. De telles organisations ne reposent pas sur le don et ne sont donc pas l'objet principal de ce chapitre, qui s'intéresse d'abord aux associations fondées sur le principe du don, regroupant approximativement ce que l'on désigne en Amérique du Nord par l'expression «organismes communautaires».

De quoi s'agit-il? Au sein de cet ensemble très vaste, notre attention se porte sur les associations dont les services sont rendus par des personnes non rémunérées (à cette fin). Cette définition n'exclut pas l'emploi de personnel, restreint, pour les tâches administratives. Mais le rôle du personnel ne comprend pas la prestation du service comme tel. Ce critère est certes discutable. Certaines associations de personnes rémunérées, le plus souvent faiblement, appartiennent aussi à cet univers. Mais cet élément demeure le meilleur discriminant quand on veut opérer la séparation entre les organisations qui fonctionnent sur la base d'un système de don et celles qui se rapprochent plus d'un système marchand ou étatique, auquel elles finissent d'ailleurs souvent par s'intégrer, comme on l'a vu. Bien entendu, la même association peut prendre différentes formes au cours de son histoire, et nombre d'associations qui ont débuté comme système de don ont évolué vers un système marchand ou étatique. Beaucoup d'organismes caritatifs sont en fait des organisations professionnelles œuvrant dans la nouvelle industrie du don. On ne saurait nier qu'une partie de ces activités est récupérée par le système marchand et professionnel, par ce que Guy Nicolas appelle le marché caritatif ou oblatif, qui «fournit une voie d'expansion à la nouvelle strate managériale» (1991). Mais cela n'a rien d'inéluctable, comme on le verra d'ailleurs avec l'exemple des Alcooliques anonymes (AA).

Une question se pose: ayant exclu les associations fondées sur le rapport salarial, doit-on tenir compte de tous les organismes dont le service est assuré par les membres, ce qui mènerait à inclure par exemple d'innombrables associations de loisirs, tels les pêcheurs à la ligne, les clubs sportifs, etc.? Le seul critère de la non-rémunération des membres n'est pas suffisant. De nombreux auteurs[1] ont élaboré des typologies visant à apporter quelque lumière en classant les associations selon la taille, l'objectif, le mode de fonctionnement, etc. Une distinction courante sera utile ici, celle qui oppose le type instrumental et le type expressif. Dans le premier cas, l'association vise un objectif extérieur à elle-même. Elle se donne des fonctions sociales, elle est ouverte sur l'extérieur. Au contraire, les associations de type «expressif» ne visent que la satisfaction de leurs membres et ont un caractère fermé. Cette typologie permet de distinguer entre les organisations fondées seulement sur la réciprocité et les organisations fondées sur le don. Les clubs sportifs font partie de la première catégorie, les groupes d'entraide de la seconde. Les associations des deux types ont en commun d'être autonomes, libres, de se donner leurs propres règles et normes, de ne pas être régies par la rupture producteur-usager qui apparaît avec le travail salarié. Mais elles se distinguent par leur objectif, qui influence leur mode de fonctionnement. On doit donc ajouter un second critère à celui de la non-rémunération des personnes qui dispensent le service: l'association doit également manifester dans ses objectifs une ouverture envers d'autres personnes que ses membres, ou que le noyau principal. Elle doit être ouverte. Ainsi, les Alcooliques anonymes (AA) sont régis par le principe de réciprocité, mais ouverts sur l'altérité. Lorsqu'ils sont «guéris», les membres doivent transmettre à d'autres ce qu'ils ont reçu, aider un alcoolique, se situer en somme dans une chaîne de don, ce qui s'oppose au caractère binaire ou symétrique qui définit couramment le mot réciprocité. Les AA appartiennent donc aux organisations de type «instrumental» plutôt qu'aux organisations de type «expressif».

À partir de ces deux critères, il est possible de distinguer deux catégories, deux modèles différents:

- les organismes fondés sur le *bénévolat,* qui rendent librement un service sans réciprocité; on dit aussi (en anglais spécialement) organismes *volontaires,* ce qui signifie la même chose: les deux mots contiennent la notion de vouloir (bon vouloir), d'acte libre, volontaire et en fin de compte gratuit, ce qui constitue une façon de définir le mode de fonctionnement de ces organismes par rapport au marché.
- Les organismes d'entraide, fondés sur la réciprocité, non pas restreinte, mais généralisée, ouverte, ce qui exclut les associations fermées sur elles-mêmes.

Dans les deux cas, le service est fourni directement par les membres, et non par du personnel, et on observe une ouverture sur l'extérieur, même si la réciprocité est essentielle dans le deuxième cas.

Ces deux types d'organismes comptent pour environ le tiers des associations mentionnées plus haut (par ailleurs, il est certain qu'un nombre important d'organisations ne sont pas répertoriées). Quel rôle le don joue-t-il dans ces associations? Quelles différences les distinguent de l'État et du marché? Une enquête conduite au Québec auprès d'un ensemble d'organismes de ce type œuvrant dans le secteur de la santé et des services sociaux, a fait apparaître certains traits. Avant de décrire les organismes bénévoles, nous présenterons un organisme d'entraide spécifique.

Les groupes d'entraide: les Alcooliques anonymes

Les groupes d'entraide sont généralement peu visibles, et sont négligés par les autres acteurs. L'État s'intéresse beaucoup plus au bénévolat qu'aux groupes d'entraide, souvent pour des raisons immédiatement intéressées. Ainsi, le gouvernement canadien, qui a terminé en 1987 une grande enquête sur le secteur associatif, a négligé les groupes d'entraide. Les médias parlent rarement d'eux, n'étant pas sollicités par eux pour des levées de fonds ou pour appuyer des demandes de subventions gouvernementales. Quant aux autres associations communautaires, surtout celles qui s'éloignent du système de don et adoptent un fonctionnement fondé sur les intermédiaires, elles ont tendance à se méfier des groupes d'entraide. Enfin, même les chercheurs ont tendance à les oublier dans leurs typologies des associations sans but lucratif (Malenfant, 1990).

Et pourtant, leur importance est grande et leur fonctionnement digne d'intérêt. On ne dispose pas d'estimations globales du nombre de personnes qui se sont jointes à des groupes d'entraide. Une enquête conduite aux États-Unis permettait de conclure que les dix organisations d'entraide les plus importantes rassemblaient environ un million de personnes (Romeder, 1989, p. 2). Ces groupes interviennent dans les problèmes sociaux les plus graves de la société actuelle: alcoolisme et toxicomanies, dépressions, violence, situations de crise, phase terminale des maladies, problèmes de rejet par la société (sida…). Ainsi, en France, la moitié des toxicomanes qui s'en sortent y parviendraient en passant par des associations d'entraide. Et ce sont elles qui défendent et apportent actuellement soulagement et réconfort aux personnes atteintes du sida (Defert, 1992). Elles forment souvent des réseaux très vastes dans de nombreux pays, mais sans multiplier les intermédiaires. À la différence de certaines associations de loisirs, elles sont, comme l'affirment Brault et St-Jean, «instrumentales plutôt qu'expressives» (1990, p. 11). Autrement dit, les groupes d'entraide visent la solution d'un problème plutôt que le plaisir du lien. Mais c'est souvent dans le lien lui-même que se trouve la solution du problème. Un des principes fondamentaux des groupes d'entraide est en effet que l'aide est thérapeutique, autrement dit que dans le geste même d'aider les autres on peut trouver une solution à ses problèmes. Donner et recevoir se confondent (Romeder, 1989, p. 40).

L'action de ces groupes repose sur le refus de la rupture entre le producteur et l'usager. Ils apparaissent souvent en raison de l'insuffisance des services publics et de la dépendance créée par ceux-ci envers les professionnels et les institutions.

Présentons les groupes d'entraide en examinant l'un d'eux de plus près: les Alcooliques anonymes (AA). Pourquoi ceux-là? Pour plusieurs raisons:

- D'abord, ils sont considérés comme les pionniers, les premiers et le modèle des groupes d'entraide. Fondés aux États-Unis en 1935, et en croissance continue depuis ce temps, ils ne se sont jamais transformés en organisation fondée sur le salariat. Ils comptent aujourd'hui environ deux millions de membres à travers le monde (Brault et St-Jean, 1990, p. 9).
- Cette croissance ne s'accompagne pas de structures bureaucratiques. Au contraire: le nombre d'employés par groupe local AA a toujours été très faible et tend à diminuer constamment, étant passé de 1 par 98 groupes en 1945 à 1 par 391 groupes en 1961 (d'après le *Manuel de services des AA*, p. 15). C'est pourquoi, plutôt que de parler de croissance, comme pour une organisation tentaculaire, il serait plus juste de dire que les AA se multiplient ou se répandent, à la manière des cellules...
- Les AA sont source d'inspiration pour la majorité des groupes d'entraide qui se développent, même si ces derniers ne conservent pas toujours intégralement la philosophie des AA et se transforment souvent en système mixte, comme les Weight Watchers ou les Déprimés anonymes, qui demandent des subventions à l'État, ce à quoi s'opposent les AA.
- Enfin, ils sont efficaces. Ils réussissent mieux (ce qui ne signifie évidemment pas qu'ils réussissent toujours) que toute autre approche ou traitement des alcooliques, à un point tel que la plupart des institutions de désintoxication adoptent au moins en partie leur approche et que nombre d'entre elles s'en inspirent officiellement.

Or, aucun doute ne peut subsister au sujet des AA: il s'agit d'un système de don autant dans la philosophie des groupes que dans leur mode de fonctionnement. Une personne qui accepte de devenir membre doit reconnaître qu'elle est alcoolique et qu'elle ne peut s'en sortir seule, que sa capacité d'en sortir lui viendra d'ailleurs, d'un don accordé par une force supérieure «telle [qu'elle-même] la conçoit». Une telle reconnaissance signifie que la personne rompt avec le narcissisme de l'individu moderne, qui entraîne chez celui-ci une confiance sans limites dans ses capacités personnelles d'être «indépendant et autonome» et une crainte également sans limites de se retrouver «absorbé par l'autre» (Romeder, p. 68-71). Selon plusieurs chercheurs, ce trait de personnalité tend à être amplifié chez l'alcoolique. C'est la première étape à franchir. Suivent un certain nombre d'autres étapes que traverse chaque membre, et la dernière consiste à transmettre à un autre alcoolique le don que l'on a reçu. La transformation des personnes qui adhèrent aux AA est souvent spectaculaire et profonde. Elle va bien au-delà de la maladie qu'est l'alcoolisme. Un supplément est donné qui dépasse de loin le but immédiat. Nous avons observé cette transformation, et avons également entendu témoigner des membres, ainsi que leurs proches. «Ma mère a été sauvée par les AA. C'était une loque. Non seulement elle ne boit plus, mais sa personnalité est transformée. Elle est épanouie. Par exemple, elle qui craignait plus que tout au monde de parler en public, maintenant elle en éprouve un grand plaisir.»

Voyons de plus près le fonctionnement de ce système de don, à la fois éminemment moderne et bien traditionnel.

Moderne, il l'est d'abord par la liberté des membres. Pour devenir membre, il suffit d'accepter de ne pas boire pendant 24 heures. Aucune vérification n'est faite, seul le témoignage de l'individu compte. On peut entrer et sortir d'un groupe AA, changer de groupe, revenir, à sa guise. Ces groupes sont maintenant répandus dans le monde entier. Ils constituent une fédération mondiale, un réseau de réseaux entièrement contrôlé par la base, et les groupes eux-mêmes se rapprochent de la démocratie directe. Aucun leader charismatique, aucun gourou, mais au contraire l'anonymat, même pour les fondateurs des AA, dont on ne connaît que les prénoms, comme pour tous les autres membres. Moderne aussi par le fait que les groupes ne sont pas fondés sur un passé commun, la communauté territoriale ou culturelle des membres, mais sur un problème spécifique. Toute la littérature des AA insiste sur le fait que leur seul but est d'aider les alcooliques, ce qui leur est d'ailleurs souvent reproché par les groupes à tendance plus politique. Mais paradoxalement, on l'a vu, la modestie du but n'a d'égale que l'importance des résultats atteints chez les individus qui y adhèrent, importance qui s'étend bien au-delà du fait de ne plus boire.

Les manifestations de cette transformation font parfois dire aux professionnels qui traitent les toxicomanies que les AA sont une sorte de secte étrange. Il est difficile d'accorder foi à cette critique lorsqu'on observe de plus près ce qui se passe chez les AA. Ceux qui critiquent confondent des phénomènes propres aux sectes avec la dépendance qui peut se développer chez certains alcooliques durant les premières phases de désintoxication, au moment où ils adhèrent au mouvement, réactions qui s'expliquent par l'état de délabrement physique et moral alors éprouvé. Les alcooliques vivent certes des moments de fébrilité et des états étranges pouvant les faire assimiler à de nouveaux convertis, états qui peuvent sûrement effrayer des professionnels peu habitués à observer de tels résultats dans leur pratique.

Et pourtant, malgré sa grande modernité, ce mouvement possède aussi de nombreux traits traditionnels. Il n'existe pas de rupture, pas d'intermédiaires dans ce système fondé sur la transmission d'un don. Les AA ont une position radicale sur ce sujet. L'alcoolisme est considéré comme une maladie incurable. Le membre des AA est donc toujours un alcoolique, mais un alcoolique qui ne boit pas. Ce faisant, aucune rupture n'est introduite chez les membres entre celui qui vient d'adhérer et celui qui est membre depuis vingt-cinq ans. Il n'y a pas d'un côté le malade, le client, et de l'autre celui qui est guéri, le compétent, celui qui sait. Les AA poussent ce principe très loin. Ainsi, un membre qui intervient dans une réunion doit toujours commencer en s'identifiant (prénom seulement) et en ajoutant «je suis un alcoolique». Dans notre perspective, ce refus radical de la distinction producteur-usager (elle-même à l'origine de l'importance actuelle des intermédiaires dans les systèmes marchand et étatique[2]) est fondamental et explique les caractéristiques communautaires et l'absence de bureaucratie des AA, malgré leur développement spectaculaire. Le don peut circuler, il n'est pas interrompu, les intermédiaires n'ont pas de prise sur un tel système, qui s'appuie sur le principe communautaire et la démocratie directe, le président de chaque groupe étant élu par les membres et changé tous les trois mois.

Afin d'éviter encore plus toute «tentation» bureaucratique et professionnelle, les AA se méfient de l'argent, quelle que soit sa provenance. Ils refusent toute somme provenant de l'extérieur, que ce soit de l'entreprise privée ou de l'État. Chaque communauté (groupe) AA doit s'autofinancer. À la fin de chaque réunion, on passe le chapeau, en demandant toutefois aux personnes invitées qui ne sont pas membres de ne pas donner! Aucune publicité n'est faite. Le réseau mondial des AA s'étend autrement: comme le don, il circule, il est transmis.

Plusieurs autres traits rapprochent les groupes AA d'un mode de fonctionnement traditionnel. Ainsi, même si la communauté n'est pas fondée sur un passé commun, les réunions consistent souvent à écouter un membre raconter son histoire, son passé d'alcoolique. Cela s'appelle un «partage». En outre, l'importance des transformations qui surviennent souvent n'ont d'équivalent que dans les rites d'initiation décrits par les anthropologues. Enfin, la nécessité que le membre s'abandonne à une force supérieure de qui il va recevoir le courage de cesser de boire est à la fois traditionnelle et moderne. Moderne, au sens qu'il s'agit d'un Dieu personnel, tel que chacun le conçoit (les AA insistant beaucoup sur le fait qu'ils ne sont en aucune manière une religion, que chaque membre croit à ce qu'il veut); mais traditionnelle, car il est nécessaire de croire en une force qui délivre le membre du narcissisme caractéristique de l'individu moderne. Comme l'écrit Bateson: «On transcende le problème par une sorte de double reddition: on établit une sorte d'équivalence entre l'alcool et Dieu, qui sont tous deux plus puissants que nous. [...] Bill W., qui a fondé les Alcooliques anonymes, était malin, très malin» (1989, p. 177). Les AA accordent une importance particulière à la nécessité pour le moi de «se rendre», de s'abandonner, à la reddition de la personnalité. L'individu qui adhère aux AA troque la conscience narcissique solitaire de l'alcoolique contre la conscience de faire partie d'un ensemble plus vaste auquel il s'abandonne. Il expérimente l'extension de la conscience qui accompagne la connexion à un système de don, et qui lui procure la force d'affronter sa «maladie».

Traditionnels et modernes, *Gemeinschaft* et *Gesellschaft,* mais fondés sur l'absence de rupture et sur le don, les AA font éclater ces catégories et remettent en question le dualisme occidental et les alternatives à l'intérieur desquelles nous placent la plupart des auteurs, alternative entre la souveraineté de l'État et celle de l'individu (Bowles, 1987), entre le holisme et l'individualisme (Dumont), plus généralement entre l'esprit et la matière, comme le note encore Bateson (1972, p. 337), l'un des rares chercheurs en sciences sociales à s'être intéressés aux AA. «Le monde des gens sobres pourrait tirer bien des leçons de [...] l'expérience des Alcooliques anonymes. Si nous continuons à raisonner selon le dualisme cartésien, en opposant l'esprit à la matière, nous continuerons aussi sans doute à voir un monde où s'opposent Dieu et l'homme, l'élite au peuple, les peuples élus aux autres, les nations entre elles, et l'homme à l'environnement. Il est peu probable qu'une espèce qui possède *simultanément* une technologie avancée et cette curieuse manière de voir les choses puisse durer très longtemps.» (Notre traduction.)

Une telle remise en question ne vient pas des exotiques philosophies orientales, mais tout banalement des États-Unis, de la classe moyenne américaine, d'un Américain anonyme! Ce n'est pas le moindre des paradoxes des AA, qui explique sans doute en partie le peu d'intérêt manifesté par les intellectuels pour une expérience et une philosophie aussi riches, efficaces, nouvelles et anciennes à la fois. Les AA sont une sorte de révolution. Mais par analogie seulement. Car ils se répandent sans bruit et sans martyr. Ils ne revendiquent rien, ne s'engagent dans aucun débat et répètent sans cesse leur unique et modeste but: aider ceux qui veulent cesser de boire. Mais nos catégories de pensée cartésiennes ne s'appliquent pas à ce réseau fondé sur le don, qui se répand anonymement, par contact direct, hors de l'État et des médias, mais hors de la tradition aussi. Il redonne un sens à la vie de dizaines de milliers de personnes en voulant seulement apporter une solution à leur problème d'alcool. Ce n'est pas une religion. C'est une nouvelle forme de socialité qui reste à penser; c'est un modèle de la façon dont peut fonctionner un système de don aujourd'hui, qui nous donne peut-être un avant-goût de ce que pourrait être la société moderne et les rapports humains si nous arrivons un jour à sortir du paradigme de la croissance, si le marché devient un bon serviteur (*a good servant*) plutôt qu'un mauvais maître (*a bad master*), si les économistes, selon le vœu de Keynes, se contentent de la modestie des dentistes!

Le bénévolat

S'il est vrai qu'une certaine proportion d'organismes se transforment et finissent par s'intégrer au système étatique ou marchand, on constate également l'apparition fréquente de mouvements fondés sur le don. Ce dernier phénomène tend à être occulté, comme restent dans l'ombre les organismes qui continuent à fonctionner sur le principe du don sans se transformer en instances bureaucratiques, tels les AA. Quelles sont les principales caractéristiques de ces associations actives dans la plupart des secteurs sociaux: santé, problèmes de la jeunesse, toxicomanies, violence faite aux femmes, pauvreté, loisirs?

Non-rupture: le lien communautaire

Lorsqu'on leur demande ce qui les distingue des institutions publiques œuvrant dans le même domaine, la première caractéristique que les membres de ces organismes tiennent à souligner, c'est l'absence de rupture entre celui qui donne ou rend le service et celui qui le reçoit. Même si on s'adresse le plus souvent à des inconnus, étrangers à des degrés divers (cela atteint le degré le plus extrême dans les organismes dont le champ d'action est le tiers monde), il existe une tendance constante à diminuer ce fossé, à personnaliser la relation, comme on l'a vu déjà (aide personnalisée aux enfants de pays étrangers, engagement personnel de coopérants, appel constant au bénévolat, etc.). C'est essentiellement ce qui est signifié par l'appellation même d'organisme «communautaire»: le fait que le principe et le moteur de l'action prennent leur source dans le lien qui existe entre les membres de l'association, ou entre l'association et la personne aidée, laquelle est d'ailleurs rarement appelée «client». Tous insistent sur cet aspect qui, selon eux, distingue leur action de l'intervention publique: le lien communautaire entre le dispensateur et le prestataire du service. Cette absence de rupture est particulièrement évidente dans les groupes d'entraide. Mais elle est présente partout. «Chez nous ils sont chez eux; ce n'est pas un bureau du gouvernement», dit-on par exemple. Cette absence de rupture se manifeste également par l'insistance sur le refus de la supériorité qu'accorderait la compétence professionnelle, qui crée un fossé entre le client et le spécialiste: «On est tous pareils; on peut tous comprendre le problème de ceux qui viennent nous voir; on est comme eux.»

Importance de la personne

Ce rapport entre le «donneur» et le «receveur» a pour conséquence qu'on s'adresse à la personne de façon différente, dans des rapports régis par le lien lui-même et non par des normes extérieures au rapport. «La personne aidée n'est pas un dossier», dit-on à ce sujet. «C'est vis-à-vis de chaque personne que nous nous créons des obligations», nous ont dit la plupart des membres d'organismes communautaires. Comment cela se manifeste-t-il? Les réponses sont spontanées et variées. Exemple: «Si le père d'un de nos membres meurt, on lui fait une visite. Connaissez-vous beaucoup de fonctionnaires qui font la même chose?»

Historiquement, dans plusieurs secteurs sociaux, le bénévolat a été en partie remplacé par le salariat, et la professionnalisation définie par une compétence technique. Il est intéressant toutefois de noter que le personnel de ces secteurs a conservé une part significative de ce qu'on appelle la «qualité humaine» du lien. Cet aspect redevient d'ailleurs important depuis quelques années dans le secteur hospitalier, particulièrement dans des lieux comme les centres de soins palliatifs, où le bénévolat remplit un rôle essentiel. La qualité du lien n'a jamais pu être abandonnée entièrement au rapport salarial. Analysant l'évolution du rôle du bénévolat dans le secteur hospitalier à Montréal, A. Charles conclut: «S'il est une dimension de leur travail que les bénévoles ne perdront pas, c'est bien celle du soutien moral aux patients et de tout ce qui vise à rendre moins pénible le temps passé à l'hôpital» (1990, p. 85).

À cet égard, une comparaison entre le don et l'État fait ressortir deux principes différents: la responsabilité formelle, définie contractuellement en référence à des droits, et la responsabilité des liens, vis-à-vis de ceux qui nous sont uniques et pour qui nous sommes uniques.

Dans la perspective du don, on peut envisager la société comme un réseau constitué de la somme des relations uniques que chaque membre entretient avec les autres. C'est la vision que procure l'observation de ces organismes. C'est ainsi que nous nous relions à l'ensemble des membres de la société, beaucoup plus que par le passage formel dans un centre qui redistribuerait ensuite sa part à chaque membre. Ce système central de redistribution ne peut fonctionner que s'il est branché sur ce réseau, que s'il est nourri et habité par le réseau social. Le contraire, c'est la bureaucratie au sens péjoratif du terme: une structure rigide, incapable d'adaptation.

On ne doit pas sous-estimer l'importance de ces différences par rapport au fonctionnement d'appareils qui, au contraire, tendent à transformer chaque individu en «numéro», au sens strict, pour pouvoir le «traiter» statistiquement et autrement. Pour ces systèmes, tout ce qui est unique devient un problème. Rien de moins individualiste en ce sens que l'appareil étatique dont pourtant se nourrit l'individualisme moderne, dont on dit qu'il libère l'individu de la communauté, de la famille, de tous ces liens qui le contraignent et l'empêchent de se libérer et de devenir un «vrai» individu, sans autres obligations que celles qu'il s'est données lui-même. Le système de don conçoit au contraire que plus une personne a de liens, plus elle devient «individualisée», plus elle augmente son individualité. À l'opposé, l'État a besoin, comme vis-à-vis, d'un «individu dépersonnalisé» (Gouldner, 1989, p. 17). Tout se passe comme si la société moderne, «sacrifiant» le caractère unique de chacun de ses membres aux besoins de ses organisations et de son fonctionnement, développait en compensation l'idéologie individualiste. Car, comme l'affirme Campbell (1988), dans les sociétés de chasseurs-cueilleurs, le chasseur solitaire a surtout besoin de se rappeler qu'il n'est pas seul et unique, alors que le producteur de la chaîne de montage ou le fonctionnaire ont peut-être besoin d'abord de se faire dire qu'ils sont uniques et que, malgré les apparences, ils sont des individus irremplaçables.

Plaisir, liberté et retour

La motivation de loin la plus importante qui ressort pour expliquer l'engagement dans l'action volontaire, c'est le fait qu'on a beaucoup reçu, et qu'on souhaite rendre un peu de ce que l'on a reçu: de sa famille, de son milieu, de «la vie en général». Les bénévoles se sentent des obligations envers les personnes aidées. Mais ils affirment tous en même temps leur liberté: ce sont des obligations qu'ils se sont données. Ils insistent également sur le plaisir comme étant l'une des motivations principales de leur action. Les personnes tiennent la plupart du temps à se démarquer non seulement des professionnels et de l'État, mais également de «l'ancienne» conception du bénévolat, assimilée à la charité et aux obligations religieuses. Cela n'exclut pas une référence spirituelle importante chez une proportion non négligeable de personnes. «Mais cela ne regarde que moi», affirment-elles toutes lorsqu'on leur pose la question.

Tous récusent l'image de la dame patronnesse qui achète son salut en faisant la charité, «se penchant sur les pauvres, aisée et oisive, tuant le temps entre deux visites mondaines» (A. Charles, 1990, p. 15). On peut d'ailleurs se demander dans quelle mesure cette image reflète la variété et la richesse du bénévolat, même dans le passé (*ibid.*). Quoi qu'il en soit, aujourd'hui, les personnes qui font de l'action volontaire le font par plaisir et retirent plus que ce qu'elles donnent, même chez les bénévoles, c'est-à-dire dans les groupes où le service rendu est unilatéral et non réciproque. «Ce n'est pas par grandeur d'âme que j'agis. Je reçois tellement des gens que j'aide.» Cette déclaration peut paraître étonnante chez des bénévoles, qu'on a l'habitude d'associer au modèle traditionnel du don caritatif et du travail «gratuit», au sens précisément de «non rendu», ce qui n'est vrai qu'en termes comptables ou marchands: il n'y a pas retour matériel. Mais il y a retour, important. Il n'est peut-être pas inutile de revenir sur le sens originel du mot «bénévole»: acte volontaire, librement accepté, gratuit au sens de libre, et non de «travail gratuit», expression laissant nécessairement supposer quelque chose d'anormal, puisqu'on adopte comme référence les normes de l'univers du travail, et que tout travail doit être payé. Il est certain qu'une fois ces activités définies comme un travail, le fait qu'elles soient gratuites prend un autre sens et devient signe d'exploitation. Or, ces activités se situent hors du monde du travail et de la production, hors de la rupture créée par le rapport salarial. Elles sont toujours près du lien social, immanentes au lien, et donc en dehors du rapport salarial. On observe d'ailleurs souvent une certaine méfiance vis-à-vis de l'argent, ainsi que l'importance accordée à la petite taille de l'organisme pour permettre les rapports personnels, et empêcher l'avènement de rapports bureaucratiques entraînés par la nécessité de confier les tâches à du personnel rémunéré. Les organismes, plutôt que de croître, préfèrent se multiplier.

Traditionnel ou moderne?

Comme les AA, ces associations, à plusieurs égards, sont modernes au sens où la contrainte caractéristique du modèle communautaire traditionnel en est absente. Elles se distinguent donc radicalement des communautés religieuses ou des anciennes corporations, par exemple, associations combattues par les républicains au XIXᵉ siècle. En d'autres mots, elles relèvent bien de la Loi de 1901, et se caractérisent par la très grande liberté de leurs membres. Et pourtant, elles conservent aussi des aspects traditionnels. Simmel a bien analysé le passage de ces associations du Moyen-Âge aux associations modernes qui maintiennent la liberté de leurs membres par le fait qu'elles n'engagent «qu'une parcelle de la personnalité» (1987, p. 429).

Elles demeurent traditionnelles par plusieurs traits, dont le principal est l'importance des rapports personnels et de l'engagement de la personnalité. Mais elles sont fondamentalement modernes par le fait qu'elles portent sur des rapports entre étrangers et par leur insistance sur la liberté. Ce trait des associations nous ramène à la nécessaire complémentarité de leur action avec l'État. Car cette liberté suppose qu'il existe des institutions chargées de dispenser un certain nombre de services qui ne sont plus rendus par personne: pendant longtemps c'est l'État qui a absorbé les obligations dont les réseaux sociaux se délestaient, avec les avantages, mais aussi les inconvénients que cela suppose, comme on l'a vu dans le chapitre précédent. Mais il faut bien voir que cette liberté nourrit l'extension de l'État-providence, alors même que l'État est souvent incompétent pour remplir certains de ces rôles, ceux qui relèvent le plus du don.

Les associations utilisent même les deux formes de regroupement, moderne et «communautaire», décrites par Simmel, lorsqu'elles se regroupent en fédérations. «La forme monétaire de l'intérêt commun procure aux associations la possibilité de se fédérer au sein d'une unité plus haute, sans qu'aucune n'ait besoin de renoncer à son indépendance et à sa spécificité» (1987, p. 429-430). Non sans danger, d'ailleurs, car c'est là, au second niveau, que s'introduisent souvent les intermédiaires qui transforment le système de don en un appareil assimilable au système étatique. Cette évolution fréquemment observée vers des systèmes différents fondés sur le rapport salarial répond sans doute à une nécessité actuelle. Mais l'existence de ces associations fondées sur le don répond également à une nécessité.

Un don moderne

Sahlins (1976) a construit une typologie du don fondée sur l'hypothèse que plus le don circule dans un réseau primaire (entre proches, non étrangers), plus l'équivalence est lâche entre le don et le retour, et plus le retour s'étend dans le temps. C'est ce qu'il appelle la réciprocité généralisée, où, à la limite, ce qui est rendu «n'est tenu à aucune condition de temps, de quantité ou de qualité» (p. 247). Autrement dit, plus on s'éloigne de la situation d'étranger, plus il y aurait ouverture ou généralisation de l'équivalence, de sorte que le don le plus éloigné du marché serait en même temps la forme la plus générale de l'échange, l'échange généralisé, parce que son extension temporelle est indéfinie. Si on reprend la formule de Lévi-Strauss (1967), il y aurait en somme deux formes d'échange généralisé:

• Celle qui participe d'une généralisation ou extension *spatiale:* elle caractérise le marché et s'étend théoriquement à la planète entière; mais elle est limitée à certains types de biens, ceux qui sont susceptibles de trouver une équivalence quantitative monétaire, et elle est peu susceptible de s'étendre dans le temps: le retour tend à être immédiat.

• Celle qui relève d'une généralisation intensive ou *temporelle:* elle s'étend à tout, et son horizon temporel est illimité; mais elle est limitée dans son extension spatiale, car les choses ne circulent qu'à l'intérieur de certains liens personnels. Plus le lien est de «qualité», plus il permet de s'éloigner de l'équivalence quantitative et de la réciprocité immédiate qui caractérisent l'échange marchand; et plus l'acte est unilatéral, ou à tout le moins le perçoit-on comme tel, à cause de la durée du cycle dans lequel il s'insère, de son extension temporelle. Cette forme d'échange remplace l'extension spatiale par l'insertion dans une série historique.

Dans cette typologie, le don aux étrangers relève de ce que Sahlins appelle la «réciprocité négative», et il vise un retour plus grand que ce qui est donné, sous forme de gain, de profit. Nous avons constaté dans ce chapitre que cette règle n'a pas un caractère général. Elle ne vaut pas pour la sphère moderne du don aux étrangers, cet ensemble de dons actuels unilatéraux. Il y a des dons unilatéraux aux étrangers, voire aux inconnus, comme le don du sang, et le don du cœur. Il y a les dons de catastrophe, il y a le bénévolat. Il y a l'entraide, qui parfois tisse un lien qui traverse les frontières et fait qu'un membre des Alcooliques anonymes, où qu'il soit, peut téléphoner à quelqu'un qui l'aidera s'il a des difficultés. Il n'y a pas corrélation entre proximité des protagonistes et élasticité de l'équivalence, sauf à l'intérieur de certains sous-ensembles de don, de séries particulières, comme dirait Simmel.

Cette sphère du don aux étrangers est propre au don moderne, avons-nous affirmé. Pourquoi?

D'abord, ces dons ne circulent pas sur les réseaux personnels d'affinités, de liens primaires tels que la parenté ou l'amitié, comme le font la majorité des dons dans la plupart des sociétés, ainsi que nous l'enseigne Sahlins. Ce n'est pas le cas des dons aux étrangers qui ont été présentés dans ce chapitre. En tout cas, ce n'en est pas une caractéristique essentielle. On ignore même carrément très souvent qui sera le récepteur même si, par ailleurs, nous avons constaté une tendance constante à une personnalisation symbolique de la relation, à une diminution des intermédiaires autres que les donateurs, les personnes inscrites dans le système de don, ayant l'esprit du don.

Mais, pourrait-on répondre, les religions ont toujours encouragé ce type de don, notamment le christianisme. L'«amour du lointain» est un trait essentiel du christianisme, et le don caritatif ne s'est jamais limité aux proches. Au contraire, le prochain, c'est l'humanité entière. Les communautés religieuses constituent à cet égard un cas de figure exemplaire, peut-être en voie de disparition. Leurs membres sont en quelque sorte des «professionnels du don», catégorie impensable dans le cadre des théories modernes, autant marxiste que libérale ou féministe, dont les concepts de base sont l'exploitation, la domination et l'utilitarisme. Qui a vraiment l'impression d'avoir dit l'essentiel en interprétant le vœu de pauvreté uniquement comme une forme d'exploitation, ou encore une hypocrisie?

Or, la religion n'est pas spécifiquement moderne... Dans quel sens peut-on alors affirmer que le don aux étrangers est propre au don moderne? Il est probable que ce type de don a pris son origine dans les grandes religions, et notamment dans le christianisme[3]. Mais le lien actuel entre le don aux étrangers et la religion est beaucoup plus lâche, et souvent inexistant. Les religions, tout en y jouant un rôle important, ne sont plus essentielles à ce phénomène du don aux étrangers, et interviennent souvent en outre à titre privé, sous la forme d'une spiritualité personnelle qu'on préfère taire. Surtout, nous avons relevé l'importance accordée par toutes les personnes rencontrées au rejet du modèle du don caritatif traditionnel que l'on fait par sacrifice, pour aller au ciel. Ce qui conduit ces personnes à insister sur l'importance du retour, et sur les multiples formes qu'il prend. Bref, les connaissances actuelles sur le phénomène du don aux étrangers permettent d'affirmer que ce don existe indépendamment de la religion, même si on retrouve souvent la présence de cette dernière, sous des formes inédites.

Une dernière objection peut être faite à propos du caractère moderne de ce don aux étrangers. Cette coutume a déjà existé en dehors d'un contexte religieux et a même eu une grande importance dans l'empire romain, comme le montre le livre de Paul Veyne (1976) sur l'évergétisme. Mais la sphère actuelle du don entre étrangers se distingue de cet important phénomène de don des riches Romains au peuple par un trait essentiel: ce n'est pas un phénomène de classe. Même s'il est certain qu'une certaine redistribution s'effectue entre nations et entre groupes sociaux, le don moderne n'est pas fondé sur une obligation morale de la classe riche envers le peuple, comme l'évergétisme. Les personnes de tout milieu social participent à ce don moderne, non seulement sous forme monétaire, mais aussi sous forme de don de temps: activités d'écoute, visites, accompagnement de personnes âgées, etc. Ce don est d'ailleurs souvent anonyme, voire caché, en tout cas non dit aux collègues de travail ni même aux proches. Il n'a pas le caractère ostentatoire des dons faits à la collectivité par la classe possédante.

Don inconnu fait à des inconnus, où la motivation religieuse n'est pas essentielle, et touchant l'ensemble des milieux sociaux: telle est la sphère du don entre étrangers, qui prend actuellement de plus en plus d'importance.

Avant de conclure cette revue du don tel qu'il existe actuellement dans la société moderne, il reste à se demander ce qu'il advient du don dans le lieu qui, historiquement, en a été la négation: la sphère marchande.

Le don et la marchandise

Le don au service des affaires

Le paradoxe de Dale Carnegie

Dans la sphère marchande, le don est habituellement au service de la circulation des choses, de la vente et de l'écoulement des produits. Cette utilisation instrumentale du don par les marchands est une évidence quotidienne, et Dale Carnegie ne nous a pas attendus pour réaliser beaucoup d'argent en publiant en 1936 un livre constamment réédité depuis, qui donnait la recette du don au service du marché: *Comment se faire des amis et réussir dans la vie.* Si vous voulez réussir dans la vie et en affaires, intéressez-vous aux autres, nous répète cet auteur pendant des chapitres entiers, fourmillant d'exemples, tous plus lumineux les uns que les autres, d'individus devenus riches en appliquant cette recette. Mais l'apparente simplicité de la formule tourne rapidement au paradoxe puisqu'il apparaît que la recette ne marche que si le désintéressement est vrai. En fait, toute l'ambiguïté de l'utilitarisme face au don est contenue dans ce livre. «Pour faire beaucoup d'argent, pense le marchand qui utilise le don, il faut commencer par faire des cadeaux, qu'on fait ensuite payer très cher.» Mais le problème, avec cette formulation simpliste de la logique marchande, c'est, comme essaie de le montrer Carnegie, qu'elle oublie un élément essentiel: le marchand doit être sincère en faisant son cadeau s'il veut que cela rapporte ensuite! Le premier et le plus célèbre ouvrage sur les relations humaines envisagées comme une technique, comme un ensemble de trucs, comme une marchandise, multiplie en fait les histoires de don et tend à nier autant qu'à affirmer la relation moyen-fin énoncée par le marchand. Au début, l'auteur affirme qu'il a écrit ce livre parce que la population le réclamait depuis longtemps et s'étonne qu'un tel ouvrage n'existe pas déjà. Il cite Rockefeller: «Savoir traiter avec autrui, cela s'apprend. C'est une denrée qui peut tout aussi bien s'acheter que le sucre ou le café. Et je serais prêt à payer plus pour acquérir cette marchandise que pour n'importe quoi d'autre sous le soleil» (p. XV). Mais il semble y avoir une contradiction dans la phrase de Rockefeller: si c'est une marchandise comme une autre pour laquelle il existe une telle demande, à commencer par la sienne, on s'explique difficilement que personne n'ait encore eu l'idée de la produire. La réponse est dans la suite du livre où l'on apprend qu'il ne faut justement pas envisager les rapports humains comme un moyen seulement, comme une marchandise.

L'ouvrage fait appel aux valeurs traditionnelles (loyauté, enthousiasme, esprit d'équipe). Certes, l'auteur insiste beaucoup sur l'argent. Mais, en même temps, il semble dire qu'il viendra par surcroît, qu'il ne doit pas être le but du geste accompli. Toute l'ambiguïté du message qui se présente au départ comme la recette miracle s'exprime dans le double précepte suivant: «Faites en sorte que votre interlocuteur se sente important. Et faites-le avec sincérité.» (p. 111.) L'auteur dont le projet était de fournir à ses lecteurs le secret pour que les rapports humains soient au service des affaires et permettent de «réussir dans la vie» ne peut finalement que rappeler, comme il le dit lui-même (p. 100-101), les préceptes de tous les sages de l'humanité, de Confucius à Jésus-Christ: intéresse-toi aux autres, mais fais-le sincèrement, c'est-à-dire non de façon utilitaire, non comme un instrument au service de ton but, mais comme un but en soi. Et alors tu atteindras cet autre but, par surcroît. C'est ce que nous appelons le paradoxe de Dale Carnegie, qui désigne le fait que, même dans la sphère marchande, l'utilisation instrumentale des liens sociaux n'est pas aussi simple qu'elle apparaît dans le discours utilitariste.

Le don dans l'entreprise

Il en est de même de la redécouverte de l'importance des rapports informels dans l'entreprise. Leur analyse a constitué l'essentiel de la sociologie du travail pendant des décennies. Faut-il rappeler que la sociologie du travail a pris son envol dans les années 1930, avec la célèbre enquête de l'équipe de Mayo, qui, cherchant les facteurs susceptibles d'accroître la productivité des ouvriers, procédait à de multiples expériences scientifiques avec groupe témoin, modifiant l'éclairage, les couleurs, la température de l'atelier, puis le salaire, les temps de repos, la liberté de déplacement, etc. Chaque fois, la productivité augmentait, d'une façon qui demeurait incompréhensible, jusqu'à ce qu'on s'avise d'émettre l'hypothèse que cela s'expliquait tout simplement par le fait que les travailleurs avaient l'impression qu'on s'intéressait à eux! Ce que Mayo découvrait, c'était l'importance, pour la productivité, de l'organisation informelle de l'entreprise et du moral des groupes primaires. Ces phénomènes sont certes susceptibles d'être interprétés en termes de don, ce que font d'ailleurs certains économistes, tel George Akerlov (1984). Ce thème domine actuellement les débats, avec la crise du «fordisme» (modèle de production fondée sur le travail à la chaîne et la déqualification du travailleur) et la recherche de nouvelles formules qui relient les travailleurs à leur entreprise, ainsi que la redécouverte de l'importance des réseaux d'affinités et d'alliances, même dans ce secteur. Or, tout réseau d'affinités se nourrit en partie de don.

On ne peut que rappeler ici toute la littérature actuelle sur ce phénomène, qui conduit à l'expérimentation de multiples formules à la mode, comme les cercles de qualité. C'est aussi de cette façon qu'on tend à expliquer la supériorité de l'industrie japonaise. Dès 1946, Ruth Benedict, dans son ouvrage sur le Japon, avait insisté sur l'importance du don dans cette société, même dans la sphère économique. Plus récemment, Ronald Dore (1987) attribue l'efficacité économique des Japonais à des valeurs sociales de type altruiste, qui seraient plus importantes que la recherche de la maximisation du profit. L'intérêt actuel

117

des grandes entreprises comme Saint-Gobain en France pour les réseaux locaux de petits entrepreneurs (Raveyre, 1988) va dans le même sens et marque le retour du social comme explication des phénomènes économiques.

Il importe toutefois de bien distinguer entre le lien et le don. Le don est au service du lien, il n'est pas tout le lien. Il est certain que toute organisation humaine fonctionne autrement que comme une machine et est autre chose que son organigramme, et que si cette autre chose, ce supplément — la qualité des liens entre les membres — manque, rien ne fonctionne. C'est ce qu'a montré l'école des relations humaines depuis Mayo et, plus récemment, l'analyse stratégique des rapports de pouvoir au sein des organisations (Crozier), courant qui aboutit aujourd'hui à la remise en question du taylorisme et aux méthodes à la japonaise. Tout cela montre l'importance du lien social, même dans les organisations formellement régies par les principes rationnels de la bureaucratie, même dans les organisations regroupant des membres en fonction de leurs intérêts matériels seulement, fondées sur un contrat précis, qui ne dispensera toutefois jamais de la nécessité de la confiance entre les partenaires pour toute entreprise commune, comme le montrent également les économistes adeptes de la théorie des conventions.

Mais dans ces organisations, où certes le lien est important, dans quelle mesure le don nourrit-il ce lien? Dans quelle mesure un certain nombre de choses et de services circulent-ils parallèlement aux échanges contractuels et non contractuels? Quelle est leur importance? Comment cela soutient-il l'échange contractuel? Si l'importance du lien a été amplement démontrée dans toutes les études de ce qu'on a appelé l'informel, l'importance des dons a été peu explorée, autrement que sous la forme de la dénonciation du paternalisme patronal. Mais peu de recherches sectorielles ont analysé le rôle spécifique du don dans cet échange complexe et à plusieurs niveaux entre les différents partenaires économiques. Retenons donc qu'il y a lieu de croire que le don joue un rôle important, mais surtout qu'il ne peut pas être utilisé de façon purement instrumentale sans perdre une grande partie de son efficacité[1]; c'est ce que nous avons appelé le paradoxe de Dale Carnegie.

Après ces considérations générales sur le statut et le rôle probable du don dans la sphère marchande, faisons un pas de plus dans la réflexion en analysant des situations où le marché, cette fois, est au service d'un don, «gère» un don, agit conjointement avec un système de don. Tel est le cas du marché de l'art, et du don d'organes. Ce sont des systèmes techno-professionnels ou marchands qui contiennent des éléments essentiels du don pour leur fonctionnement même. Cette situation est courante. On n'a qu'à rappeler ici une première transformation utilitaire du don dans tout ce que fait un chercheur en sciences sociales avec le matériel qu'il recueille, les entrevues que les individus acceptent de faire gracieusement, le temps qu'ils lui consacrent sans être payés, bref tout ce que l'on donne aux chercheurs, que le chercheur considérera d'ailleurs comme ses «données»! On pourrait analyser les effets pervers qu'entraînerait le fait de rémunérer les personnes qui acceptent de participer à un entretien.

C'est pourquoi la société moderne résiste à l'intégration commerciale complète de tous les secteurs, même si cela aurait pour effet d'accroître le PNB, mais en diminuant la quantité et la qualité du service[2].

Le marché de l'art

L'œuvre d'art n'est pas qu'une marchandise. Mais on ne peut pas douter qu'elle en soit une par ailleurs dans la société actuelle. Elle est même passée au «stade suprême» de la marchandise, puisqu'elle est maintenant objet de spéculation, qu'elle a perdu toute valeur d'usage, qu'on achète même sans voir, en fonction de la valeur marchande future seulement. Baudelaire disait de l'art que c'était la «marchandise absolue». L'évolution actuelle du marché de l'art tend à lui donner raison. «On parle du marché de l'art contemporain aujourd'hui comme d'un art "biz", comme on parle de show-biz et le biz veut dire business»

(Robillard, 1990, p. 142). Un journaliste de *Time* n'allait-il pas jusqu'à affirmer que «l'art contemporain est tout simplement devenu une valeur monétaire», ajoutant que «le marché consume toutes les nuances du sens» (*Time*, 27 novembre 1989, p. 43).

Mais est-ce uniquement un système marchand, comme le laisse entendre cette dernière citation? Rien n'est moins évident si on y regarde de plus près. D'ailleurs le même journaliste affirme par ailleurs, à propos des œuvres d'art achetées par les Japonais et qui quittent les États-Unis: «Chaque fois cela vous donne le sentiment qu'elles ont sombré dans un abîme.» Le système artistique actuel serait-il également un système de don? Que «produit» (ou crée) l'artiste des arts «plastiques»? Que contient ce «produit» pour qu'une toile comme *Les Iris* soit donnée par le peintre à son frère, mais vendue 54 millions de dollars un siècle plus tard, sans avoir accru en rien son «utilité», ni sa rareté? À quel univers peut bien appartenir un tel «produit»?

Une étrange marchandise

Il est bien connu que la conception moderne de l'art donne à l'artiste un rôle unique dans la société. Bien plus: cette conception est récente, comme le montre Yves Robillard. Si l'on s'en tient uniquement, dans un premier temps, au système de production, celui qu'on appelle artiste fait partie d'un système dans lequel tous les rôles sont essentiels, du collectionneur au marchand et à l'artiste lui-même. En ce sens, «ce n'est pas l'Artiste qui fait l'Art, mais l'Art qui fait l'Artiste, parce que l'Art est avant tout le produit [...] d'une élite d'intervenants privilégiés que j'ai couplés de la façon suivante: l'artiste et la critique, le marchand d'art et le collectionneur, le muséologue et l'historien d'art» (1987, p. 14-15).

Cette approche insère donc l'artiste dans un système: système marchand, système de don, ou système mixte? Et quel est le rôle spécifique de chacun des intervenants, plus particulièrement de «l'artiste»? Pourquoi la société moderne a-t-elle accordé à cet intervenant particulier une place aussi spéciale, ne serait-ce que dans son imaginaire collectif? On veut bien que l'artiste soit une fiction, comme l'affirme Robillard, mais encore faut-il rendre compte de la nécessité de cette fiction. Dans l'étrange passage de 0 à 54 millions de dollars, l'artiste n'est pas pour rien: le fait que ce soit un Van Gogh n'est pas «gratuit»... En y regardant de plus près, on trouve plusieurs autres caractéristiques étranges à cette marchandise, toutes liées à celui qu'on appelle l'artiste. Nous voudrions montrer que ces caractéristiques ne s'expliquent qu'en référence au système du don.

On peut définir le «type idéal»[3] (au sens de Max Weber) de l'artiste par un certain nombre de traits qui le distinguent des autres producteurs dans la société actuelle. D'abord c'est celui qui, par comparaison avec les autres producteurs de biens ou de services, *se consacre entièrement au produit, sans égard à la clientèle.* Voilà un premier trait qui distingue l'artiste des autres producteurs de cette société, soumis aux multiples intermédiaires situés entre eux et l'utilisateur final du produit. L'artiste voudrait réaliser le rêve de tout producteur: fabriquer un produit dans une indépendance totale par rapport au client. C'est non seulement sa caractéristique principale, mais sa condition d'existence, semble-t-il. Un «vrai» artiste ne répond pas à une commande de clients et on voit mal un artiste engager une firme de marketing pour déterminer ce qu'il va produire. Et le client ne peut pas modifier le produit[4]. Il doit le «respecter». Évidemment, le risque, c'est que personne n'achète parce que l'artiste n'accède pas à la *reconnaissance* du public. L'artiste qui réussit est celui qui se fait acheter, mais sans se vendre, c'est-à-dire sans faire comme la majorité des producteurs modernes. Répondre à la demande, pour un artiste, c'est se prostituer. Rien de plus mal vu, chez les membres de ce système artistique, que de penser à acheter une œuvre d'art en fonction d'un décor quelconque, de la couleur d'un mur, plutôt qu'en ne pensant qu'à l'œuvre dans son essence, complètement isolée. Sans parler de celui qui commanderait une œuvre à un artiste en fonction de ce décor... L'artiste qui accepte de telles commandes risque d'ailleurs de voir baisser rapidement sa «cote» sur le «marché» de l'art.

L'envers, c'est l'artiste malheureux, mais qui ne se prostitue pas, qui refuse de répondre aux demandes du client. Il faut qu'il y ait des artistes malheureux et pauvres pour démontrer que ceux qui réussissent ne se sont pas vendus. En ce sens, l'œuvre d'art n'est pas la «marchandise absolue», mais bien plutôt le Produit absolu et la non-marchandise absolue. Elle est le résultat du refus radical de certains producteurs de s'abandonner aux marchands dans l'acte de fabrication. La notion d'avant-garde en est l'illustration la plus extrême et la perversion. Avoir du succès, pour l'avant-garde, était une preuve d'échec. Pour l'avant-garde, seule l'appréciation des autres artistes comptait, c'est-à-dire celle de la communauté des producteurs. La tentation est toujours grande, chez tous les producteurs modernes qui veulent reconstituer la communauté perdue, de prendre acte de la rupture producteur-usager[5] et de se replier sur une communauté de producteurs.

Cela conduit à une deuxième caractéristique du mythe de l'artiste: la très grande importance accordée *au processus de production lui-même,* et surtout au lien entre le produit et le producteur. Il s'agit là d'un contraste complet par rapport à la façon moderne de parler du processus de production, où on insiste sur le fait que le système produit «tout seul», c'est-à-dire indépendamment du producteur, grâce à l'autonomie de la machine et même du système tout entier de machines intégrées. Au contraire, même si l'artiste ne peut pas «vendre» son produit, par contre, on l'encourage à parler de la façon dont il a produit. L'artiste produit dans une sorte d'état de grâce, d'exaltation qui fascine l'amateur, son client, et qui est à l'opposé de la production moderne, autant de ses normes que de sa réalité. C'est une deuxième caractéristique de l'artiste par rapport aux autres producteurs de la société. L'artiste parlera difficilement de la beauté de sa toile ; mais il décrira facilement ce qu'il a ressenti lorsqu'il l'a réalisée, son idée, le problème qui s'est posé et la façon dont il l'a résolu, etc. Cette caractéristique est tellement importante qu'elle se transmet aux autres intervenants du système, et même au client, qui va accorder beaucoup d'importance à la façon dont le produit a été réalisé, aux états d'âme de celui qui l'a produit. Dans le milieu artistique, il est courant de lire et d'entendre des phrases comme les suivantes, qui toutes manifestent cette importance accordée au mode de production, importance qui n'a pas sa place ailleurs dans l'univers de la production: «Cette aquarelle est intéressante non pas en soi, mais pour une rétrospective, pour comprendre comment il est passé d'une étape à l'autre.» «La façon dont on arrive à une œuvre est souvent plus intéressante que l'œuvre elle-même.» «L'art actuel tend à laisser des traces de son cheminement dans l'œuvre terminée.» «L'atelier de l'artiste, c'est un lieu sacré; n'y entre pas qui veut.»

On en arrive ainsi à une troisième caractéristique. Dans le système artistique, le producteur et le client ne se distinguent pas de la manière habituelle. Le client partage les valeurs du producteur. Il aime penser qu'en se procurant une «œuvre» (on ne parle même pas de produit), il participe d'une quelconque façon à la communauté des artistes. Il doit ainsi respecter l'œuvre et son auteur, c'est-à-dire ne pas traiter l'œuvre comme un produit, justement. Et cela ne s'applique pas seulement au client, mais aussi à tous les intermédiaires, qui, même s'ils gagnent de l'argent, doivent partager ce système de valeurs, «croire» aux artistes qu'ils exposent, les défendre (comme leurs «poulains»). C'est peut-être pour cette raison que l'on désigne le client du produit artistique par le terme «amateur d'art». Celui qui aime.

On se rapproche du système du don. On postule une sorte de communauté producteur-client, communauté que la modernité consiste à nier. Le système artistique refuse la rupture producteur-usager, à laquelle nous accordons une importance essentielle comme fondement de la modernité. Et on en arrive peut-être à comprendre finalement le statut ambigu de l'artiste dans cette société: il ne lui appartient pas. La boucle est bouclée. Il relève du système du don, et non du système utilitariste. Il ne peut qu'être un mythe dans une société utilitariste. Tous ces traits de l'artiste prennent un sens dont l'évidence apparaît à la fois au moment de la production et dans les liens de l'artiste avec le client. En effet, l'artiste produit dans une sorte d'état d'exaltation que rien ne doit perturber. C'est de cet état d'âme que naît le produit, qui ne doit être influencé, idéalement, que par lui.

Selon ce système d'explication, l'artiste est celui qui possède un don et l'acte artistique est l'acte de réception, de transmission au producteur de ce don. Le produit, l'œuvre d'art est le résultat de l'inspiration. En fait, l'œuvre d'art n'est pas un produit. Elle ne se situe pas dans le système de production moderne. L'artiste reçoit quelque chose qu'il transmet, et qui est contenu dans son «don», qui est son don. Émotion esthétique, beauté, quel que soit le nom qu'on donne à ce supplément, il est essentiel; et sans lui l'œuvre ne serait qu'un produit, et l'artiste aurait rejoint depuis longtemps le rang des producteurs.

Cette émotion, ce supplément qui circule entre lui et le client expliquent toutes les caractéristiques décrites plus haut, et font du monde artistique un système de don, une communauté composée d'amateurs partageant une même croyance, le respect d'un certain produit. Ce supplément n'a pas d'équivalent monétaire. Ce constat vaut d'ailleurs pour tous les arts. Dans la transmission de l'art, l'argent est toujours un véhicule insuffisant. Tout artiste s'attend à recevoir *outre* la reconnaissance, de la gratitude, comme pour un don. C'est ce qu'exprime par exemple le phénomène des applaudissements après un concert, signe que la communauté artiste-mélomane existe et que l'émotion a bien été transmise, qu'il y a autre chose qu'un rapport marchand, que le fossé producteur-client est en partie franchi, ce qu'aucun cachet, si élevé soit-il, ne peut transmettre. L'artiste a «mis de sa personne» dans son œuvre, et s'attend à ce que le récepteur fasse de même. Ce n'est plus un producteur, c'est un auteur. Il ne se contente pas du meilleur prix possible, obtenu «à n'importe quel prix». Et cela se transmet au processus même de production: la répétition du pianiste lui apporte de la gratification; la répétition du travailleur à la chaîne lui apporte un salaire. La répétition de l'ouvrier l'exclut du produit; la répétition de l'artiste le fait pénétrer dans l'œuvre. L'une exclut, l'autre inclut.

Si on analyse le système artistique dans ce cadre de référence, alors tout devient compréhensible. Le rôle des partenaires du grand jeu artistique s'éclaire; notamment celui du client, qui doit être «amateur»; il doit participer, il ne peut se contenter d'être consommateur, comme dans le système de production marchand. D'une certaine façon, il doit participer au même système que le producteur, celui qu'on appelle l'artiste, qui remplit le rôle prépondérant parce que c'est celui par qui le don entre dans le système, celui qui est en contact avec l'autre système de référence. Tous les intervenants doivent participer au mythe de l'art. Mais c'est celui qu'on appelle l'artiste qui l'incarne, qui communique avec l'autre monde, non marchand, et garantit ainsi le respect du producteur qui devient créateur.

L'artiste et le système de production

Finalement, ce qui paraît alors étrange, c'est le fait que tous ne soient pas artistes dans cette société. C'est le thème du magnifique livre de Lewis Hyde (1983). Pourquoi l'artiste a-t-il tellement besoin, plus que les autres acteurs examinés jusqu'à maintenant, de se protéger lorsqu'il entre en contact avec ses clients par l'intermédiaire du marché? En un sens, ne pourrait-on pas affirmer que les caractéristiques de l'artiste et sa valorisation du produit sont en tous points représentatives de l'idéal de la société moderne? En effet, la société moderne est une société dont le but est la production, dont le dieu est le produit. Croissance du PNB, croissance du taux de production, croissance de la productivité, tels sont les critères à l'aune desquels on évalue le progrès, l'avancement dans cette société. Une société doit d'abord produire, et produire toujours plus. Tel est le postulat qui semble évident à cette société moderne, mais qui semblerait farfelu à un ensemble d'autres sociétés. Pensons par exemple aux chasseurs-cueilleurs, qui, au sens strict, ne produisent rien, mais font tout produire par la nature et se contentent de recueillir ce qui est produit. Une telle phrase leur semblerait totalement incompréhensible.

Toutes les ressources de la société moderne sont soumises à la production. La société moderne peut être définie comme un système de Production et on pourrait s'attendre, dans ce contexte, à ce que le statut du producteur soit glorifié. Or, c'est tout le contraire qu'on constate. Depuis le début de l'industrialisation, et même de l'avènement du marchand, on a tout fait pour dévaloriser celui qui produit directement. L'apparition des intermédiaires a fait en sorte de transférer à quelqu'un qui n'a rien à voir avec la production directe toute la responsabilité des décisions. Avec le taylorisme, on a atteint l'apogée de cette tendance. De façon explicite et voulue, on a détruit la compétence des producteurs pour la transférer à un intermédiaire qui contrôle le produit. La société marchande, et plus particulièrement industrielle, tend à déclasser tout producteur qui se laisse influencer par son client. C'est, selon la belle formule de Friedmann, l'émiettement du travail.

Paradoxalement la société moderne, pourtant vouée au dieu de la Production, réduit à néant le producteur et idéalise la production dans un même mouvement. C'est sa principale contradiction. Voilà pourquoi elle invente le mythe de l'artiste. Dans ce contexte, on voit que la valorisation et le respect infini du Produit et de l'acte de production de l'artiste sont une sorte de négation mythique du fait que le système de production réel détruit le producteur. L'artiste ne peut s'y inscrire. Il ne peut se soumettre au client, à la moindre de ses demandes, sans trahir le mythe auquel il adhère et qui est une condition même de sa production. La société moderne a transformé la chaîne qui allait de l'artisan à l'ouvrage à l'usager en une chaîne qui va du producteur au produit au consommateur. Il ne reste plus à l'artiste qu'à se cantonner dans une troisième chaîne: de l'artiste à l'œuvre à l'amateur, qui par un excès maintenant compréhensible, tend à exclure toute valeur d'usage pour se centrer sur la valeur de lien. D'où les rapports complexes entre les artisans et les artistes dans la société actuelle.

C'est pourquoi il est essentiel que la majorité des artistes vivent pauvrement, ou ne vivent pas de leur art. L'artiste qui vit dans la misère est un martyr du système de production. Pour vivre de son art, il faut en vivre de façon très riche. Ce qui compte, c'est que, à la différence de ce qui se passe pour le reste de la production, il n'y ait pas de liens entre la valeur marchande de l'œuvre et la quantité de travail fournie par l'artiste. C'est sur cette inadéquation nécessaire que joue la spéculation sur l'art.

Tous les intervenants doivent participer à la protection de cette poule aux œufs d'or (pour le marchand) qu'il ne faut surtout pas tuer et découper en morceaux comme on l'a fait (avec profit) pour le reste de la production et pour les gestes des autres producteurs dans cette société.

Comme le donneur de sang, l'artiste fonctionne dans un système mixte. Mais l'artiste réussit à imprégner tout le reste du système de l'esprit du don. Comme le donneur de sang, il est au début de la chaîne, et comme lui, il est membre d'un système mixte. Mais à la différence du donneur de sang, il conserve toujours un certain contrôle sur son «produit» et a réussi jusqu'à maintenant à exercer une influence minimale sur l'ensemble du système. Être artiste est un état; donner du sang est un geste qui peut beaucoup plus facilement être absorbé dans un système marchand ou étatique, avec les effets pervers que l'on sait. La mort de l'art, annoncée depuis longtemps, c'est la fin de cette influence, ou à tout le moins de son illusion.

La société résiste donc souvent très fortement à la transformation en marchandise de certains dons, même lorsque ces dons sont en partie pris en charge par des systèmes étrangers au don, comme le marché. Ce phénomène est aussi évident dans le cas du don de rein, que nous allons maintenant examiner.

Les dons d'organes

Le don d'organes était évidemment inexistant dans les sociétés traditionnelles. Il a pris naissance avec la technologie moderne et ne peut que croître dans les années qui viennent. Le don d'organes, à la mort ou entre vifs, présente certaines analogies avec le don de sang. Mais il s'en distingue aussi à plusieurs égards.

L'importance des intermédiaires entre le donneur et le receveur, et d'un appareil techno-professionnel particulièrement sophistiqué, est la première caractéristique qui frappe l'observateur. C'est pour cette raison qu'il s'agit ici aussi d'un système mixte et non d'un système de don «pur». Car tous ces intermédiaires, techniciens et professionnels, ne sont pas régis par le don, mais par le rapport salarial. Mais cet appareil est instrumental, il assure la transmission d'un don. La société n'accepte pas la vente d'organes. À la différence de ce qui se passe pour le sang, le commerce d'organes est généralement interdit, même s'il se pratique dans les faits, même s'il existe un marché noir. On trouve en Inde un marché ouvert de reins, et même d'yeux de donneurs vivants. Les personnes fortunées viennent du monde entier pour acheter (Leon R. Kass, 1991, p. 67). À cet égard, le scandale de la transfusion du sang contaminé n'est probablement que le signe avant-coureur de multiples scandales à venir qui porteront, eux, sur la transplantation des organes. Personne n'est, bien sûr, en mesure d'avancer des chiffres précis et contrôlables permettant de mesurer l'ampleur du phénomène, mais on sait désormais qu'il existe, notamment en Amérique latine, des filières organisées qui procèdent à des enlèvements et à des meurtres pour alimenter en organes de remplacement les riches marchés d'Amérique du Nord ou d'Europe occidentale[6]. De toute évidence, la demande pour ces organes de substitution va croître dans des proportions considérables. Qui refuserait la possibilité de vivre dix à quinze ans de plus? Ou plutôt, et surtout, qui renoncerait à tout faire pour permettre à un proche, à un parent ou à un enfant, de garder la vie sauve? Or, pénurie d'organes il y a. Par exemple, en France, à la fin de l'année 1990, on évaluait les déficits en organes greffables à 4731 pour les reins, 719 pour les cœurs, 380 pour les foies, 163 pour l'ensemble cœur-poumons[7]. La question se pose donc de savoir, d'une part, comment obtenir et, d'autre part, comment répartir ces organes dont la greffe coûte si cher: 250 000 F pour un rein, 450 000 F pour un cœur, de 250 000 F à 1,5 million de francs pour un foie, 800 000 F pour une greffe de la moelle osseuse ou d'un ensemble cœur-poumons.

Les pays anglo-saxons sont tentés par la perspective de la légalisation de la vente. Et une telle légalisation paraît hautement souhaitable à nombre de représentants des pays du tiers monde, qui ne voient pas au nom de quoi on interdirait aux pauvres de remédier à leur misère matérielle et d'assurer l'avenir de leurs enfants en vendant un rein ou un œil. Dès à présent, par exemple, un rein, vendu 45 000 dollars aux États-Unis, est acheté, par le truchement des petites annonces, 2000 dollars à des vendeurs argentins. Pourquoi pas, estiment les auteurs d'inspiration libérale, si les contrats sont légaux et si vendeurs et acheteurs sont clairement informés des implications de la transaction?

La France, à l'inverse, s'enorgueillit du refus qu'elle oppose à toute perspective de mercantilisation du corps humain. Au moins en principe. C'est ainsi que le projet de loi sur la bioéthique préparé par MM. Bianco, Sapin et Curien affirme, comme idées-forces, l'indisponibilité du corps humain, sa non-patrimonialité et sa non-commercialité[8]. Dans cette optique, les organes greffables ne peuvent provenir que de dons et, pour l'essentiel, de dons *post-mortem,* faits en état de mort clinique[9]. La clé de voûte du système de la bioéthique à la française est constituée par la loi Caillavet (1976) et par ses décrets d'application (1978), qui permettent au corps médical de présumer donneur consentant toute personne décédée, sauf si la famille du mort soutient le contraire de façon plausible. Si le maître-mot des juristes anglo-saxons est le contrat, celui des juristes et des autorités de la bioéthique françaises serait le don. Mais le don putatif qu'institue la loi Caillavet peut-il être considéré comme un don véritable? Dans certains cas, pourquoi pas? Mais pour le plus grand nombre, il est permis d'en douter. Le professeur Christian Cabrol, directeur de France-Transplants, s'émeut de la diminution du nombre des donneurs déclarés et plaide pour que soit donnée à toute personne qui le désire la possibilité de faire inscrire son refus de donner sur un fichier central consultable par ordinateur (*Le Monde,* 22 janvier 1992, p. 157). Cette proposition, d'apparence libérale, permettrait en fait aux médecins préleveurs de s'opposer plus efficacement qu'aujourd'hui aux réticences des familles. Et qui voudrait se faire officiellement enregistrer comme non-donneur, autrement dit comme un égoïste certifié par l'État? Mais si tout le monde est automatiquement donneur, où est le don? N'est-ce pas justement parce qu'il s'agit de moins en moins de don que le nombre des donneurs spontanés diminue? Et parce que les familles réaffirment que ce sont elles les propriétaires véritables des corps morts? Car la question posée, en effet, est bien celle de savoir qui dispose du *jus utendi et abutendi*. Le droit d'inspiration anglo-saxonne pose comme uniques propriétaires les individus. La tradition immémoriale affirme le droit éminent des lignages. Quel rôle joue dans cette affaire le principe du don à la française, si moral et séduisant en apparence? Très souvent, on l'a vu, il sert à dissimuler, tel un cache-sexe, des pratiques affairistes d'autant moins régulées et contrôlées qu'elles sont déniées. Mais, plus fondamentalement, le principe du don présumé permet l'affirmation de la prééminence de l'État-nation sur tous les autres sujets de droit, et le glissement tend à s'opérer insensiblement du don présumé à la perception d'une sorte d'impôt. Ce qu'exprime parfaitement, avec le grand mérite de la clarté, le philosophe Dagognet lorsqu'il énonce que le seul remède à la pénurie des organes passe par l'affirmation que l'État est le propriétaire éminent des corps morts.

Le don de rein

Les choses se passent bien différemment lorsque le don d'un organe a lieu entre personnes appartenant à un même réseau primaire, comme dans le cas du don d'un rein entre personnes vivantes, que nous traiterons en nous basant sur quelques études américaines. Nous sommes en présence d'un don unilatéral se rapprochant de la transmission — ce qu'il devient dans le cas de don à la mort. Mais même si les choses se passent entre vifs, il est évident que le donneur ne reçoit rien d'équivalent à ce qu'il donne, au sens économique du terme. Quel rapport existe-t-il entre le donneur et le receveur, avant et après le don? Au départ, ce rapport consiste le plus souvent en un lien personnel, en général un lien de parenté directe, de sang, parce que c'est dans un tel cas que la compatibilité biologique est la plus élevée et la probabilité de rejet la plus faible, ce qui exclut les collatéraux. Hors de la famille, ce don risque donc de ne pas être «reçu»! On retrouve la présence du lien communautaire comme élément fondamental, au point que, en l'absence de lien de parenté, les intermédiaires se demandent souvent s'il est légitime de demander à quelqu'un un tel don, ce qui les conduit parfois à utiliser l'alibi de l'incompatibilité pour exclure un donneur (Fox et Swazey, 1978, p. 23). Ils ont de la difficulté à croire qu'un tel don à un étranger soit possible, et sont très hésitants à l'autoriser. De façon générale, selon Fellner et Schwartz, «la profession médicale traite avec suspicion et méfiance les motivations des donneurs d'organes vivants» (cité par Fox, p. 7; notre traduction).

Pourtant, pour les donneurs, il s'agit là le plus souvent de l'acte le plus important de leur vie: pour tous ceux qui ont donné un rein, «ce geste s'est révélé comme l'expérience la plus significative de leur existence» (p. 26). Cette transformation s'exprime par des phrases comme: «J'ai le sentiment d'être devenu meilleur [...] J'ai fait quelque chose de ma vie. Maintenant je suis capable de faire n'importe quoi.» (*ibid.*) Ce don ne sera jamais rendu au sens comptable, économique, au sens du calcul de l'équivalence entre les choses qui circulent. Rien ne circule en retour comme tel. Mais malgré ce caractère unilatéral, les témoignages indiquent que le retour est immense, même si ce qui est rendu est dans le geste lui-même, et non dans un objet ou service précis, puisque, au sens matériel, il n'y a rien. Les donneurs sont transformés par le don au point que leurs témoignages ne sont pas sans rappeler les textes décrivant les rites d'initiation, de «nouvelle naissance», etc. Cela rapproche de façon inattendue le don d'organes et l'échange archaïque. Ce retour d'un type inhabituel explique sans doute que, malgré son caractère très déséquilibré, sans réciprocité, «impulsif», ce don engendre rarement des problèmes entre donneurs et receveurs. Au contraire, le plus souvent, il rapproche les uns et les autres (p. 69).

Il s'agit évidemment d'un geste grave, dangereux, important objectivement et subjectivement. Il est donc normal que ceux qui se sont penchés sur ce phénomène cherchent à savoir comment les donneurs[10] en sont arrivés à prendre une telle décision, quelle était leur raison d'accomplir un geste auquel rien n'oblige vraiment dans la société moderne libre. Or, il semble qu'il n'y ait tout simplement pas eu de décision. «Le terme "décision" paraît inadéquat», concluent les chercheurs (cité dans Hyde, p. 65), qui parlent aussi de «décisions instantanées». «Nous réagissons comme par réflexe», dit un donneur (p. 66). Amitai Etzioni, faisant état de résultats similaires (1990, p. 97), propose de distinguer entre choix et décision et de réserver ce dernier terme aux choix que font les personnes lorsqu'elles adoptent la procédure délibérative rationnelle de comparaison entre les avantages et les inconvénients (*ibid.*, p. 95 et 150).

Nous sommes ici en présence d'une donnée empirique de grande conséquence: pour une action aussi importante et grave que le don d'un rein, on constate que l'homme ne se conduit pas conformément aux postulats utilitaristes, qu'il ne calcule pas, que ce geste se situe tout simplement en dehors de ce modèle d'explication du comportement de l'être humain. Il existe certes des exceptions à ce schéma général. Ainsi, on a observé un cas où la donneuse demande à sa mère un manteau de fourrure en échange. Ce comportement est conforme à la logique marchande. L'explication de la mère est intéressante: la mère attribue cette attitude au manque de maturité de sa fille, ce qui implique que le don spontané, «irrationnel», sans calcul, impulsif serait un indice de maturité pour des décisions aussi graves. Cette position est évidemment à l'opposé de la conception occidentale habituelle de la maturité, définie comme caractérisant un individu logique qui évalue les avantages et les inconvénients avant d'en arriver à la décision la plus rationnelle. La mère a un raisonnement anti-utilitariste. Car le comportement de la fille est celui que prédit le modèle marchand: elle fait des affaires. Et Pierre Bourdieu dirait que, contrairement aux autres, elle a la lucidité de ne pas adhérer au mensonge collectif, le courage de ne pas céder à l'hypocrisie du don et de ne pas se faire croire qu'elle fait un don gratuit. Or, ce comportement attendu par l'explication dominante est en fait considéré comme anormal par l'ensemble des agents.

Enfin, il est intéressant de noter que le don de rein met en évidence l'éternelle opposition entre l'alliance et la filiation. C'est en fait le conjoint qui serait «le donneur d'organes le plus adéquat d'un certain point de vue socio-culturel». Mais habituellement les conjoints sont exclus, à cause de l'incompatibilité des tissus (p. 22). C'est le paradoxe du lien étranger-proche, qui exclut l'étranger d'un tel don à l'intérieur même de la famille. Tous peuvent donner sauf le conjoint: enfants, frères et sœurs, parents. Le conjoint redevient tout à coup un étranger. Son «vrai visage», que les rites du mariage ont exorcisé, réapparaît brusquement, est remis brutalement sur le devant de la scène par une telle «opération», qui est souvent vécue difficilement comme un inceste symbolique par le conjoint, lorsque par exemple le frère ou la sœur sont les donneurs. Ce don éminemment moderne, le don d'organes, tend à exclure les étrangers et a besoin de la communauté de sang pour être reçu.

C'est avec le don d'organes que se termine ce tour d'horizon du don dans les sociétés libérales. Don moderne s'il en est, et qui pourtant remet en question le modèle utilitariste délibératif de choix rationnel des moyens en vue d'une fin. Le don de rein montre que le don est un acte moral et qu'à ce titre il est «motivé intrinsèquement et n'est pas sujet à une analyse fin-moyens» (Etzioni, 1990, p. 43). Avant de le comparer au don archaïque, il est nécessaire de résumer les principales caractéristiques du don moderne tel qu'il se présente dans les lieux multiples et variés de la société libérale.

Le don dans la société libérale

Que constatons-nous après ce tour d'horizon des formes que prend le don dans la société moderne? En fait, l'individu moderne est constamment engagé dans des rapports de don. Qu'est-ce donc alors qu'un système de don moderne? Que pouvons-nous retenir à ce stade? Quelles sont les caractéristiques du don telles qu'elles ressortent des quatre sphères présentées dans les chapitres précédents? Nous examinerons successivement le retour du don, le geste lui-même, et les caractéristiques du lien.

Don et réciprocité. *Les* retours du don

La majorité des auteurs écrivant sur le don s'entendent pour rejeter la gratuité. Elle «masque» autre chose, comme dit Françoise Weber. Idée complémentaire: la relation de don est donc d'abord un phénomène de réciprocité. Autrement dit, tous partagent l'étonnement initial de Mauss lorsqu'il s'est mis à observer des rapports de don, face à l'obligation de rendre, qui devient donc à la fois la chose à expliquer et l'essence de toute relation de don, sa vraie nature, celle qui se cache derrière les affirmations de gratuité des acteurs. On en conclut que l'essence du don ne serait pas d'être un don. C'est ce qu'exprime l'idée de réciprocité comme fondement du don, réciprocité restreinte (dyade, symétrique) ou généralisée (ouverte, en chaîne sous la forme de la transmission); mais réciprocité.

Le parcours que nous venons de faire conduit à des conclusions différentes à cet égard. Il est exact qu'il y a souvent retour. Et si le don représente une forme de circulation originale distincte, ce n'est pas par cette caractéristique de non-retour qu'il se définit. Cela étant dit, il faut ajouter aussitôt que les différences avec le retour marchand sont nombreuses.

1. D'abord, il n'y a *pas toujours* retour, au sens habituel, marchand du terme, de retour matériel d'objets ou de services, comme l'illustre notamment la sphère du don unilatéral aux inconnus. Pris dans le sens des choses qui circulent, la fréquence du don unilatéral non réciproque est remarquable: sang, organes, bénévolat, dons aux enfants, héritage où l'héritier est parfois un pur canal de transmission, etc.

2. Par contre, à l'inverse, le retour est souvent *plus grand* que le don. Lorsqu'il y a retour, ce dernier s'éloigne généralement du principe d'équivalence marchande. Les partenaires semblent même souvent prendre plaisir à déséquilibrer constamment l'échange par rapport à l'équivalence marchande, autrement dit à se maintenir en état de dette réciproque. Le champ du don se situe entre deux pôles, celui où le déséquilibre est tellement grand qu'on a l'impression de «se faire avoir» et où l'on quitte la relation[1], et celui de l'équivalence, dans lequel on s'acquitte d'une dette, qui met aussi fin à la relation.

3. Le retour existe même s'il n'est *pas voulu*. Comment appeler ce phénomène étrange, qui scandalise même une répondante: «Quand j'étais enfant, à l'école tout m'était facile, plus qu'aux autres. On disait que j'avais du talent. Je trouvais cela injuste par rapport à d'autres enfants pour qui c'était beaucoup plus difficile. Quand on m'a appris la parabole des talents, je me suis consolée, car je me suis dit que je devrais faire plus que les autres, transmettre le talent que j'avais reçu. C'était moins injuste. À condition que je donne gratuitement, je pouvais rétablir l'équilibre. Cela m'a consolée jusqu'à ce que je me rende compte qu'en donnant je retirais beaucoup de satisfaction, de plaisir, et même souvent beaucoup d'avantages matériels en retour, qu'en fait le don vraiment gratuit était impossible même si je le voulais, et que cela ne rétablissait donc pas l'injustice, bien au con-

traire: non seulement j'avais reçu plus, mais le fait de donner me procurait des satisfactions inaccessibles aux autres. La parabole des talents finit donc par accroître l'injustice de départ.» Cette répondante exprime l'opposition entre le régime de la justice et celui de l'amour pur, analysé par Luc Boltanski. Le don se situe entre ces deux régimes. Comment comprendre ce retour de premier type, reçu même contre la volonté du donateur, sans revenir à l'esprit du don? La seule chose non libre dans le don, c'est le fait de recevoir. Qu'on le veuille ou non, on reçoit, il y a souvent retour!

En outre, si on élargit la définition du retour pour y inclure les retours qui débordent la circulation matérielle des objets ou des services, alors il y a toujours retour, et ce retour est jugé important par la plupart des donateurs. Il y a *des* retours du don: la gratitude qu'il suscite, la reconnaissance, ce supplément qui circule et qui n'entre pas dans les comptes, sont des retours importants pour les donateurs. Si ce retour n'existe pas il s'agit d'un don «raté», le donateur considère qu'il s'est fait avoir. Mais le retour n'est pas là où la majorité des observateurs ont toujours eu tendance à le situer à partir d'une perspective fondée sur l'équivalence marchande.

4. Enfin, étrangement, le retour est souvent dans le don lui-même, dans l'inspiration de l'artiste, la transformation de la personne que connaissent les donneurs, spectaculaire dans le cas de celui qui donne son rein, à des degrés souvent moindres évidemment dans les autres cas. Mais même les bénévoles considèrent généralement qu'ils reçoivent beaucoup des personnes qu'ils aident. Il y a un retour d'énergie immédiat pour celui qui donne, il est grandi.

Ce retour, inexistant dans les autres formes de circulation des choses, est dans le geste même de donner. Ce phénomène n'a pas de nom en sciences sociales. C'est dans le don d'organe et chez les AA que cet étrange effet a été observé avec le plus d'évidence, ayant souvent un caractère spectaculaire. «Je ne suis plus la même personne», dira le donneur. Ce retour n'entre dans aucune équation comptable des mesures d'équivalence (puisqu'il est dans le geste même de donner, qui, dans tout bilan, est affecté du signe négatif). Il est le plus souvent nié par les théories modernes de l'utilitarisme vulgaire ou scientifique, et est passé sous silence dans les théories du don. L'importance de cette transformation du donateur ou du récepteur (AA) n'a pas d'équivalent dans la société moderne. Elle n'a d'analogies qu'avec des expériences courantes dans les sociétés archaïques: initiation, rites de passage, conversion, expérience de la mort. On la retrouve aussi dans le pardon. Des psychologues analysant ce phénomène parlent de «la transformation produite par le pardon, doublée de la prise de conscience que ce qui se passe là ne relève pas seulement de la volonté de la personne en cause» (Rowe et al., p. 242).

La spontanéité, la liberté, le non-calcul

On l'a vu, des chercheurs qui tentaient de comprendre comment est prise la décision de donner un rein ont conclu que le terme même de décision était inapproprié. Et ceux qui veulent savoir comment un couple en arrive au partage des tâches se font répondre: «Ça s'est fait tout seul!» Il ne s'agit certes pas de prendre ces réponses au premier degré. Mais elles expriment un trait essentiel au don.

Cela remet en question de façon inattendue le modèle utilitariste de calcul des «plus» et des «moins», qui pose la rationalité de toute décision comme condition pour que la décision puisse être qualifiée de vraiment «humaine», ou de civilisée... Or, il s'avère que pour les donneurs, dans cette «décision» considérée comme la plus importante de leur vie qui consiste a donner un rein, il n'y a pas de raisonnement, c'est-à-dire qu'ils n'ont pas «pesé le pour et le contre», qu'il n'y a pas eu calcul. Dans ce sens, l'esprit du don s'oppose radicalement au calcul, à cette manière particulière, et non universelle, de se comporter. Donc il n'y aurait pas seulement le calcul d'un côté, le réflexe de type animal de l'autre. Il y a le geste accompli dans l'esprit du don. Et ce qui est vrai pour un geste de cette importance l'est aussi pour l'ensemble de ce qui circule dans un système de don. Il est mal vu de calculer, ce n'est pas une norme centrale du système de don. Le calcul est périphérique, et joue d'une manière qui reste à préciser, mais qui n'est pas celle du modèle rationnel habituel. Quelqu'un qui calcule tend à s'exclure d'un système de don.

On en arrive à considérer que les trois moments du cycle — donner, recevoir, rendre — se confondent souvent: selon le point de vue de l'acteur, donner c'est rendre, et inversement. Même dans le bénévolat, considéré souvent comme le type même du don «gratuit», les bénévoles rendent: ils donnent parce qu'ils ont beaucoup reçu. Et ils reçoivent souvent plus qu'ils ne donnent! On appelle leur geste don si on veut insister sur l'énergie de départ, sur l'acte qui amorce le cycle, et sur le fait qu'il y a un retour immédiat et indépendant de ce qui revient au bout du cycle. Cela implique que dans la trilogie donner-recevoir-rendre, tous les termes n'ont pas le même statut. Le premier est ce qui fonde le système. Il désigne la nature de ce qui se déroule et entraîne le reste, en définit la logique et exprime le fait que le système ne soit pas mécanique, mais libre, ou indéterminé. On est bien obligé de conclure que la réciprocité des objets n'est pas centrale au don et que *le don est d'abord un don,* si on n'observe que les choses concrètes qui circulent. C'est ce qu'exprimait déjà Sénèque à propos de l'allégorie des trois Grâces: «Dans ce groupe toutefois l'aînée a une situation privilégiée comme en bienfaits, celui qui commence[2].»

D'ailleurs, le terme «rendre» signifie ici en fait donner. La distinction entre donner et rendre est analytique. Car celui qui rend, en fait, donne aussi. On ne rend pas un don comme on rend la monnaie, ou un prêt. On donne et s'il s'avère à l'analyse qu'on a déjà reçu, l'appellation «rendre» désigne cet aspect du geste. Il s'agit donc bien d'un système de don, la réciprocité désignant le fait que, dans ce système, lorsqu'il y a équivalence, elle n'est pas marchande. Elle obéit à d'autres règles. Elle se situe dans une histoire entre des personnes. Le geste ne s'explique ni par le statut (Gouldner, 1960, p. 170), ni par le pouvoir, ni par le marché, mais par l'histoire de la relation, par son passé. Certes, il existe des perversions du don, des utilisations du don pour le pouvoir, pour la domination, etc. Et cette dimension y est souvent présente. Mais ce n'est pas l'essentiel du don, pas plus que le plaisir de la relation n'est l'essentiel de l'échange marchand, même s'il est aussi souvent présent. D'ailleurs, on a vu avec le paradoxe de Carnegie que l'efficacité du don comme instrument de pouvoir est maximale lorsque l'instrumentalité est minimale! Le temps est au cœur du don et de la réciprocité, alors que l'évacuation du temps est au cœur du rapport marchand. C'est ce que signifie «rendre»: relier le geste à un autre dans un passé proche ou lointain.

Le moyen est la fin

À partir de la distinction habituelle des trois sphères, nous nous sommes demandé si, et comment, on pouvait retrouver le don dans des systèmes modernes de circulation des choses, marchand et étatique. Au sein de la sphère marchande, nous avons constaté le «paradoxe de Dale Carnegie», selon lequel, pour réussir en affaires, il faut non seulement valoriser l'autre, mais le faire «sincèrement». Dans la sphère étatique, nous avons été conduits à critiquer l'approche qui considère que la redistribution peut être la forme moderne du don et repose sur les mêmes principes que le don. Cela a entraîné l'obligation de reconnaître l'existence d'une quatrième sphère, celle que nous avons appelée le don entre étrangers, sphère importante et spécifique au don moderne, comme l'avait bien mis en évidence Titmuss, sphère dans laquelle nous avons reconnu d'ailleurs d'anciennes structures de don «libérées».

Quelles sont les caractéristiques communes au don qui apparaissent suite à ces coups de sonde dans différents lieux de la société actuelle?

- L'*étranger*: on le retrouve finalement partout, alors que le don est censé circuler dans des rapports communautaires. Nous avons fait de sa présence une caractéristique particulière de la société moderne, la sphère des dons aux étrangers et aux inconnus. Le don tend à ce que l'inconnu soit le moins étranger possible, à la différence des systèmes étatique et marchand, qui tendent vers l'opposé. Mais le don aux inconnus est une caractéristique moderne.

On retrouve même ce thème de l'étranger où on s'y attendait le moins: au cœur de la famille, dont le noyau est nécessairement constitué de deux étrangers, et dans le personnage central distributeur des cadeaux aux enfants dans la famille: le père Noël.

- La *liberté.* Le degré important de contrainte souligné par Mauss (le don «obligatoirement rendu») semble s'être échappé en partie du don moderne. Cette caractéristique est présente partout où il y a don et tend même à se généraliser aujourd'hui à la limite du possible, par exemple dans les anciens systèmes comme le mariage, devenu libre autant à l'entrée qu'à la sortie.

- La *gratuité.* S'il n'y a pas de don gratuit, il y a en tout cas de la *gratuité* dans le don. C'est la différence la plus évidente par rapport à l'État. Les choses qui entrent dans le circuit de circulation étatique ont d'abord été prélevées aux contribuables et sont gérées dans un système séparé composé d'intermédiaires qui prélèvent eux-mêmes une partie de ce qui circule pour assurer le fonctionnement du système. La sécurité sociale n'est pas un don, mais un droit. Ce n'est certes pas sans de nombreux avantages, maintes fois mis en évidence.

- Le caractère *spontané,* qu'on retrouve aussi partout. Le don n'obéit à aucune contrainte[3], ni autoritaire, ni légale, ni même rationnelle, en fonction d'un calcul. Il obéit à un «mouvement de l'âme». Il est essentiel à tout don de contenir un élément de spontanéité qui le situe hors des normes et fait qu'il n'est pas vécu comme un phénomène purement volontaire. Il y a toujours dans le don quelque chose qui emporte le donateur, qui lui échappe.

- La *dette* est omniprésente, mais différente de la dette marchande. Le même mot recouvre ici une tout autre réalité.

• Il y a *retour*, de plusieurs types, ce qui rend inadéquate la notion habituelle de réciprocité associée au don, qui tend à confondre ce qui se passe entre les choses qui circulent et ce qui se passe entre les personnes, entre les agents. Du point de vue de la logique habituelle de l'échange, le retour le plus étonnant est la transformation induite chez le donateur, qu'on retrouve aussi dans le pardon.

Le paradoxe de Dale Carnegie à propos du don dans le marché est en fait partout présent dans toutes les formes du don. Car si on doit aller vers l'autre sincèrement, cela signifie qu'on ne le fait pas seulement *pour* obtenir quelque chose, mais parce qu'on le «ressent», par un «mouvement» vers l'autre. On retrouve cette idée partout dans l'univers du don. Perdre pour gagner. On ne donne pas pour recevoir; pour que l'autre donne, peut-être. Il y a là quelque chose d'incompréhensible pour l'esprit moderne. Comment peut-on à la fois vouloir une fin (recevoir) et prendre normalement un moyen pour l'obtenir (donner), et en même temps ne pas considérer qu'il s'agit d'un moyen, cela étant la condition pour atteindre la fin! La proposition «pour» prend ici un sens inhabituel. C'est toute la logique fin-moyens qui est touchée ici, le fondement même de la rationalité instrumentale (Weber) et des organisations modernes. Le don ne semble pas susceptible de se voir appliquer le rapport fin-moyens, c'est-à-dire un certain type de lien entre une action présente et une action future, lien linéaire qui est à la base de l'anticipation, du calcul, de toutes les théories de l'action, de la notion même d'intentionnalité. Quelque chose nous échappe dans le don et donne le vertige à la raison moderne. Ce qui n'implique pas que le don soit irrationnel.

Voilà ce qu'il faut maintenant tenter de comprendre, en commençant par un retour sur le don archaïque, objet habituel des analystes du don dans les sciences humaines.

II

Du don archaïque au don moderne

Le don archaïque: quelques leçons de l'ethnologie[1]

> «Voilà pourquoi on élève un temple des Grâces
> (Charites) en un lieu où il est bien vu; c'est pour
> apprendre à rendre les bienfaits reçus. C'est cela
> le propre de la grâce; il faut non seulement prier
> de retour celui qui a fait preuve de gracieuseté,
> mais encore prendre soi-même l'initiative
> d'un geste gracieux.»
>
> Aristote, *Éthique à Nicomaque*, 1133, a 3-5.

Aristote est probablement le premier et, pendant 2500 ans, le plus grand théoricien du don. L'amitié, montre-t-il, la *philia,* repose sur la capacité de donner et de rendre, sur la réciprocité (*antipeponthos*). Sans amitié, il ne saurait exister de communauté (*koïkonia*), et sans communauté il n'est pas d'ordre politique possible, puisque l'ordre politique a pour objet premier de procurer aux citoyens le seul plaisir qui soit digne des hommes, celui de vivre ensemble dans la reconnaissance mutuelle de leurs valeurs. En quelques mots, Aristote situe le paradoxe qui est coextensif à la logique du don. Le paradoxe, autrement dit, qui préside à la constitution du rapport social. Celui-ci se féconde, s'engendre et se nourrit de la «grâce». Traduisons. Il exige générosité et spontanéité. D'où le problème qui se pose à tous et à personne, au législateur qui institue la Cité, comme à chacun d'entre nous, à tout moment, même le plus banal de notre existence: comment faire pour produire de la spontanéité? Bien avant d'avoir pu lire les ouvrages de l'école de Palo Alto, l'humanité semble s'être constamment posé la même question lancinante: comment obliger les hommes à être spontanés?

Si elle avait parlé le langage de l'utilitarisme, elle aurait pu dire: comment les convaincre qu'il est de leur intérêt d'être désintéressés, les persuader que, comme le montre le «dilemme du prisonnier», le bien commun ne peut être obtenu que si chacun abdique la méfiance et accepte de renoncer à la défense de son intérêt personnel immédiat, en sachant que les autres feront de même? Étant donné les risques encourus, on conçoit que les sociétés archaïques et traditionnelles aient opté pour la prudence et préféré rendre la spontanéité le plus obligatoire possible, en reconnaître, en détailler et en nommer les moindres méandres. D'où cette prolifération des rituels, des prescriptions et des interdits qui fait horreur aux modernes et les incite à croire que l'homme archaïque ou traditionnel ne vit que dans la contrainte et l'absence de spontanéité les plus absolues et les plus insupportables. Ce qui est à la fois vrai et faux. Vrai parce que, par postulat, le rituel prescrit est contraignant. Faux parce qu'il ne saurait tout prévoir et régenter, parce que le choix est souvent ouvert entre plusieurs logiques de l'obligation et parce que, en tout état de cause, au sein des ordres régis par la tradition et le rite, la contrainte principale est celle de se placer en position de donateur, et donc de prendre l'initiative. Faux également parce que les normes ont été édictées par les membres de ces sociétés, par ceux-là mêmes qui les respectent, souvent par le mécanisme de la démocratie directe, et qu'en tout cas ces prescriptions ne sont pas imposées de l'extérieur, sauf par *leurs* ancêtres, par *leurs* dieux. Faux enfin parce que le degré de contrainte d'une prescription intériorisée par le sujet est toujours problématique. Comme on le verra, un don entièrement contraint n'est plus un don, quel que soit le type de société. Le don est toujours un jeu et les prescriptions et les interdits sont toujours, quelque part, des règles du jeu. «L'atmosphère du don», pour employer les termes de M. Mauss, est toujours celle de «l'obligation et de la liberté mêlées» (1985, p.258).

Il serait bien sûr impensable de se risquer à des affirmations aussi générales que celles que nous venons d'émettre si un ample matériau ethnologique ne permettait de les étayer. Est-il suffisant, et suffisamment clair, parlant et concluant? On peut, bien sûr, en douter. Les ethnologues sont gens prudents, sensibles aux mille et une spécificités des sociétés dans lesquelles ils «vont sur le terrain»; bien peu se hasardent à énoncer des propositions qui excèdent leur champ d'observation. Cette remarque permet de mieux mesurer l'audace dont a fait preuve Marcel Mauss en s'autorisant, dans l'*Essai sur le don,* à rechercher une forme générale, une sorte d'universel, possible, probable ou potentiel, à travers la diversité des illustrations ethnologiques tirées aussi bien du continent américain que de l'Europe, de l'Inde ou de l'Océanie. Mauss lui-même se garde bien d'extrapoler ses résultats au-delà des cultures qu'il a étudiées. Mais, à notre connaissance, aucune étude ethnographique n'a apporté des éléments qui permettraient de battre en brèche ses généralisations partielles, qu'il semble donc possible d'étendre. Jusqu'à affirmer que toutes les sociétés archaïques, ou encore «sauvages» ou «primitives» ou «sans État», se pensent et pensent leur univers, le cosmos, dans le langage du don? Oui, croyons-nous, à cette réserve évidente près qu'une proposition aussi générale ne saurait être démontrée inductivement par accumulation d'exemples, mais seulement valoir aussi longtemps qu'elle n'aura pas été réfutée. Les exemples qui suivent nous serviront donc d'illustrations, plus que de preuves.

D'illustrations suffisantes, espérons-nous, pour critiquer les théories du don primitif qui, en prétendant l'expliquer, le dissolvent jusqu'à le faire disparaître et à donner le sentiment qu'il s'agit là d'un pur mirage qui n'aurait jamais eu d'existence autre qu'idéologique.

Trois exemples de don archaïque

On se rappelle la première phrase de l'*Essai sur le don*: «Dans la civilisation scandinave, et dans bon nombre d'autres, les échanges et les contrats se font sous la forme de cadeaux, en théorie volontaires, en réalité obligatoirement faits et rendus» (Mauss, 1966, p.147).

Cette proposition qui reste vraie, doit cependant être doublement étendue et précisée. D'une part, on vient de le dire, à d'autres sociétés archaïques, à toutes probablement. D'autre part, et en suivant Mauss lui-même, pour mieux indiquer que ce qui est ainsi échangé sous forme de dons — ou, mieux et plus simplement, donné et rendu —, ce ne sont pas simplement des biens économiques ou des contrats, «ce sont avant tout des politesses, des festins, des rites, des services militaires, des femmes, des enfants, des danses, des foires dont le marché n'est qu'un des moments et où la circulation des richesses n'est qu'un des termes d'un contrat beaucoup plus général et beaucoup plus permanent» (*Ibid.*, p.151).

Tout, en un mot. C'est pourquoi le don constitue le «phénomène social total» par excellence. Le don, ou plutôt la circularité et la réversibilité induites, pour reprendre encore une fois l'expression de Mauss, par la triple obligation de donner, de recevoir et de rendre. Les deux exemples principaux que donne Mauss sont le potlatch, tel que l'a étudié Franz Boas chez les Indiens du Nord-Ouest américain, et la *kula,* minutieusement décrite par B.Malinowski (1963) dans ses *Argonautes du Pacifique occidental.*

Le potlatch: pourquoi détruire?

Qui pratiquait le potlatch? Les Indiens du Nord-Ouest américain? Quels Indiens? Les Haïda, les Tlingit, les Tsimshian, les Salish, les Kwakiutl… et quels Kwakiutl? Et définis comment? À entrer dans le détail de la littérature savante, énorme et inépuisable, qui a suivi les travaux classiques de Boas et de ses disciples, les incertitudes et les doutes se multiplient. On sait avec d'autant moins de précision lesquelles de ces tribus pratiquaient effectivement le potlatch que personne n'est d'accord sur les caractéristiques de celui-ci (voir Schulte-Tenckhoff, 1986). La perplexité des membres d'un tribunal canadien appelé à juger, à la fin du XIXᵉ siècle, un Indien inculpé pour avoir pratiqué le potlatch, lequel venait d'être interdit par la loi, ne faisait que préfigurer celle qui allait s'emparer de dizaines puis de centaines d'ethnologues.

La loi interdisait bien le potlatch, mais n'expliquait pas en quoi il consistait. Sans prétendre trancher dans les débats qui opposent les spécialistes, bornons-nous donc à rappeler la description classique de Marcel Mauss et, pour plus de détails, à renvoyer le lecteur à l'admirable livre de I.Schulte-Tenckhoff, qui présente toutes les pièces du dossier et conclut, d'ailleurs, que malgré leurs imprécisions ethnographiques, les descriptions de l'ethnologie française inspirées par Marcel Mauss touchent plus juste que celles de leurs concurrents anglo-saxons[2].

Riches, quoique ne pratiquant pas l'agriculture, pêcheurs et chasseurs, commerçant de longue date avec les Blancs, à qui ils vendent des fourrures, les Indiens de la côte nord-ouest partagent leur année en deux saisons radicalement contrastées. L'été, ils se dispersent pour chasser, pêcher et «cueillir des baies succulentes». L'hiver, au contraire, ils se regroupent. Commence alors une période de vie sociale intense. Tout est prétexte à fêtes continues et répétées, souvent très longues. C'est à cette occasion qu'est pratiqué le potlatch, la «lutte pour la richesse» selon l'expression d'Helen Codere (1950), au cours duquel chaque chef de clan a à cœur de se montrer plus munificent que les autres. C'est à qui donnera le plus de nourriture et le plus de biens précieux, dont les deux espèces principales représentent, dit Mauss, une sorte de monnaie: des cuivres, dont certains constituent de véritables écus blasonnés, de belles couvertures, d'autre part, «admirablement historiées et qui servent encore d'ornement, certaines ayant une valeur considérable». À nos yeux, il s'agit là d'un jeu de qui-perd-gagne où est réputé gagnant celui qui se sera montré le plus généreux. Le gain, en l'occurrence, n'est pas exclusivement symbolique. «Le statut politique des individus dans les confréries et les clans, les rangs de toutes sortes, s'obtiennent par la "guerre de propriété" comme par la guerre ou par la chasse, ou par l'héritage, par l'alliance et le mariage [...] Le mariage des enfants, les sièges dans les confréries, ne s'obtiennent qu'au cours de potlatch échangés et rendus. On les perd au potlatch comme on les perd à la guerre, au jeu, à la course, à la lutte» (Mauss, 1966, p.200-201). Au cœur du potlatch, deux notions centrales que, sous une forme ou une autre ou à des degrés divers, on retrouve dans tous les systèmes de libéralité: la notion de crédit et la notion d'honneur. On ne rend pas immédiatement, mais plus tard et davantage. Et le plus tard est le mieux puisque ce délai implique un accroissement proportionnel de la dette. Rendre immédiatement reviendrait à refuser le don en réduisant prestations et contre-prestations à une simple permutation ou à un échange. À un troc. Or, si celui-ci n'est pas ignoré, dans les interstices de l'échange cérémoniel, il n'en est pas moins tenu en piètre estime et confiné à des prestations discontinues qui ne risquent pas d'interférer avec l'échange noble. Rendre immédiatement signifierait qu'on se dérobe au poids de la dette, qu'on redoute de ne pas pouvoir l'assumer, qu'on tente d'échapper à l'obligation, à l'obligeance qui vous oblige, et qu'on renonce à l'établissement du lien social par crainte de ne pouvoir être assez munificent à son tour. Que le poids de la dette soit effectivement lourd à porter, c'est ce qui ressort du fait que, comme le note Marcel Mauss, tout doit être rendu augmenté d'un intérêt usuraire. Les taux, écrit-il en se laissant très probablement abuser par Boas, sont en général, de 30 à 100 % par an (*ibid.,* p.212). Manquer à l'obligation de rendre est sanctionné par l'esclavage pour dette, comparable au *nexum* romain.

L'honneur, la valorisation du nom et l'accroissement de la renommée sont donc exactement proportionnels à la capacité de perdre et de supporter la dette. Ces marques de considération résultent de l'«exactitude à rendre usurairement les dons acceptés et à transformer en obligés ceux qui vous ont obligé» (*ibid.,* p.200).

Ces deux notions de crédit et d'honneur, remarquions-nous, sont communes à tous les systèmes de dons. Ce qui est spécifique au potlatch kwakiutl, et qui a fasciné des générations d'anthropologues, professionnels ou amateurs, d'essayistes et d'hommes de lettres, c'est leur exacerbation, qui pousse par exemple une Ruth Benedict à stigmatiser chez le Kwakiutl «l'obsession de la richesse, le désir de supériorité, et une mégalomanie paranoïaque sans vergogne[3]».

La rivalité, en effet, tend en permanence à outrepasser toute limite. Dans certains potlatch, note Mauss, on doit dépenser tout ce que l'on a et ne rien garder; c'est à qui sera le plus riche et le plus follement dépensier (Mauss, 1966, p. 200). Et il ajoute: «Dans un certain nombre de cas, il ne s'agit même pas de donner et de rendre, mais de détruire, afin de ne pas vouloir même avoir l'air de désirer qu'on vous rende. On brûle les maisons et des milliers de couvertures; on brise les cuivres les plus chers, on les jette à l'eau, pour écraser, pour "aplatir" son rival» (*ibid.*, p. 201-202). On ne s'étonnera pas que le potlatch constitue pour Mauss l'exemple privilégié de ce qu'il appelle les prestations agonistiques.

Le don circulaire: la kula

L'autre exemple de système de don archaïque sur lequel Mauss s'attarde longuement est celui de la *kula,* pratiquée par les habitants des îles Trobriand et par leurs voisins, situés dans les Massim, au nord-ouest de la Nouvelle-Guinée. Ce système est plus pacifique, quoiqu'étayé sur les mêmes notions de crédit et d'honneur. Ici, ce ne sont pas les modalités du crédit qui revêtent une forme spectaculaire. Le terme *kula* signifie cercle, le cercle qui relie les partenaires disséminés dans un nombre considérable d'îles et de régions, formant ainsi un système international d'échange de grande ampleur, cercle d'autant plus grand qu'il entre en intersection, à sa périphérie, avec des cercles comparables[4]. La participation à la kula est la grande affaire de la vie des hommes trobriandais. C'est à travers elle que se gagnent les amis et la renommée. C'est pour elle qu'il vaut la peine de vivre et par rapport à elle que toute chose se charge de sens. S'il fallait une preuve de la supériorité, dans l'existence humaine, des motivations proprement symboliques sur les motivations exclusivement matérielles, c'est probablement en considérant l'extraordinaire pérennité de la kula qu'on en trouverait une des plus parlantes. L'échange kula semble en effet exister depuis au moins cinq siècles et, alors qu'il ne remplit aucune fonction proprement utilitaire, loin de dépérir avec l'«occidentalisation du monde» (Serge Latouche), il joue un rôle de plus en plus important dans la vie actuelle des Trobriandais et de leurs voisins (Weiner, 1989). Qu'est-ce qui attire et fascine à ce point dans la kula? Peut-être, au premier chef, au-delà de la quête de la renommée commune à tous ces types d'échanges cérémoniels, l'extraordinaire clarté avec laquelle son agencement formel même illustre les principes d'alternance et de réversibilité qui sont au cœur du jeu du don. Tous doivent jouer mais, chacun son tour, en son temps et à son heure. Exposons les choses de manière elle-même formelle et abstraite: un beau jour, un mois, une année, un certain nombre d'hommes de l'île A, sous la direction d'un entrepreneur, d'un chef d'expédition, affrètent une ou plusieurs pirogues et voguent vers l'île B. Les pirogues partent presque à vide, chargées uniquement d'objets sans importance, de verroterie ou de pacotille, qui n'auront pour fonction que de servir d'appâts, d'*opening gifts*. Les visiteurs débarqués sur l'île B, chacun retrouve ses partenaires d'échanges anciens ou se met en quête de nouveaux en faisant de petits cadeaux. Si ceux-ci sont acceptés, l'homme de B fait à celui de A un don important. Un nouveau lien est créé, un nouvel ami est fait, un nouveau chemin (*keda*) est frayé. Un chef trobriandais, note B. Malinowski (1920), est ainsi en relation avec 200 amis, 100 au nord, 100 au sud. Les amitiés nouvelles créées, les amitiés anciennes consolidées, les hommes de A quittent B, et font voile vers une île C, puis D, où se renouvelle le même processus, pour rentrer enfin en A, lourdement chargés désormais des présents précieux qu'ils ont reçus. Quelques mois ou un an après, ce sera au tour des gens de B, puis de C, etc., de monter une expédition puis de recevoir à leur tour des dons de valeur dans les mêmes conditions.

Dans le cadre de la kula certains biens utilitaires peuvent circuler, à condition qu'ils contiennent une dimension de luxe. Des relations de troc (*gimwali*) sont tolérées, comme dans le cadre du potlatch, mais, là aussi, à la marge et dans les intervalles de l'échange cérémoniel. Ce qui importe, c'est d'éviter la confusion des registres. Rien n'est plus infamant que d'être accusé de mener sa kula comme un *gimwali*. Les biens spécifiques à la kula sont les *vaygu'as,* les objets précieux, répartis en masculins ou féminins qui circulent en sens opposé selon leur sexe, et qui consistent en bracelets de coquillages. Ce sont eux, objets de tous les désirs, qui alimentent les légendes, les contes et les rêveries, eux dont on relate par le menu les circonstances de leur translation, la puissance et la gloire de leurs anciens détenteurs, eux que l'on garde jalousement, tout en sachant pourtant qu'il faudra s'en séparer pour en faire don. Leur valeur, remarquent Malinowski et Mauss, outre leur taille et la qualité des matériaux dont ils sont faits, varie essentiellement au *pro rata* du nombre des partenaires entre les mains desquelles ils ont transité et de la position sociale de ceux-ci. On ne saurait donc trouver illustration plus éloquente de la dissociation radicale qui sépare la valeur symbolique des biens de leur valeur utilitaire.

Dans ses *Jardins de corail,* Malinowski (1974), de même, décrit longuement la production des ignames et la façon dont les Trobriandais en distinguent la part la plus importante, celle qui sera destinée au seul cérémonial, et la part strictement alimentaire. Autant les ignames de la première catégorie sont exhibés, autant les ignames voués à la consommation sont transportés en cachette, presque avec honte, et la quantité qu'un homme s'en réserve reste un secret bien gardé (Breton, 1989, p.50). Dans le chapitre 6 des *Argonautes,* Malinowski tente une classification des divers types de prestations auxquelles procèdent les Trobriandais en allant de celles qui lui semblent les plus gratuites et les moins régies par la loi de l'équivalence aux plus intéressées, à celles qui sont les plus proches du simple troc et de l'échange marchand. Il distingue sept types de prestations. On notera que la kula ne vient qu'en sixième position, juste avant le troc pur et simple, le gimwali, dans le palmarès, et sur le même plan que le *wasi,* sorte de kula interne à chaque île et qui porte, lui, sur des biens alimentaires, tout en conservant les traits de l'échange cérémoniel. Ce n'est qu'avec certaines tribus, partenaires méprisés, qu'il est admis de marchander. Et en tout état de cause, le marchandage est interdit aux aristocrates.

La relation de tels assauts de générosité ne doit pas induire en erreur et faire croire en l'existence d'un monde par trop idyllique. Au bout du compte, il y a bien des gagnants et des perdants au jeu du don, et les calculs ne sont jamais absents.

Dans un article récent, Annette Weiner[5] décrit minutieusement le calcul auquel procèdent les Trobriandais pour savoir s'ils doivent, et quand, introduire dans le cercle de la kula les biens précieux familiaux, en principe inaliénables (les *kitomu*) et d'autant plus précieux — d'autant plus susceptibles de déclencher le désir et d'attirer à eux de nombreux et superbes *vaygu'as*. De même, dans un texte plus ancien, Roy Fortune (1972) relatait comment les sorciers de Dobu, les plus redoutables de tous les protagonistes de la kula, redoublaient de formules magiques pour forcer leurs partenaires à leur faire don de leurs biens les plus chers et pour s'assurer, par force magique, les conquêtes féminines les plus inespérées. En ce sens, il est vrai que le don gratuit n'existe pas (Douglas, 1990). Mais le point essentiel pour notre propos, et qu'il convient de souligner, c'est que si, là comme ailleurs, tous entrent en concurrence avec tous en vue d'obtenir les biens les plus convoités, il n'en reste pas moins que rien ne sera obtenu qui n'ait été donné. Tout au plus peut-on contraindre, par ruse, par magie ou par rhétorique, à donner. On ne peut, à proprement parler, ni extorquer par la violence brute ni tirer avantage d'un échange bilatéral rationnel. Si les hommes de la kula s'opposent individuellement entre eux, note A.Weiner, c'est en définitive «pour acquérir des partenaires déterminés ou des "amis" comme ils les appellent souvent» (Weiner, 1989, p.38). Il est donc encore plus légitime de dire de la kula ce qu'un Indien skagit disait du potlatch: «c'est comme une poignée de mains immatérielle» (Schulte-Tenckhoff, 1986, p. 264). La kula constitue la main visible du don. Elle tisse un réseau de relations entre des personnes là où la main invisible qui est supposée commander le marché régit la relation entre les choses.

À quoi la critique féministe pourrait opposer que si les hommes de la kula peuvent faire les jolis cœurs ou les belles âmes et arborer des poses avantageuses, ils le doivent au travail des femmes qui, quoique produisant des biens destinés au système cérémoniel, en sont radicalement exclues. La discussion d'une telle critique exigerait d'autant plus de temps, d'attention et d'espace qu'elle impliquerait celle de la thèse de Claude Lévi-Strauss selon laquelle les femmes, non seulement produisent les biens qui font l'objet de dons, mais constituent elles-mêmes les objets premiers du don, le don par excellence. Nous y reviendrons.

Par ailleurs, il semble qu'au sein de la seule aire de la Nouvelle-Guinée, la situation relative des hommes et des femmes soit éminemment variable. La généralisation paraît donc périlleuse, et plus encore s'il fallait l'étendre à d'autres aires géographiques.

Le point le plus complet sur cette question, à l'heure actuelle, est fait par Marilyn Strathern (1989)[6]. Cet auteur tente, tout en lui reconnaissant une certaine légitimité, de montrer que la critique féministe porte à faux parce que trop européocentriste. D'une part, montre-t-elle, il ne peut pas être question d'exploitation du travail dans une société qui ne connaît pas le travail et où les choses ne s'obtiennent que par le détour du don; d'autre part, et surtout, on ne peut parler d'exploitation du travail des femmes par les hommes parce que l'identité sexuelle n'est pas définie comme en Occident et parce que les êtres humains ne sont pas supposés avoir une identité sexuelle prédéterminée, fixe et assignée *ne varietur*[7]. Quoi qu'il en soit, dans le cas précis des îles Trobriand, Annette B. Weiner (1983) a remarquablement établi que Malinowski n'avait tout simplement pas perçu l'existence d'un système cérémoniel oblatif exclusivement contrôlé par les femmes et qui assure à celles-ci, complémentairement aux rituels kula qui structurent la vie proprement sociale et politique, le contrôle des opérations symboliques — morts, naissances — par lesquelles la société entre en contact avec l'ordre cosmique[8]; sans même parler du fait que les femmes sont les seules donatrices réelles, sinon nécessairement symboliques, des enfants. Il n'est donc pas possible d'affirmer que toujours et partout, dans l'ordre social archaïque et traditionnel, les hommes se réserveraient le monopole de la position de donateurs, reléguant les femmes au seul rôle, au mieux de récipiendaire, au pire de reproductrices spoliées[9]. L'exemple des îles Trobriand, en tout cas, atteste que l'essentiel de la lutte, non seulement entre les hommes, mais tout autant entre les hommes et les femmes, a moins pour objet l'appropriation des choses que l'appropriation du pouvoir de donner, comme l'avait déjà fortement établi Georges Bataille.

Don traditionnel et marché

Tous les écrits théoriques sur le don qui visent à une certaine généralité s'amorcent, comme ce chapitre-ci, par un rappel des études anciennes et une présentation des analyses récentes sur le potlatch et la kula. Potlatch et kula représentent, en quelque sorte, les «figures imposées» de toute «présentation» sur le don; et d'ailleurs à juste titre. Pour les figures libres, le choix est infiniment plus ouvert. Des explorations anthropologiques récentes de la Nouvelle-Guinée, notamment, livrent un riche matériau. Mais il nous paraît préférable ici d'aborder un troisième continent, l'Afrique, et de nous interroger sur la place du don au sein d'une société relativement complexe et qui, à la différence des Kwakiutl et des Trobriandais, connaît le marché depuis longtemps. L'exemple servira ainsi d'introduction à une réflexion sur les rapports du don et de la marchandise.

Prenons donc comme guide le livre de Guy Nicolas, *Don rituel et échange marchand* (1986), consacré à une étude menée entre 1950 et 1970 sur le système oblatif de la région de Maradi, dans le sud de l'État du Niger. Il s'agit selon nous du travail ethnologique le plus complet et le meilleur jamais effectué sur la question. Un modèle du genre, malheureusement méconnu.

En 1960, la région de Maradi, l'une des plus peuplées et des plus denses du Niger, compte 141 500 habitants, dont plus de 20 000 pour la seule ville de Maradi elle-même. Les sédentaires vivent dans de gros villages d'un millier d'habitants. L'activité économique se répartit entre une agriculture de subsistance, la production d'arachides pour le marché mondial et une importante production artisanale de cotonnades et d'indigo que la région exporte de très longue date. La population est composée, d'une part, de Peuls autochtones qui se consacrent principalement à l'agriculture et, d'autre part, d'une couche dominante haoussa à la fois marchande et aristocratique. Les Haoussas, constitués en États au XIᵉ siècle, sont les marchands de l'Afrique centrale, où l'on en comptait 25 millions en 1960. Ce sont eux qui, à Maradi, donnent le ton et imposent l'ethos dominant. Clairement marchand. Tout le monde commerce et fait commerce de tout. Chacun est à la tête d'une petite entreprise personnelle, produit et vend des tissus, du cuir, du mobilier, des couvertures, etc. L'unité sociale de base est la famille polygame (*gida*), concurrencée en importance par le village (*gari*), qui l'emporte désormais par son poids symbolique sur le clan. Dans cette société qui connaît depuis longtemps une petite propriété individuelle héréditaire, chacun jouit d'une grande autonomie individuelle, mais dont l'exercice consiste à choisir entre de multiples appartenances. Le système religieux est fort complexe puisqu'il consiste en une superposition de religions agraires polythéistes, d'un culte de la cité, également polythéiste, d'origine haoussa, et d'un islam omniprésent, quoique de façon superficielle. Le pouvoir appartient, traditionnellement, à l'aristocratie haoussa. La région de Maradi est divisée en deux provinces, elles-mêmes divisées en cantons, dont les chefs portent le titre royal de *farki*. Chaque village, enfin, est commandé par un chef qui n'est qu'un *primus inter pares* choisi parmi les chefs d'enclos, souvent dans la famille des fondateurs du village.

L'intérêt particulier du livre de Guy Nicolas vient de ce qu'il procède à une analyse de l'ensemble des systèmes oblatifs qui structurent la vie à Maradi et lui donnent son sens et sa couleur particulière. Par son souci d'exhaustivité, il atteste l'omniprésence du don au sein d'une société qui, d'un autre point de vue, pourrait passer pour — et est effectivement — une société marchande. Le don rituel est pratiqué dans quatre domaines signifiants de l'existence sociale: les grandes étapes de la vie; la vie religieuse; les fêtes de la jeunesse et les joutes; les pratiques de pouvoir.

Il ne peut être question de reproduire ici le détail de l'étude de Guy Nicolas, mais simplement d'en donner une idée. Les grandes étapes de la vie d'un habitant de Maradi sont la dation du nom, la circoncision, le mariage et les funérailles. Dans ce registre, nous ne parlerons ici, succinctement, que des mariages; juste assez pour en suggérer la complexité, qui témoigne assez que la dot versée par le fiancé au père de la mariée (*bridewealth*) ne peut être assimilée au prix payé pour l'achat d'une marchandise. À Maradi, en l'occurrence, cette prestation matrimoniale (*sadaki*) est relativement modeste en comparaison avec les montants qu'elle atteint dans nombre d'autres sociétés africaines. Le processus de mariage comporte trois étapes: les fiançailles, le mariage proprement dit, et l'amenée de l'épouse au domicile du mari. Il est impossible de décrire ici les rituels complexes qui se déroulent à chacune de ces étapes. Nous nous bornerons à indiquer les noms, pittoresques, des divers dons qui sont effectués à ces occasions. La période des fiançailles débute par un premier don, dit «argent pour voir le lignage» (de la future fiancée), sorte d'*opening gift*. Lui répond un «don de la potestas», versé par les parents de la future épouse. Don remercié par un travail effectué sur le champ du beau-père, dit «partie de culture réciproque en remerciement». Suivent de multiples dons, entrecroisés, d'animaux, de sel, de noix de coco, de noix de bétel, etc. Lors des cérémonies du mariage proprement dit, outre le versement du sadaki, sont effectués un «don d'argent du vol», qui évoque le mariage par rapt, un «don qui tue la marraine», un «don d'argent de la balançoire» et, donnée par le mari, une corbeille de mariage, très importante, dont la composition a été minutieusement arrêtée à l'avance. Au moment de la venue de l'épouse dans l'enclos du mari, quelques jours plus tard, est versé à ses accompagnatrices «l'argent de l'amenée de l'épouse», auquel s'ajoute, pour désamorcer le mépris qu'elles affectent envers l'enclos du mari, «l'argent du nous-méprisons»; suivent le versement de l'«argent du rassemblement» et celui de «l'argent de l'esclave», destiné à racheter d'un esclavage ludique la sœur cadette de la mariée. La mère du mari offre un «don de remerciement» aux parents de l'épouse. Le mari, pour sa part, doit faire à sa femme un nouveau cadeau pour qu'elle accepte de lui parler et de se rapprocher de lui. Les jours qui suivent sont l'occasion de multiples autres dons.

Si l'on se rappelle que les habitants de Maradi sont polygames et que le but de tout homme est d'avoir le plus d'épouses possible, on conçoit que les seules cérémonies du mariage suffisent à meubler l'existence et à placer celle-ci massivement sous le signe du don. D'autant plus que, avant même d'en arriver aux fiançailles, l'homme a dû faire sa cour et que celle-ci implique de multiples autres dons. À cette occasion, comme à celle du mariage, l'autonomie des femmes se manifeste de manière spectaculaire. Lors du mariage, la famille de l'épousée, en effet, verse un don de compensation, appelé *hé* («augmentation»); jadis modeste, le hé tend aujourd'hui à l'emporter en importance sur les dons effectués par le parti de l'époux, contre l'avis du père de l'épouse, et plus encore contre celui du gouvernement, mais à l'instigation de l'épouse et de sa mère. Le nom même de cette pratique («augmentation») rappelle le mécanisme du potlatch. Et, de fait, la logique de la rivalité oblative imprègne toute la vie à Maradi, d'autant plus que les griots, omniprésents, et qui vivent des retombées de l'oblativité générale, louent, à toute occasion importante, la générosité des grands donateurs, ou stigmatisent la mesquinerie de ceux qui ne donnent pas assez.

À travers le hé, mère et fille rivalisent pour écraser leurs rivales. Dès son plus jeune âge, et parfois même en cachette de sa mère, la jeune femme s'attache à constituer son hé, en s'adonnant à toutes les activités susceptibles de rapporter des ressources financières. La principale consiste à mettre en concurrence plusieurs prétendants en faisant monter les enchères pour, généralement, choisir le plus offrant. Les concurrents éconduits peuvent éventuellement demander un dédommagement à l'élu. Mais, en tout état de cause, les «dons de quête de femme» coûtent cher. Selon un calcul de Guy Nicolas, ils représentent 72 % de l'ensemble des dépenses afférentes à un mariage. Pour engager moins de frais, les jeunes gens ne peuvent, le plus souvent, prétendre qu'à des veuves, qui peuvent même contribuer à compléter un capital initial trop maigre, grâce aux hés qu'elles versent.

On voudrait ici ne serait-ce qu'évoquer les mille et une autres occasions de don décrites par Guy Nicolas: les dons aux danseuses expertes des esprits du culte vaudou, véritables demi-mondaines sacrées ou petits rats, non pas de l'opéra mais du vaudou; le don d'épouses aux religieux austères, le *dubu,* potlatch à travers lequel les jeunes gens rivalisent pour accéder au titre de maître de culture en surmontant l'envie, la haine et la sorcellerie de leurs rivaux; ou encore le «dubu des femmes» (*kan kwarya*), ouvert à toutes les femmes qui en manifestent le désir, par lequel celles-ci tentent d'accéder à un titre de cheftaine (*tambara*) en lançant un défi de richesse à toutes les autres femmes. La capacité de lancer un tel défi, dûment commenté par les griots, suppose, note G. Nicolas, «des vertus d'ascétisme, d'énergie au travail, de prévoyance, qui ne sont pas à la portée de quiconque» (1986, p. 90). Comme celle des guerriers sauvages, analysée par Pierre Clastres, la carrière de tambara n'est jamais achevée. D'autres occasions s'ouvrent à la nouvelle tambara de se contraindre elle-même à être toujours plus généreuse. Signalons seulement, pour en terminer avec Maradi, que ceux qui ne savent pas être spontanément généreux se placent sous la menace permanente d'un *gukun,* c'est-à-dire d'un don en travail effectué clandestinement, la nuit, par les jeunes du village, qui les forcera à un contre-don particulièrement dispendieux sous peine de perdre définitivement la face.

Du point de vue de la sociologie, il y a quelque inconvénient à trop centrer les discussions sur les seuls exemples classiques du potlatch ou de la kula: ne renvoient-ils pas à un état de l'humanité dépassé depuis longtemps, et qui ne nous concernerait plus guère? De fait, l'analyse en est abandonnée aux anthropologues. Indubitablement, la société de Maradi nous est moins étrangère. Au minimum, elle relève d'un passé moins éloigné de nous. Son étude par Guy Nicolas permet, croyons-nous, de tirer quelques conclusions d'étape immédiates.

Elle montre que la dichotomie pertinente n'est pas celle qui opposerait le calcul à l'absence de calcul, l'intérêt au désintéressement. Le calcul était déjà présent, à l'évidence, dans le cas du potlatch et de la kula. À Maradi, tout le monde calcule, achète et vend. Mais ce qui ressort de façon tout aussi claire, c'est que le but ultime du procès d'ensemble, le moment de la consommation finale, c'est de se retrouver en position de donateur. Comme le note G. Nicolas à juste titre, l'investissement dans le don et l'investissement dans la marchandise vont de pair et s'alimentent l'un l'autre. Le second semble néanmoins dominé hiérarchiquement par le premier, qui lui «donne» son sens final. «L'ordre oblatif impose au marchand de se soumettre à sa loi et au donateur de participer au marché pour se procurer ces biens-là.» (1986, p.178.) Le marché, tout en étant omniprésent, tend donc à être instrumental par rapport au don. On sait que Marx opposait la formule de la «petite production marchande simple» au cas du capitalisme, en affirmant que dans la première c'était la marchandise, considérée d'abord sous sa dimension de valeur d'usage, qui constituait à la fois le point de départ et le but du processus là où, dans le capitalisme, l'argent devient précondition et terme du processus d'ensemble. Il résumait cette opposition par les deux formules opposées: M-A-M, d'une part, et A-M-A d'autre part (M=marchandise et A=argent). Si on pose D=don, il est possible d'écrire, pour caractériser une société traditionnelle encore régie par le don malgré la place importante qu'y occupe la marchandise: D-M-A-M-D. La même chose peut se dire d'une autre façon. La consommation des biens à Maradi est d'abord une consommation publique, ou mieux, faite en public et pour le public, plus qu'une consommation strictement privée. Ce qui amène à poser, dans le sillage de Mary Douglas et Baron Isherwood (1979), que la consommation est d'abord un travail rituel. Ou encore, autre formulation équivalente, semble-t-il, à Maradi, la logique de la valeur des choses reste encore subordonnée à celle de la valeur des personnes.

Avant de se demander comment le don archaïque se compare au don moderne décrit dans la première partie, il importe de poursuivre la présentation du don archaïque en complétant ces études de cas par une réflexion sur un problème aussi classique que peuvent l'être le potlatch et la kula: le rôle de la monnaie dans ces sociétés.

De la nature de la monnaie sauvage

Hegel disait de la monnaie qu'«elle est de la liberté frappée». Il écrivait également que «la logique constitue l'argent de l'esprit». Il serait possible de multiplier les métaphores en ce sens[11]. Toutes montreraient à quel point la monnaie est consubstantielle à la modernité. De celle-ci, l'argent est à la fois la quintessence et la condition première de possibilité[11]. Aussi, pour qui s'interroge sur les ressemblances et les dissemblances entre les sociétés archaïques et les sociétés modernes, n'est-il sans doute pas de sujet de réflexion plus central et névralgique que celui qu'ouvre l'interrogation sur la nature de la monnaie archaïque. Sans désir d'argent, il n'est pas de système économique moderne, pas de système de marché concevable. Sans désir pour les biens précieux archaïques que M. Mauss proposait de considérer comme des formes de monnaie, sans désirs croisés et spéculaires pour les vaygu'as, les *taonga* ou les cuivres blasonnés des Kwakiutl, il n'est pas de kula ou de potlatch possibles. Les désirs qui se manifestent dans les deux cas, le moderne et l'archaïque, sont-ils comparables? Et les objets sur lesquels ils portent sont-ils de même nature? Ou encore, les biens de valeur archaïque sont-ils les ancêtres directs de la monnaie moderne, aisément subsumables sous le concept générique de monnaie, ou bien appartiennent-ils à une autre espèce, aussi différente au moins de la monnaie des économistes que l'homme de Néandertal de l'*Homo sapiens*?

À cette question du degré d'identité de la monnaie archaïque et de la monnaie moderne, l'auteur qui est probablement le meilleur spécialiste français, Jean-Michel Servet (1982), répond de façon mitigée et prudente. Il nomme «paléomonnaies» les monnaies archaïques, pour désigner à la fois le fait que très souvent les biens ayant joué le rôle de monnaie archaïque se chargèrent ensuite des fonctions monétaires modernes et, par ailleurs, pour insister sur la mutation que ces biens connurent alors. Pour notre part, c'est la thèse de la discontinuité qui nous semble devoir être affirmée. Certes, aucune société connue, apparemment, n'ignore l'usage d'objets précieux dénombrables[12]. Il est donc tentant de voir là le signe d'une nécessité universelle de mesurer la valeur des biens. Il suffirait de faire un pas de plus pour accréditer l'évolutionnisme économiciste dominant, celui qui ne veut voir dans le don et l'échange cérémoniel qu'une sorte de luxe exotique, hypocrite, mince pellicule posée à la surface d'un réalisme économique toujours présent, qui se manifesterait dans l'éternité du troc, de l'échange donnant-donnant, vite rationalisé et développé grâce à l'apparition de la monnaie, cet intermédiaire des échanges qui permet de les multiplier.

Or, cette grille de lecture économiciste n'est pas tenable. De même que, nous l'avons vu, le troc et même le marché ne sont pas ignorés dans la société archaïque, mais tenus étroitement en lisière, de même y ont cours des sortes de monnaies, mais qui servent à tout autre chose que la monnaie d'aujourd'hui. Celle-ci, à en croire les économistes, remplit au moins trois fonctions: elle mesure la valeur des biens, elle permet leur circulation, elle sert, enfin, à payer et à acquitter des dettes «matérielles». Les monnaies primitives contribuaient déjà, à leur façon, à l'accomplissement de ces trois fonctions; mais, comme le notait Karl Polanyi (1983, 1975, 1971), aucune monnaie archaïque ne les remplissait simultanément. Plus généralement, selon lui, ces monnaies étaient toujours spécifiques (servant à un seul usage: *one purpose*), là où la monnaie moderne est en quelque sorte «tous usages» («multipurpose»). Le système monétaire de l'île Russell, par exemple, connaît deux sphères monétaires, celle du système Ndap et celle du système Nko. Ne parlons ici, brièvement, que de la première. Le système Ndap est divisé en vingt-deux classes de monnaies de coquillages. Un bien déterminé ne peut être obtenu qu'en échange d'une coquille Ndap d'un rang déterminé, dont d'ailleurs l'acquéreur virtuel, très généralement, ne dispose pas. Ce seul exemple suffit à faire prendre conscience du fait capital que les «monnaies» archaïques ne forment pas un ensemble homogène, doté des propriétés d'additivité et de substituabilité. Aucune pièce de monnaie n'est immédiatement substituable à une autre selon des rapports numériques simples. Les habitants des îles Pallau (dans les Carolines) ont parfois été perçus comme des capitalistes financiers avant la lettre. Ils se passionnent en effet pour leurs «monnaies». Or, celles-ci sont réparties en neuf genres fondamentaux et en deux cent quatre-vingt-deux types différents. Les plus experts de ces «banquiers» primitifs connaissent les noms de trois mille pièces différentes, ainsi que ceux de leurs détenteurs présents et passés, l'histoire des trajets complexes qu'elles ont accompli. Ce qui permettrait selon Mauss de parler de monnaie à propos de ce type de biens précieux, c'est le caractère général de leur circulation. Or, celle-ci est en fait strictement limitée. Il semble en effet qu'il soit possible de généraliser l'observation menée en détail par F. Bohannan sur les Tiv du Nigeria, qui montre l'existence de trois types de biens appartenant à trois sphères de circulation différentes et en principe interdites de communication: la sphère des biens de subsistance, celle des biens de luxe et celle des biens de prestige[13]. Aucun moyen n'existe, aucune monnaie générale notamment, qui permettrait de convertir, au moins officiellement, des biens de subsistance en bétail, en femmes ou en enfants. La généralité de la circulation est donc fort relative, la monnaie primitive ne circule qu'en permutation avec un nombre de biens très restreint et qu'entre un certain nombre de partenaires déterminés. Elle ne peut pas suivre n'importe quel chemin.

Par ailleurs, et ceci aurait dû le conduire à renoncer à sa thèse du caractère monétaire de la monnaie sauvage, M. Mauss remarquait lui-même que la valeur des «pièces» de monnaie n'est jamais fixe; elle varie en fonction du nombre des détenteurs qu'elles ont connus, de leur prestige, ainsi que des circonstances qui ont présidé aux transactions auxquelles elles ont servi. Plus généralement, pour un même bien, les prix primitifs varient selon la valeur sociale des échangistes. Aux habitants de telle île, on donnera un poisson contre un taro ou un igname; à ceux d'une autre, par exemple dix poissons. L'exigence d'égalité, de réciprocité arithmétique n'est manifestement pas au premier plan des préoccupations. En Nouvelle-Guinée, les Baruya donnent, sous forme de barres de sel, une journée de travail à leurs voisins Yaoundanyi qui leur en rendent deux et demie sous forme de capes d'écorce. La chose est connue de tous et considérée comme normale en raison de la supériorité magique des Baruya sur les Yaoundanyi (voir Godelier, 1973).

Toutes ces remarques nous acheminent vers une conclusion simple: la monnaie primitive ne mesure pas d'abord la valeur des choses mais celle des personnes[14]. Si elle mesure la valeur des choses, c'est uniquement de façon indirecte, par réfraction de la valeur des personnes. Aussi bien la monnaie archaïque ne permet-elle pas d'acheter quoi que ce soit. Et comment pourrait-on d'ailleurs *acheter* puisqu'il n'est pas possible de rien obtenir qui ne soit *donné,* en dehors de trocs résiduels qui ne passent pas par la monnaie? La monnaie archaïque ne sert pas à acheter mais à payer, et pas principalement le prix des choses mais celui des personnes, le prix de la mariée ou celui du sang. Elle n'est pas au cœur d'un système économique inexistant, mais au centre du système matrimonial et du système vindicatoire (Coppet, 1970). La monnaie moderne ne naîtra qu'à partir du moment où la valeur des choses s'autonomisera par rapport à celle des personnes. Que du jour où les tyrans grecs, portés au pouvoir par les premiers échecs de la démocratie, feront fondre les biens précieux appartenant aux familles aristocratiques pour en faire des pièces estampillées dont la valeur, garantie par la cité, sera devenue indépendante de celle de leurs anciens détenteurs. Avant de représenter de la liberté frappée, la monnaie moderne est donc d'abord de l'égalité frappée[15] relevant du principe étatique. Elle garantit qu'en principe un vaut un et que tous ont droit à un égal accès aux biens, quelle que soit leur valeur sociale, quitte à multiplier les inégalités concrètes à partir de ce principe d'égalité abstraite que cristallise l'invention de la monnaie. La société archaïque, au contraire, postule que les personnes et les choses ont *a priori* des valeurs différentes, à charge pour le don de produire une certaine redistribution et une certaine mise à parité à partir de ce postulat que chacun est unique.

La signification de la monnaie archaïque ne se lit donc pas dans le rapport qu'elle entretient aux choses mais dans celui, infiniment plus complexe et général, qu'elle noue avec les personnes vivantes, mortes ou à renaître, avec les animaux et avec le cosmos. Elle n'est rien d'autre que la vie elle-même. «Elles sont, nous dit Jean-Michel Servet des paléomonnaies, le lieu du discours et du toucher [...] Elles suivent le verbe, les femmes, les enfants, d'autres richesses données et reçues. Leur seule rétention serait non seulement une absurdité mais aussi dangereuse. En canaque, les termes traduits par "vie" et "dette" sont désignés par un même mot. Celui qui doit a seulement abandonné une parcelle de son énergie chez son créancier; il retrouvera celle-ci lorsqu'il apportera ce qu'il devait; quand le créancier meurt, le débiteur remet une dette pour ne pas laisser sa vie entre les mains d'un mort. Les paléomonnaies canaques sont le souffle des enfants, les enfants d'un clan; en parcourant les canaux de la parenté, les paléomonnaies suivent le flux vital. Totem et parenté sont indispensables pour obtenir des paléomonnaies et, réciproquement, sans les "mié", les groupes, les clans, ne peuvent pas entrer en relation avec d'autres personnes et n'ont pas d'existence sociale [...] On les voit circuler comme compensation matrimoniale ou pour meurtre et offense, comme capacité de conclure une alliance politique entre groupes, comme objet exclusif du sacrifice [...] Ce sont des moyens d'échange social.» (Servet, 1982, p. 196-197 et 207.)

Dans une société sans écriture, la monnaie constitue le répertoire privilégié qui sert de support à la mémoire collective. Parce que chaque pièce est unique, intrinsèquement insubstituable aux autres, elle rappelle à tout instant, par sa seule présence, son origine et le parcours qu'elle a effectué. Elle rend donc immédiatement visible la série totale des dettes et des obligations entrecroisées que tous ont envers tous. Ainsi Ann Salmond pouvait-elle écrire à propos de certains taonga maoris en néphrite, particulièrement précieux et en principe inaliénables: «Chaque trésor taonga était un point fixe dans le réseau tribal des noms, des histoires et des relations. Ils appartenaient à des ancêtres particuliers, descendaient de filiations particulières, possédaient leur propre histoire et étaient échangés lors de certaines occasions mémorables. Les taonga capturaient l'histoire et la montraient aux vivants en se faisant l'écho des modèles du passé, de la première création jusqu'au temps présent» (cité par Weiner, 1988, p. 147).

Mais c'est peut-être chez les Maenge de Nouvelle-Bretagne, dont les paléomonnaies s'appellent des pages, que se lit le mieux l'équation primordiale: un page = une vie (Panoff, 1980).

Équation dont il semble maintenant possible de déployer tous les termes. La monnaie archaïque n'est rien d'autre que la vie, qui n'est rien d'autre que le souffle vital, la force qui fait croître, qui n'est elle-même rien d'autre que le nom et que le don, qui n'est lui-même rien d'autre que la dette. La monnaie archaïque représente la cristallisation des personnes dans des sociétés qui ne connaissent pas les individus mais où n'existent que des personnes. Gardons cette équation présente à l'esprit pour tenter une interprétation du don archaïque.

Les interprétations classiques du don archaïque

Pourquoi et pour quoi donne-t-on? Pourquoi faut-il accepter les dons, les cadeaux? Pourquoi ne peut-on pas ne pas les rendre? Telles sont, on s'en souvient, les trois questions par lesquelles débute l'*Essai sur le don,* de Marcel Mauss. À ces questions, l'*Essai sur le don* propose ou suggère, mi-explicitement mi-implicitement, trois types de réponses qu'on retrouve peu ou prou dans ce qu'il est possible de qualifier d'interprétations classiques du don: l'interprétation économique, l'interprétation «indigène» et l'interprétation structuraliste-échangiste. La première et la troisième présentent l'inconvénient, en tentant de rapporter le don à une vérité qui lui serait extérieure, de le dissoudre. La seconde, celle qui séduisait le plus Marcel Mauss lui-même, de rester énigmatique et incomplète. Une perspective rapide sur ces trois grands types d'interprétations va nous permettre de camper le paysage au sein duquel se déroule l'essentiel du débat théorique, avant d'esquisser notre propre formulation.

L'interprétation économique

L'interprétation économique du don est celle qui vient le plus spontanément à l'esprit moderne. Il n'est donc pas surprenant qu'elle soit la plus représentée, et de loin, parmi les théories du don. C'est à elle que M. Mauss réfère au début de son Essai: «... le caractère [...] apparemment libre et gratuit, et cependant contraint et intéressé de ces prestations. Elles ont revêtu presque toujours la forme [...] du cadeau offert généreusement même quand [...] il n'y a que fiction, formalisme et mensonge social, et quand il y a, au fond, obligation et intérêt économique.» (1966,

p. 147). «De même, ajoute-t-il, le marché est un phénomène qui selon nous n'est étranger à aucune société» (*ibid.*, p. 272). Ces déclarations semblent entrer en contradiction avec les autres explications que propose Mauss par ailleurs, et avec son constat que «l'homo œconomicus n'est pas derrière nous, il est devant nous [...] L'homme a été très longtemps autre chose, et il n'y a pas bien longtemps qu'il est une machine, compliqué d'une machine à calculer» (*ibid.*, p. 272). C'est une contradiction du même ordre qui anime toute l'anthropologie culturaliste américaine, comme le montre parfaitement Isabelle Schulte-Tenckhoff (1986). D'une part, en effet, le culturalisme met systématiquement l'accent sur l'inépuisable et irrésistible diversité des cultures humaines, tout entières organisées autour de valeurs en elles-mêmes supposées arbitraires. D'autre part, par delà l'affirmation de cette diversité, il croit pouvoir retrouver systématiquement l'efficace universel des motivations strictement économiques. C'est ainsi que F. Boas, qui est à la fois le découvreur du potlatch et le fondateur de l'anthropologie culturelle, écrit ceci: «Les Indiens considèrent le potlatch comme un moyen d'assurer le bien-être de leurs enfants au cas où ceux-ci se trouveraient orphelins dans leur jeune âge. C'est, pour employer un terme à nous, leur assurance-vie[1].» De même, mettant l'accent sur les «taux usuraires» pratiqués dans le potlatch, il affirme que le principe fondamental de ce dernier est «d'investir des richesses rapportant des intérêts[2]». De même encore, Paul Radin qualifie les Indiens de la côte nord-ouest de «capitalistes du Nord» et décrit le potlatch comme «une véritable vente aux enchères de noms, de privilèges et de biens[3]». Plus tard, deux des plus grands représentants du courant dit «formaliste» en anthropologie économique, Raymond Firth (1972) et Melville Herskovits (1965), s'accorderont sur l'idée qui a fait et fait encore office de banalité de base dans la littérature savante, à savoir que les pratiques oblatives correspondent à «un investissement matériel en vue d'un profit social».

À suivre ce type d'explication, on en vient à se demander si Mauss n'a pas eu la berlue et si quelque chose qui ressemble à des pratiques de don a jamais existé. Dans le cas du potlatch, le doute est d'autant plus tentant que, nous l'avons vu, la caractérisation du potlatch est elle-même incertaine. Tous les spécialistes s'accordent maintenant pour estimer qu'une partie de son caractère exacerbé tient à la situation particulière dans laquelle se trouvait la société kwakiutl à la fin du XIXᵉ siècle. Sa richesse exceptionnelle s'expliquait en partie par l'ancienneté de ses relations commerciales, fructueuses en l'occurrence, avec les Blancs. Par ailleurs, vers 1890, la population kwakiutl avait considérablement chuté alors que le nombre de postes honorifiques était resté stable (600), si bien qu'en l'absence fréquente d'héritiers légitimes et évidents, la concurrence pouvait s'ouvrir entre parents éloignés et aussi peu légitimes *a priori* les uns que les autres. Peter Drucker (1967), qui fait autorité en la matière, proposait donc de distinguer entre le potlatch ordinaire, conforme à l'institution originelle, et le potlatch de rivalité, correspondant, pensait-il, à un état pathologique. Le mot potlatch, observe-t-il, ne signifie rien d'autre que «donner». Le potlatch ordinaire impliquait simplement une fête donnée à l'occasion d'un événement important, destiné à symboliser et à rendre publique une modification de droits. Il n'aurait rien eu à voir ni avec les «taux usuraires» ni avec la rivalité. C'était aller un peu vite en besogne, puisque, nous l'avons vu, l'élément de rivalité n'est jamais absent du système de don archaïque.

Quoi qu'il en soit, ce distinguo ouvrait la voie aux interprétations économiques qu'on pourrait qualifier de dures, en permettant de renvoyer au registre de l'anomalie toutes les dimensions d'étrangeté du potlatch, pour ne plus s'attacher qu'à ses fonctions économiques. Aux confins de l'écologie culturelle inspirée par Julian Steward et du matérialisme culturel représenté par un Melvin Harris, de nombreux auteurs mettent en avant les fonctions proprement utilitaires du potlatch. Dans ce cas comme dans d'autres, l'essentiel serait de maximiser l'énergie ou les calories produites ou distribuées. Stuart Piddocke (1965) voit dans le potlatch une sorte de caisse de compensation entre tribus temporairement déficitaires et tribus temporairement bénéficiaires. De même, Melvin Harris, le fougueux défenseur d'un matérialisme radical de style très XVIIIᵉ siècle, estime que la

vraie raison d'être du potlatch résiderait dans le fait qu'il organise «le transfert de nourriture et de richesse des centres à haute
productivité aux centres moins fortunés, chez des peuples qui ne
possèdent pas encore une véritable classe dirigeante». Et il
ajoute, plus généralement et contre les interprétations qui avaient
eu la faveur des culturalistes: «Le système économique des
Kwakiutl n'était pas au service des rivalités de statuts; au
contraire, ces dernières étaient au service du système économique[4]».

En France, l'anthropologie économique marxiste, si puis-
sante dans les années 1970 avec les Maurice Godelier, Claude
Meillassoux, Emmanuel Terray et Pierre-Philippe Rey, notamment, s'est essayée à un matérialisme plus sophistiqué. Mais du
même coup assez ambigu et indéterminé, puisqu'elle n'est
jamais parvenue à préciser si l'économique dont elle postulait le
caractère «déterminant en dernière instance» était à comprendre
plutôt dans la dimension des forces productives et du «procès de
production», ce qui aurait menacé de la faire basculer du côté du
matérialisme vulgaire, ou bien si l'essentiel était à rechercher du
côté des «rapports de production», au risque qu'on ne distingue
plus très bien ceux-ci des rapports sociaux ou politiques ou des
rapports de parenté. Pour l'essentiel, elle s'est employée à
rabattre le mode d'échange sur le mode de production, ce qui
aboutissait à projeter aussitôt le don du côté de la superstructure
ou de l'idéologie. Or, que le don puisse être manipulé, plus ou
moins consciemment, et servir à masquer ou à euphémiser les
rapports de domination et d'exploitation, voilà qui est peu
douteux. Resterait cependant à démontrer qu'il est intégralement
réductible à ses utilisations idéologiques. C'est l'absence d'une
telle démonstration qui nous semble rendre fautive ce qui est
sans doute la plus grandiose tentative de bâtir une théorie
sociologique générale sur la base d'une interprétation économique du don: la sociologie, ou plutôt *L'économie générale de
la pratique,* de Pierre Bourdieu (1972)[5]. Celle-ci a le mérite de
représenter, au sein du champ de la pensée influencée par Marx,
l'élaboration théorique qui sous-estime le moins le poids des
motivations proprement symboliques dans la conduite humaine.

Les *Études d'ethnologie kabyle* de Bourdieu (1972) constituent de remarquables contributions à l'étude de la logique de l'honneur. Néanmoins, Bourdieu semble croire impossible d'en rendre compte, toujours en dernière instance, sauf à postuler que la dialectique des capitaux — symboliques, culturels, sociaux, etc. — qu'il étudie si finement se réduit au bout du compte aux nécessités inhérentes à l'accumulation du capital économique. C'est que, explique-t-il, «l'économique en soi», autrement dit l'intérêt matériel objectif, est toujours présent. Ce qui caractériserait les sociétés archaïques traditionnelles, ce serait l'absence d'un «économique pour soi», la faible conscience ou la dissimulation de l'intérêt matériel. Par où on rejoint l'idée que le don ne constituerait que «formalisme et mensonge social» (Mauss, 1966, p. 147).

Il serait dérisoire d'amorcer ici, en quelques lignes, une réfutation de ces lectures économiques du don. Si le présent livre convainc au moins partiellement le lecteur, ce but sera atteint de lui-même. Qu'il suffise de rappeler que les sociétés archaïques ne vivent pas dans l'obsession de la rareté matérielle (Sahlins, 1976, et Caillé, 1984), et que l'accumulation matérielle n'est pas leur souci primordial. Et d'ailleurs, l'obligation de donner est directement contradictoire avec les exigences de l'accumulation. Les interprétations économiques du don reposent nécessairement sur le postulat de l'inconscience ou de l'hyprocrisie des sauvages. Or, on se rappelle que le troc n'est nullement ignoré ni des Kwakiutl ni des Trobriandais, et que la société africaine étudiée par Nicolas est carrément une société de marchands. On ne saurait donc leur imputer l'inconscience de l'«économique en soi». Mieux vaudrait dire que celui-ci est contenu, qu'est empêchée délibérément l'autonomisation de l'ordre de la marchandise par rapport à son contexte social d'ensemble; que la société archaïque est «contre l'économie et le marché», comme, à en croire Pierre Clastres, elle est «contre l'État». Quant à l'hypocrisie, il est toujours loisible d'en taxer tout individu ou toute société. Mais si l'on s'accorde à reconnaître l'omniprésence de l'«idéologie du don» dans les sociétés archaïques, l'accusation d'hypocrisie devient faible. Si toutes ces sociétés et si tous les membres de ces sociétés en sont victimes, qui ne l'est pas? Admettons même que jusqu'à l'avènement du capitalisme — puisque c'est de cela qu'il s'agit — tous les groupes humains aient vécu dans l'hypocrisie la plus totale. Resterait à expliquer ce choix, les avantages qu'ils y ont trouvés.

L'interprétation «indigène»

Aussi bien, malgré les citations que nous avons rappelées et qui pourraient donner à croire le contraire, l'interprétation économique du don n'est pas celle qui recueille les faveurs véritables de Mauss. Il ne semble lui accorder passagèrement du crédit que pour se prémunir contre les risques d'idéalisme, et pour ne pas sombrer dans une idéologie du désintéressement qui ne serait que l'image renversée de l'utilitarisme économiciste qu'il combat. Des trois obligations par lui distinguées, c'est, de toute évidence, celle de rendre qui lui semble la plus mystérieuse et intrigante. Et, de fait, la question se pose de savoir comment une société primitive s'y prend pour faire en sorte que soient respectés des contrats purement tacites et implicites et pour que ceux-ci soient honorés, alors que n'existent ni textes écrits, ni huissiers, ni agents de la force publique. On sait que M. Mauss croit trouver l'essentiel de la réponse à ce problème dans les propos d'un sage maori du nom de Ranapiri, tenus à un missionnaire ethnologue, Elsdon Best: à supposer que Best fasse don à Ranapiri d'un bien précieux (un taonga) et que Ranapiri, à son tour, en fasse don à un tiers, alors, si ce tiers donne un autre taonga à Ranapiri, il faut absolument que Ranapiri offre ce nouveau taonga à Best car il est l'esprit — le hau — du don de Best. «Si je conservais ce deuxième taonga pour moi, il pourrait m'en venir du mal, sérieusement, même la mort. Tel est le hau de la propriété personnelle» (Mauss, 1966, p. 159). Dès lors, estime M. Mauss, les choses deviennent lumineuses. Ce qui oblige à rendre, c'est «l'esprit de la chose donnée», l'équivalent du mana qui habite les biens personnels. Toutes les choses ne sont pas ainsi investies par les forces spirituelles. Seules le sont celles qui appartiennent à un clan, à un lignage, à des personnes.

Or, ce sont justement celles-là qui échappent au domaine de l'utilitaire et servent de supports au don. Ce sont elles qui sont aliénées justement parce qu'elles sont en principe inaliénables (Weiner, 1985). Ces biens ne cessent jamais d'appartenir à leurs détenteurs initiaux. D'où il suit, conclut Mauss, que «présenter quelque chose à quelqu'un, c'est présenter quelque chose de soi». «On comprend donc clairement et logiquement, ajoute-t-il, dans ce système d'idées, qu'il faille rendre à autrui ce qui est en réalité parcelle de sa nature et substance» (Mauss, 1966, p.160). À dire vrai, Mauss nous semble formuler effectivement ainsi, en quelques mots, l'essentiel de ce qu'il y a dire sur le don! Nous pourrions donc en rester là, n'était le fait que sa théorie a été constamment rejetée et stigmatisée. Peut-être, comme le note A.Weiner, parce que les commentateurs n'ont pas suffisamment pris garde à la notion de biens inaliénables, et à la dialectique de l'inaliénabilité et de l'aliénabilité à laquelle sont soumis les biens personnels. Il faut donc poursuivre le débat théorique. Nous n'entrerons pas dans l'énorme littérature savante consacrée à l'exégèse de la seule notion de hau, tout en nous réservant d'en dire un mot ultérieurement. Par contre, il faut maintenant aborder de front le débat soulevé par Claude Lévi-Strauss, qui fonde son projet d'anthropologie structuraliste à la fois en revendiquant l'héritage de Marcel Mauss et en rejetant son interprétation indigène du don.

L'interprétation échangiste-structuraliste

Dans son introduction au recueil de textes de Marcel Mauss publié sous le titre *Sociologie et Anthropologie,* où figure l'*Essai sur le don,* C. Lévi-Strauss, on le sait, reproche à Mauss, comme beaucoup d'autres auteurs[6], de s'être laissé abuser par un juriste maori et d'avoir accepté sans autre forme de procès une explication animiste du don susceptible de satisfaire les esprits primitifs croyant à la réalité des forces spirituelles, mais inacceptable par la science. De surcroît, ajoute-t-il, Mauss se serait trompé en distinguant trois obligations: donner, recevoir, rendre là où il n'en existe qu'une seule, celle d'échanger. Donner, recevoir, rendre, ne sont que trois moments d'une seule et même réalité: l'échange. On sait que dans *Les Structures élémentaires de la parenté*, C. Lévi-Strauss expliquait que l'échange est d'abord l'échange des femmes[7], et que celui-ci n'est que l'autre face, consubstantielle, de l'universelle prohibition de l'inceste. Celle-ci, interdisant de prendre femme «entre soi», contraint à aller chercher ailleurs et, du coup, à nouer des relations d'alliance avec des étrangers ainsi transformés, de façon toujours plus ou moins précaire, en parents. La théorie lévi-straussienne peut se comprendre en deux sens, l'un plus empirique et concret, l'autre nettement plus abstrait. En son sens concret, l'échange des femmes, corollaire de la prohibition de l'inceste, a pour fonction de substituer la paix à la guerre. Cette ligne de raisonnement était déjà présente chez Mauss lorsqu'il écrivait que «tous ces cadeaux sont au fond rigoureusement obligatoires à peine de guerre privée ou publique» (1966, p. 151), que l'excès de générosité est proportionnel à la crainte et à l'hostilité, et que «c'est par la raison et le sentiment que les peuples réussissent à substituer l'alliance, le don et le commerce à la guerre et à l'isolement et à la stagnation» (*ibid.*, p. 278). Car «il n'y a pas de milieu: se confier entièrement ou se défier entièrement; déposer ses armes et renoncer à la magie, ou donner tout depuis l'hospitalité fugace jusqu'aux filles et aux biens» (*ibid.*, p. 277). Pour reprendre les termes de Marshall Sahlins (1976): le don constituerait le véritable contrat social primitif. Cette formulation est plausible, sous réserve que l'on ait mieux dialectisé la paix et la guerre, puisque celle-ci constitue également un rapport social.

Ce qui gêne, par contre, dans la lecture structuraliste, c'est l'usage qu'elle fait du concept d'échange, sur lequel elle étaye sa dimension abstraite, et presque ésotérique. Si la prohibition de l'inceste, explique Lévi-Strauss, est universelle, c'est parce qu'elle se situe à l'intersection de la Nature et de la Culture, parce que, les soumettant à la Loi, elle transforme les sociétés en ordres proprement culturels. Les hommes, autrement dit, n'accèdent à l'humanité qu'en accédant à la loi. On sait l'usage que fera Jacques Lacan de ce thème pour réinterpréter la théorie freudienne de l'Œdipe, au risque permanent d'hypostasier la *Loi* et d'identifier un peu vite la loi qui prohibe l'inceste avec la loi de l'échange économique.

Pourquoi, en effet, parler d'échange? C'est là tout le problème. Car il semble difficile d'utiliser ce terme sans entrer immédiatement, *volens nolens,* consciemment ou non, dans le champ d'intelligibilité ouvert par l'économie politique, et sans assimiler l'échange à l'échange des marchandises, et tout le système d'échange au marché. C'est d'ailleurs le reproche, en partie justifié[8], qui est fait à C. Lévi-Strauss par les féministes, de poser que toutes les sociétés auraient traité les femmes comme des marchandises. Certes, C. Lévi-Strauss distingue entre ce qu'il appelle l'échange restreint-bilatéral des femmes et l'échange généralisé, dans lequel un clan A donne une femme à un clan B qui en donne une à un clan C, etc., si bien qu'il est clair, dans ce cas, qu'on ne se trouve nullement dans le cadre de la logique de marché puisque ce n'est jamais le bénéficiaire d'une prestation qui fournit la contre-prestation. Il n'en reste pas moins qu'à ne pas distinguer clairement entre don et marchandise, entre échange cérémoniel et échange marchand, C. Lévi-Strauss interdit de comprendre l'essentiel, à savoir les raisons de l'extraordinaire acharnement avec lequel les sociétés archaïques ont résisté à toute tentative de transformer les dons en marchandises. Bref, la notion d'échange ne semble pas susceptible d'être universalisée telle quelle et le seul fait de parler d'échange fait immédiatement et immanquablement retomber dans le cadre d'une interprétation économique du don. M. Mauss a donc raison de s'en méfier et de parler de «ce qu'on appelle si mal l'échange», le «troc», puisque justement ce qui reste à comprendre, sauf à retomber dans l'économisme que le structuralisme prétendait dépasser, ce sont les raisons pour lesquelles, au moins dans les affaires importantes, les hommes des sociétés archaïques n'échangent pas mais donnent.

La même ambiguïté grève, croyons-nous, la reformulation lacanienne du freudisme, en tant qu'elle prend appui sur le structuralisme de C. Lévi-Strauss. Cette reformulation lacanienne est celle qui inspire trois des auteurs qui ont écrit les choses les plus perspicaces sur le don dans les sociétés archaïques: Jean Baudrillard, dans *L'Échange symbolique et la mort* (1976), Stéphane Breton (1989) et Guy Nicolas. Le meilleur exposé de la doctrine lacanienne sur le don est celui que donne Guy Nicolas (1986, p. 178 et suiv.). Appuyé principalement mais non exclusivement sur *Fonction et champ de la parole et du langage* (Lacan, 1966), il confère à la doctrine une clarté et une cohérence qu'elle ne revêt pas de façon évidente dans l'original. Dans son célèbre *Au-delà du principe de plaisir,* Freud raconte avoir observé un bébé jeter loin de lui une bobine, puis la ramener en émettant des onomatopées «o», «a». Celles-ci signifient en allemand, explique Freud, *fort,* là-bas, *da,* ici. À travers le jeu de la bobine, le jeune enfant conjure symboliquement l'absence réelle de la mère. La bobine représente l'objet perdu. Symbole de la présence et de l'absence, elle signifie «un petit quelque chose du sujet qui se détache de lui tout en restant encore bien à lui» (Lacan, 1962). En jouant avec elle, le petit apprend que dans le symbolique et à travers lui, il peut retrouver et maîtriser ce qu'il ne peut pas ne pas perdre dans le réel. La bobine illustre ce que Jacques Lacan appelle l'objet *a*, «le signifiant de toute perte rencontrée par le sujet dans son accession à l'ordre social et à l'échange» (*ibid.,* p.180). L'accès au symbolique, au jeu, est ce qui permet au sujet de surmonter sa captation par l'image que lui renvoient les autres sujets, dans le registre de l'imaginaire amorcé par le stade du miroir. Il est ce qui permet d'échapper à la rivalité indéfinie et sans issue. À l'inverse, l'inconscient est fait de tout ce qui n'a pas pu être échangé, symbolisé, donné et rendu, et que la psychanalyse a charge de faire basculer du registre de l'imaginaire à celui du symbolique, de la parole et de l'échange. D'où la thèse de J. Baudrillard, partiellement reprise par S. Breton, selon laquelle il n'existe pas d'inconscient dans les sociétés archaïques puisque tout y circule selon la loi de la réversibilité. On voit en effet, immédiatement, les harmoniques avec l'*Essai sur le don,* et avec *Les Structures élémentaires de la parenté.* Ce «petit quelque chose du sujet qui se détache de lui tout en étant encore bien à lui» évoque irrésistiblement les taonga de Ranapiri, et la manière dont il explique qu'il faut qu'ils fassent retour.

Ce qui fait problème, cependant, à en rester au texte de Lacan lui-même, c'est l'inquiétante incertitude et polysémie de son concept de symbolique. Entend-il par là la loi du don? Certaines phrases éparses dans l'essai *Fonction et champ de la parole* le laisseraient entendre, mais elles sont peu développées et ce n'est pas l'interprétation dominante qu'en a retenue le courant lacanien. S'agit-il du jeu? Ou bien, plutôt, comme la filiation avec Lévi-Strauss le donne à penser, de l'échange, que J.Lacan propose d'ailleurs de penser à l'aide de la théorie des jeux, laquelle ne se démarque pas de façon évidente de la théorie économique? S'agit-il enfin de la logique formelle des mathématiques? Voilà beaucoup de candidats au rôle d'interprétants d'un concept de symbolique auquel Lacan, par ailleurs, fait jouer le même rôle que Hegel à celui du savoir absolu, qui est supposé pouvoir mettre un terme à la dialectique spéculaire du maître et de l'esclave[9]? Aussi bien les anthropologues ou les sociologues d'inspiration lacanienne ne retiennent-ils de son œuvre que la seule notion de réversibilité; celle-ci a l'avantage d'être présente, en effet, aussi bien dans le don que dans le jeu, dans l'échange, dans la langue ou dans les mathématiques, mais elle présente l'inconvénient symétrique de ne pas assez distinguer entre ces domaines. Et celui, supplémentaire, dès lors que la notion de réversibilité est hypostasiée, de gommer la spécificité des moments du donner, du recevoir et du rendre, au point, là encore, de faire oublier que c'est bien du don qu'il est question.

Convient-il, enfin, de faire entrer l'œuvre de René Girard et de ses disciples dans le champ inspiré par le structuralisme? Ce serait faire violence à son auteur, mais, pour autant, pas totalement illégitime, puisque sa théorie du désir mimétique est, au fond, plus proche de celle de J.Lacan, et donc de celle de Hegel, relue par Alexandre Kojève, qu'il ne veut bien le dire. Au moins les ressemblances l'emportent-elles sur les différences puisque, à l'instar de Lacan (et de Hegel), il pose que le désir n'est pas désir d'objet mais désir de sujet, qu'il ne s'instaure pas dans le registre du besoin et de l'utilitaire mais dans celui du rapport à autrui. Par où il touche nécessairement à la question du don et de l'échange cérémoniel s'il est vrai, comme nous l'avons vu, que celui-ci se développe dans la mise entre parenthèses, le refus, le déni ou la dénégation comme on voudra, de l'utilité matérielle. La spécificité de R. Girard, on le sait, consiste à affirmer que le désir est non pas désir de l'autre et de reconnaissance, comme chez Hegel, mais désir selon l'autre. Le sujet humain désire uniquement l'objet que désire un autre sujet à ses yeux prestigieux, que R. Girard qualifie de «médiateur». S'instaure ainsi une dialectique non pas du maître et de l'esclave, mais du maître et du disciple, qui débouche inexorablement sur la confusion des désirs et des identités de chacun. À en croire R.Girard, la solution à laquelle auraient recouru l'ensemble des sociétés humaines jusqu'à l'avènement du christianisme aurait été la mise à mort collective d'une victime émissaire chargée de tous les maux qui accablaient les communautés. Mythes et religions n'auraient parlé que de sacrifices humains.

Quel rapport avec le don? Avec beaucoup de talent, un jeune anthropologue américain, Mark Anspach, a entrepris de relire le matériau rassemblé par M. Mauss et ses successeurs en chaussant les lunettes de René Girard (Anspach, 1984a et 1984b). Le don consisterait en une atténuation, une sorte d'introjection, de la logique sacrificielle. De même, Lucien Scubla (1988) soutient que le système de la vengeance — système des «dons» de mort — ne peut être régulé que par le sacrifice. Si tel était le cas, le présent livre manquerait en partie son objet, puisque le don n'aurait pas la dimension de phénomène primordial et universel que nous tentons de trouver en lui. Comme le lecteur peut s'en douter, notre hypothèse est plutôt, à l'inverse de ces lectures girardiennes, qu'il convient de penser vengeance, sorcellerie et sacrifice comme des sous-ensembles ou des relais de la logique du don. Il n'est pas possible de discuter ici du bien-fondé de l'hypothèse girardienne[10]. Bornons-nous à noter ce qui semble constituer son ambiguïté principale. Celle-ci est inhérente à l'individualisme méthodologique (sophistiqué) latent qui anime son projet. Ce dernier n'est-il pas, en définitive, de déduire le rapport social d'hypothèses relatives à la nature du désir des sujets individuels? Or, si ce désir est toujours et partout identique, on ne voit pas trop comment il serait possible d'en déduire, tantôt par exemple une société sauvage archaïque, tantôt une société industrielle de marché. Au minimum il manque quelques médiations. Ou encore, et inversement, si le désir est désir d'imiter un autrui privilégié, encore faut-il expliquer ce qui rend certains sujets particulièrement désirables et chargés de valeur aux yeux des autres dans les diverses sociétés; ici, le chef sauvage généreux et dilapidateur, là, le capitaliste puritain et accumulateur. Il n'est pas possible, à tout moment de l'histoire, de dissoudre les sociétés concrètes dans leurs composantes élémentaires supposées, les purs sujets de désir saisis dans leur pure abstraction universelle. Et, plus généralement et plus fondamentalement, rien ne permet d'affirmer l'identité sans faille et une interchangeabilité de principe de tous les sujets humains. À l'occasion d'un colloque consacré à R.Girard, Lucien Scubla notait fort justement que la description de la lutte des frères ennemis oublie que ceux-ci ont une sœur, que leur lutte est polarisée par le rapport qu'ils entretiennent au sang menstruel, et au désir de contrôler la procréation. La religion, presque partout, n'est-elle pas un monopole masculin (Scubla, 1985)? La différence des sexes, elle au moins, n'est pas soluble sans reste dans la pure individualité abstraite et interchangeable. La théorie girardienne semble donc échouer à expliquer ce qui rend les biens précieux des sauvages si précieux à leurs yeux. Il ne sufffit pas de dire qu'ils les désirent parce que tous les désirent. Les plus beaux modèles mathématiques construits à partir de cette hypothèse, spéculative au double sens du terme, ne parviendront jamais à déduire le don archaïque, les vaygu'as et les taonga, ni à expliquer en quoi ils diffèrent des marchandises. Le propos de L. Scubla que nous venons de rappeler, et auquel adhéreraient nombre d'anthropologues, suggère une autre piste: la désirabilité a à voir avec la procréation et les capacités des femmes en la matière. Il faudra en tenir compte au moment d'esquisser nos propres formulations.

L'économicisme des interprétations classiques

Les anthropologues s'inspirant de la psychanalyse, comme ceux qui se réclament de René Girard, semblent échapper à la réduction marchande du don. Nicolas (1987) est explicite sur ce sujet lorsqu'il affirme que «l'ordre oblatif impose au marchand de se soumettre à sa loi» (p. 178). En outre, il reconnaît l'importance de l'angoisse de la perte à partir de l'expérience originelle de la perte du sein maternel, l'accession au don signifiant l'accession à l'univers symbolique où la perte est assumée par le sujet. «Le don à l'autre "représente" la perte de soi» (p. 186).

Mais il affirme aussi, basant toute son argumentation sur l'exemple freudien de l'enfant qui joue avec sa bobine attachée à une ficelle, que «la perte s'annule, dans la mesure où le même objet sert indéfiniment à réaliser l'alternance des positions», qu'il y a garantie de retour, dans «un cycle sans manquement», que «le but véritable n'est point autre chose que ce retour en circuit» (citation de Lacan). L'auteur semble donc hésiter entre la reconnaissance d'une perte réelle, ou à tout le moins de sa possibilité effective, et un modèle se rapprochant de l'équivalence, même si elle n'est pas binaire. Comme la bobine de l'enfant, l'auteur fait un va-et-vient entre ces deux positions, sans que l'on sache s'il considère qu'il y a perte réelle et acceptation de la perte par le sujet ou au contraire retour garanti, ce qui constituerait une sophistication du modèle marchand et de l'obsession de l'équivalence. La référence à l'enfant et à la bobine symbolise-t-elle vraiment la perte, ou indique-t-elle plutôt l'angoisse de la perte et sa conjuration par le retour immédiat de la bobine, retour entièrement contrôlé par l'enfant?

Concluons. Dans cet exemple célèbre de Freud, il n'y a pas encore accès à la perte, encore moins à son acceptation, et finalement au plaisir du don, qui inclut la possibilité et souvent l'espoir du retour, mais nullement sa garantie et certainement pas le contrôle du sujet sur l'opération. Il n'y a pas vraiment encore passage du système dual, propre au rapport mère-enfant et au rapport marchand, au triangle, à la triade, à la chaîne transitive, modèle du don. La bobine, et son retour immédiat, représente beaucoup plus le rapport marchand que le rapport de don en ce sens que tout se passe dans l'immédiateté de l'instant. Cependant, même dans le rapport marchand, quelque chose est perdu, sacrifié pour autre chose et il y a donc expérience de la perte. Le stade de la bobine est donc un stade antérieur à la fois à l'expérience marchande et, encore plus, à l'expérience du don, perte sans garantie de retour, mais perte sublimée.

À l'exception de l'interprétation indigène de Marcel Mauss, un biais économiciste semble ainsi marquer les interprétations du don archaïque, même celles qui vont le plus loin dans sa compréhension, qu'il s'agisse de l'interprétation lévi-straussienne, de l'interprétation lacanienne ou de l'interprétation girardienne. Quoi qu'il fasse, l'esprit moderne est-il donc condamné à penser avec le paradigme de l'économie et à le projeter sur les sociétés qui adoptent une vision du monde différente? Y a-t-il un tel fossé entre eux et nous que la seule alternative se situe entre la projection déformante de notre propre *Weltanschauung* et l'adhésion, sans compréhension, à la vision indigène? Pour commencer à répondre à cette question, il faut procéder à une comparaison entre le don archaïque et ce que nous avons déjà constaté dans la première partie, concernant le don moderne.

Don archaïque et don moderne

Don archaïque et marché

Si nos dernières formulations ne sont pas trop inexactes, on comprend mieux pourquoi ce que nous avons qualifié de théories classiques du don laissent un sentiment d'inachèvement et d'insatisfaction. C'est que toutes, notions-nous, sauf l'interprétation «indigène» de M. Mauss, méconnaissent la spécificité du don archaïque par rapport à l'échange marchand. Elles en atténuent l'étrangeté, en posant que pour le rendre intelligible, il conviendrait de le considérer comme l'expression de contraintes ou de motivations en elles-mêmes universelles: l'intérêt économique, la prohibition de l'inceste et l'obligation d'échanger, la substitution opérée par le contrat social de la paix à la guerre, l'obligation de subordonner le registre de l'Imaginaire à celui du symbolique ou celle, enfin, de sacrifier une victime émissaire pour rétablir la concorde entre tous les sociétaires. Ou encore, toutes s'interrogent sur les «fonctions» du don archaïque.

Or, ce n'est pas par celles-ci que le don archaïque est spécifique. Tout mode de socialité globale, par hypothèse, remplit un ensemble de fonctions. Aucune de celles qu'on impute au don archaïque n'est donc *a priori* fausse. Mais les mêmes fonctions pourraient, à tout aussi juste titre, et plus encore, être imputées par exemple au marché puisque, comme le don, plus que le don, il permet la satisfaction de l'intérêt économique, il instaure l'échange général, il substitue le doux commerce à la guerre et subordonne l'imaginaire des consommateurs individuels à une loi commune, celle de l'offre et de la demande. À ne s'intéresser qu'aux fonctions du don archaïque, sa spécificité doit donc demeurer cachée. Si elle existe, comment la saisir? La seule voie qui semble s'ouvrir à nous serait de l'appréhender de manière en quelque sorte extrinsèque, en pointant ce qui en lui paraît différent du marché. De ce point de vue, l'échange cérémoniel ne peut que nous paraître singulier, comme une sorte de négatif du marché. Il se montre en effet anti-utilitaire, anti-accumulateur et anti-équivalence. Il est anti-utilitaire puisqu'il semble se nourrir de la dilapidation et du sacrifice des biens utiles ou, à tout le moins, de leur forclusion. Anti-équivalence puisque le don premier amorce un déséquilibre qui ne peut être comblé qu'en se reconduisant à l'infini, sous peine d'éteindre les dettes et d'interrompre le cycle oblatif. Anti-accumulateur, enfin, puisque les plus riches ne sauraient s'enrichir au-delà de l'obligation sociale de réversion et de dilapidation.

La spirale du don

Mais il est clair que cette caractérisation de la seule spécificité extrinsèque du don sauvage est trop restrictive et abusive. Elle conduit à le contempler comme dans un miroir, à y chercher une image renversée de celle que nous avons de nous-mêmes et du marché, et à céder insensiblement à la tentation de considérer le don comme une forme d'échange économique. Or il faut nous demander en quoi le don forme un système, doté d'une cohérence intrinsèque et, en tant que tel, irréductible à autre chose que lui-même, au même titre que le marché constitue une réalité *sui generis,* dont on méconnaîtrait la nature si on tentait de la penser dans les termes d'une autre. Pour nous faire une idée de la cohérence systémique du don archaïque et de sa spécificité, la première chose à faire est de prendre pleinement au sérieux la dimension de phénomène social total que M. Mauss voyait en lui et, par voie de conséquence, de cesser de le penser dans l'espace de l'ombre projetée de l'économique moderne. Tant que cette rupture n'est pas opérée, il n'est possible de s'interroger sur les fondements de l'obligation de rendre qu'en y voyant une forme primitive de la loi de l'équivalence comptable, une esquisse de la réciprocité marchande régie par la loi du donnant-donnant, la première ébauche des contrats synallagmatiques qui lient deux individus au prorata de leurs intérêts particuliers et spécifiés. On est alors presque immanquablement conduit à penser l'exigence de croissance et de développement qui se manifeste si fortement dans le don — il faut rendre et donner toujours plus — dans le registre de l'usure et comme une première manifestation du désir qui animerait tous les individus de percevoir un taux d'intérêt sur tout «capital» par eux mis en circulation. Et le sens de l'obligation de donner, comme de celle de recevoir, nous échappe. En conséquence, on n'en parle guère.

Revenons donc un instant sur la question de la signification du hau, cet esprit de la chose donnée, mentionné par Ranapiri comme la cause qui force les Maoris à rendre les biens précieux (taonga). Comme on pouvait déjà le pressentir à lire les propos de Ranapiri, et comme Paulette Taïeb (1984) l'a clairement établi, tout bien rendu n'est pas considéré comme un hau du don initial. Ne l'est que le contre-don qui provient du contre-don effectué par un tiers. Autrement dit, le hau n'intervient pas dans les relations bilatérales — dans ce cas, le contre-don est un utu et non un hau —, mais uniquement dans celles qui mettent en cause plusieurs partenaires en une chaîne, en un chemin, complexes. Pour reprendre les termes de C. Lévi-Strauss, il semble possible de poser que le hau est coextensif à l'échange généralisé. Disons plutôt au don généralisé. L'erreur de M. Mauss, si erreur il y a, est simplement de ne pas avoir suffisamment mis en lumière cette multiplicité des protagonistes et d'avoir insuffisamment protégé ses lecteurs contre la tentation d'essayer de comprendre une relation sociale globale, un réseau, dans les termes de la logique de l'échange bilatéral simple.

Par ailleurs, des travaux récents jettent un jour éclairant sur cette question de la nature du hau. R. Guidieri, par exemple, traduit comme suit les propos de Ranapiri: «Le garder pour moi serait perdre ma force [...] La mort m'attend car les horreurs épouvantables de "makutu" (la sorcellerie) se déchaîneraient sur ma tête» (Guidieri, 1984). Le dictionnaire Williams note que «l'objet qui sert d'instrument à la sorcellerie est un hau.» Et Johansen que «c'est seulement lorsqu'un utu est immobilisé, ne circule pas, qu'il devient hau, [...] On peut alors en faire usage pour ensorceler» (*ibid.,* p. 97). Il convient donc, en quelque sorte, de surenchérir sur le mysticisme auquel C. Lévi-Strauss reprochait à M. Mauss d'avoir succombé. L'esprit de la chose donnée n'agit pas tout seul. Si le hau tue, c'est en tant qu'il cristallise la haine résultant d'une interruption des flux de générosité et qu'il sert de support à des pratiques d'ensorcellement qui supposent la mise en œuvre délibérée de certaines techniques.

On voit donc apparaître ainsi une face cachée du don, sa face noire, la face du don en négatif, celle de la sorcellerie[1], conséquence de l'interruption du don. La sorcellerie, d'une part, est une forme de guerre à distance, de guerre invisible menée par des moyens invisibles. D'autre part, elle ressortit à l'ordre de la vengeance. Elle se situe, enfin, à l'opposé de la magie positive, de la magie qui fait naître et croître toutes choses dans une logique de jeu coopératif. Elle instaure, en effet, un jeu à somme nulle[2], qui fait dépérir et mourir. On conçoit donc mieux en quoi il est profondément erroné de penser l'échange cérémoniel au premier chef comme une forme d'échange économique, comme une sorte de troc maniéré et euphémisé. Plus profondément, il est à penser et à mettre en relation avec les autres systèmes de relations sociales qui n'en sont jamais que les transformations, de même qu'il les transforme en actualisant et en rendant immédiatement visible leur logique constitutive: le système de la parenté et de l'alliance, celui de la sorcellerie, celui de la vengeance, le système de la guerre, celui de la magie, celui du sacrifice et du rapport aux dieux et aux esprits.

Mais il convient sans doute de pousser plus avant encore l'investigation et de tenter d'isoler les éléments communs, l'éther général en quelque sorte, à tous ces systèmes; l'éther irréductible à l'échange cérémoniel, mais que celui-ci manifeste de façon privilégiée parce qu'il le «joue» et le met en scène à l'état presque pur. Il s'agit, croyons-nous, de l'imaginaire du don en tant que tel, celui qui pose que le monde entier, le monde social comme le monde animal ou le cosmos, ne peut s'engendrer et s'organiser qu'à partir de dons que se font des personnes, des principes vitaux ou des puissances en eux-mêmes antagonistes, mais que le don a charge de transformer en alliés. À moins que le refus du don ou de sa restitution ne laisse se déchaîner la part maléfique que recèlent toute puissance et tout être, et ne débouche sur le chaos, la stérilité et la mort.

Les auteurs inspirés par Jacques Lacan ont bien dégagé un des corrolaires de l'universalité, dans la société archaïque, de l'imaginaire du don: à savoir l'universalité de la loi de la réversibilité. Parce que le temps du don est circulaire et cyclique, les positions sont infiniment réversibles et permutables. Les Papous, remarquait déjà M. Mauss, ne connaissent qu'un seul mot pour désigner ce que nous pensons, nous, comme l'opposition de l'achat et de la vente. É. Benveniste a montré que la racine indo-européenne « – do – » pouvait désigner, selon les langues, tantôt et majoritairement le don, mais aussi bien le contre-don voire la prise ou la captation (Benveniste, 1966). Car, dans un temps non linéaire, ce qui vient après était déjà là avant.

Le seul inconvénient de cette thématique de la réversibilité, notions-nous déjà, c'est que, telle quelle, elle reste trop abstraite. D'une part, elle escamote la spécificité de chacun des moments du donner, du recevoir et du rendre; plus fondamentalement, elle ne signale pas deux faits essentiels: celui, tout d'abord, que dans un monde qui est perçu comme un monde de puissances personnalisées, celui du paganisme, du totémisme et de l'animisme, chaque être est doté d'une force spécifique, plus ou moins grande, mais en tout cas incomparable aux autres forces et aussi peu substituable à elles, en principe, qu'une pièce de monnaie primitive l'est à une autre. À la différence de l'échange marchand, le don ne met donc pas en relation des entités égales en droit et *a priori,* ou dont l'équivalence est susceptible d'être calculée. Au contraire, au sein d'un univers qui est perçu comme radicalement hétérogène, tissé de particularités irréductibles, il ne produit de l'égalité — ou, pour mieux dire, de la parité — qu'*a posteriori, ex post,* et qu'après avoir postulé et signalé une différence initiale foncière.

Parce qu'elle décrit la circularité des dons, en imaginant implicitement que celle-ci se déroulerait dans une sorte d'état d'apesanteur, comme sous vide, la thématique de la réversibilité postule implicitement l'égalité ou l'identité des protagonistes du don. Elle gomme les aspérités, les irréversibilités et les singularités qui ne peuvent que surgir du fait de l'hétérogénéité foncière des puissances entre lesquelles le don instaure un pacte précaire. La métaphore du cercle est trompeuse aussi, en second lieu, parce qu'elle met sur le même plan les trois temps du cycle oblatif. Or, mieux vaudrait sans doute adopter la métaphore de la spirale. Il est clair en effet que le moment capital est le premier, celui du don proprement dit. C'est lui qui fait apparaître quelque chose qui n'existait pas antérieurement, un effet sans cause sans lequel, à proprement parler, rien n'existerait. Si l'on veut, la raison pour laquelle il y a quelque chose plutôt que rien, c'est que ce quelque chose a été donné (ou pris), c'est le don, unique et véritable cause première postulée par la métaphysique sauvage. «Sans l'initiative d'un geste gracieux», pour parler comme Aristote, rien ne peut exister. L'obligation d'accepter, pour sa part, se confond avec celle de recevoir la vie, cette étincelle d'organisation issue du chaos.

Mais le risque de contre-sens le plus grave concerne l'obligation de rendre. L'imaginaire de la marchandise nous pousse à la comprendre comme l'expression de la nécessité d'acquitter ses dettes *pour mettre fin* à toute dette. Or, si tel était le cas, on ne comprendrait pas pourquoi la véritable obligation n'est pas celle de rendre, mais celle de rendre plus. En fait, comme l'avait bien vu Claude Lefort (1978), l'obligation de rendre plus n'est rien d'autre que celle de se placer à son tour en position de donateur afin de, non pas résorber, mais bien de (ré)alimenter en permanence les dettes. Le fameux «taux d'intérêt» primitif, dont nombre d'anthropologues veulent nous faire croire que c'est la perspective de son obtention qui motive, par anticipation, le don initial, ne constitue donc nullement une rétribution de ce dernier. Il permet au contraire au récipiendaire de prendre à son tour l'initiative et d'occuper désormais la position de donateur. Les hommes du monde archaïque ne sont pas interchangeables, comme le postule la logique épurée et formelle de la réversibilité. Ils n'occupent pas non plus indifféremment une position de donateur ou de récipiendaire. Le fait essentiel, que masque la problématique de la réversibilité, c'est que tous sont des donateurs, au prorata de la puissance irréductible et incomparable qu'ils sont supposés posséder et incarner. Et cela, bien sûr, n'est pas vrai seulement ni même peut-être principalement des hommes, mais tout autant des animaux, des végétaux, des minéraux, des ancêtres, des esprits et des dieux.

Nous avons signalé à l'instant les liens qu'entretient le don des biens précieux maoris avec la sorcellerie. Le hau est ce qui permet d'ensorceler. Mais le texte de Ranapiri, reproduit par Mauss dans l'*Essai sur le don,* ne constitue qu'un fragment de propos beaucoup plus amples et développés, que Ranapiri consacre principalement à expliquer comment les prêtres placent certains biens précieux (taonga) dans la forêt, et comment le don du taonga est la condition pour que la forêt abonde en oiseaux que pourront manger les Maoris, à commencer par leurs prêtres. Ces oiseaux, explique Ranapiri, sont le hau de la forêt, qui lui-même répond au hau des taonga. Ce n'est que si les prêtres donnent à la forêt que celle-ci pourra donner à son tour. Le concept de hau se manifeste ici dans le registre de la magie positive. Il désigne la force vitale, le souffle, ce qui fait naître et se développer, la source de toute croissance et de toute maturation. Apparaît ainsi un autre thème fondamental: le don est la condition *sine qua non* de toute fécondité.

Au sein d'un univers que ne peuplent que des puissances autonomes et qu'on ne peut assujettir, sauf éventuellement par la ruse ou la séduction, *rien ne saurait être produit, tout doit être donné.* Il n'est possible de consommer des oiseaux que si on persuade la forêt d'en donner à suffisance. Les femmes ne produisent pas les enfants. Ceux-ci ne sont d'ailleurs pas réputés procéder d'elles. Elles en sont les détentrices provisoires et il faut les convaincre de les donner, c'est-à-dire de les mettre dans la circulation générale. Et, certes, ce travail de la conviction n'exclut pas le recours à certaines formes de violence, mais celle-ci doit trouver ses limites dans le fait que ce qui résulte d'une gestation et revêt donc la forme d'un don, ne peut être purement et simplement extorqué. Pour cette raison encore, parce que le don est la condition même de la fécondité, et parce qu'aussi longtemps qu'il circule il fait exister davantage d'êtres et de principes vitaux, l'image du cercle indéfiniment réversible est trompeuse, et la métaphore de la spirale, préférable.

L'étrange principe d'alternance

C'est seulement après avoir reconnu ce principe transversal qui organise les divers plans de la société archaïque, selon lequel le don met en relation des personnes autonomes et irréductibles, donateurs mi-volontaires mi-involontaires, encouragés à donner pour que le monde puisse exister, qu'il est possible de déduire, peut-être, une autre spécificité du don rituel archaïque, complémentaire au principe de réversibilité spiralaire: celle qui tient à ce qu'on pourrait appeler le principe d'alternance. Ce principe, comme l'avait lumineusement exposé Huinzinga (1951), apparente étroitement le don archaïque au jeu agonistique.

Sauf dans le don de transmission, le don en quelque sorte vertical de la filiation et de la succession des générations, les partenaires de la relation de don sont en effet à la fois des antagonistes et des alliés. Au sein du don rituel, comme dans la sorcellerie, dans la vengeance, dans l'alliance, comme probablement aussi dans la guerre et dans le sacrifice, règne implicitement une règle au fond étrange, celle qui pose qu'*il n'est possible de donner, de jouer, qu'à tour de rôle.* Un coup chacun, un don ou un contre-don chacun, un envoûtement, un mort ou une femme chacun. De même qu'aux échecs, aux dames, dans les jeux de cartes ou dans tous les jeux de ce type, on n'a pas le droit de jouer deux coups à la suite. Si le membre d'un clan a tué un membre d'un autre clan, on ne saurait prendre les devants; il faut attendre la vengeance. C'est seulement après avoir éprouvé soi-même une mort, qu'on pourra à son tour se venger, et ainsi de suite jusqu'à l'infini si une procédure externe ne vient pas mettre un terme au processus[3]. Quel statut accorder à ce principe d'alternance? Doit-on le comprendre comme la manifestation d'une exigence démocratique primitive[4]? Si tel était le cas, il ne s'agirait assurément pas d'une démocratie du type de celles que fondent les droits de l'homme. C'est-à-dire d'une démocratie qui s'étaie sur le principe de l'égalité de droit des hommes, de droit entre des hommes nus, sans qualités et sans phrases.

S'il existe une exigence démocratique primitive, elle est fondée sur la crainte et le respect éprouvés pour des personnes d'autant plus irréductibles et indestructibles que, si on entreprenait de les exterminer ou de les faire disparaître, alors les conditions de toute fécondité et de la vie même disparaîtraient aussi. On ne peut à la fois manger la forêt et espérer que son hau continue à multiplier les oiseaux. Confessons que nous n'avons pas de réponse à cette question du statut et de l'origine du principe d'alternance. Sans doute les éléments ethnographiques nous font-ils défaut qui permettraient de comprendre comment des dettes symboliques, comment des chemins de don se tarissent et se ferment[5]. Comment donc une extinction des dettes anciennes, la mort et la décrépitude viennent contrebalancer les dettes, les créances et la vie nouvelles. Quoi qu'il en soit, nous disposons désormais de suffisamment d'éléments pour appréhender la spécificité du don archaïque. Reste à les rassembler, à tenter de les faire tenir ensemble sous le regard une dernière fois, de façon à ce qu'ils puissent servir de base de comparaison avec le don moderne.

La systématicité du don archaïque

Le don, dans la société archaïque, n'est pas une forme particulière de relation économique entre deux ou plusieurs individus. Bien au-delà du seul échange des biens, le don représente la forme générale des relations qui unissent, en positif ou en négatif, pour le meilleur ou pour le pire, les multiples puissances personnalisées, humaines, animales, végétales, minérales ou divines, qui peuplent le cosmos sauvage. «L'obligation de rendre dans l'échange, écrit Goldman, répond à une vision cosmique fondée sur le principe d'une circulation éternelle des formes vivantes. Les obligations de donner et de rendre engagent à leur tour à prendre part à cette circulation vitale. Le système entier de circulation embrassait un univers peuplé d'êtres humains, de puissances surnaturelles et, par le truchement des richesses mises en circulation, des formes de la vie végétale et animale[6]».

On ne saurait toutefois se borner à poser que la société archaïque s'organise tout entière à partir d'une sorte de principe métaphysique, oblatif a priori, car c'est la prééminence et l'omniprésence de celui-ci qui doivent justement être expliquées. La tentative la plus claire et la plus satisfaisante en ce sens nous semble être celle de Chris Gregory (1982). Elle s'étaye sur une relecture originale de l'histoire croisée de l'économie politique et de l'anthropologie. Il existe en économie, nous dit Gregory, deux manières de penser, deux types de visées scientifiques, radicalement et irréductiblement différentes: d'une part celle qu'incarne l'économie classique anglaise, complétée par K. Marx et plus récemment par Sraffa; d'autre part le projet de l'économie néo-classique. Les véritables continuateurs de l'économie classique, estime C. Gregory, ne sont pas les économistes néo-classiques mais L.H. Morgan, M. Mauss et C. Lévi-Strauss. Ces anthropologues ont en effet en commun avec les économistes classiques de s'interroger sur les lois de fonctionnement d'un système social global, là où les économistes néo-classiques ne s'intéressent qu'aux rapports subjectifs que les individus entretiennent avec les choses. Ce qui sépare les économistes classiques des anthropologues susnommés n'est pas la nature de leur projet scientifique, mais le fait que les premiers cherchent à dégager les lois de fonctionnement d'une société régulée par la production et l'échange de marchandises, là où les seconds étudient des sociétés où domine non pas la production mais la consommation, et où celle-ci s'effectue selon la logique du don.

En simplifiant: l'économie de marché vise à produire des choses au moyen de choses. À la limite, elle produit les personnes elles-mêmes comme si elles étaient des choses[7]. À l'inverse, la société archaïque donne le privilège aux rapports entre les personnes sur les rapports entre les choses. Elle se soucie donc au premier chef de la «production» des personnes, et elle produit les choses elles-mêmes comme si elles étaient des personnes, en les faisant servir, à travers le don, à la production des personnes et à l'établissement de leurs liens sociaux:

«L'échange de marchandises, écrit C. Gregory, est un échange d'objets aliénables entre des personnes qui se trouvent dans un état d'indépendance réciproque se traduisant par l'établissement d'une relation quantitative entre les objets échangés [...] L'échange par don, à l'inverse, consiste en un échange d'objets inaliénables entre des personnes qui se trouvent dans un état de dépendance réciproque se traduisant par l'établissement d'une relation qualitative entre les protagonistes. Celle-ci découle du primat de la consommation et des méthodes de production par la consommation. En conséquence de quoi les principes qui gouvernent la production et la consommation des biens doivent être compris en référence au contrôle des naissances, des mariages et des morts» (Gregory, 1982, p. 100; notre traduction).

Parce que l'objet privilégié du don n'est pas constitué par des choses mais par des personnes, les femmes, l'«équivalent» des prix marchands au sein de l'économie du don ne doit pas être recherché dans les rapports quantitatifs, d'ailleurs variables nous l'avons vu, entre les biens, mais dans les «termes de parenté classificatoire» (*ibid.,* p.67).

La grande césure historique est celle qui oppose les sociétés claniques, qui fonctionnent sur la base du don et de la parenté, aux sociétés de classes, organisées à des degrés divers à partir du marché. Au sein de chacun de ces deux grands blocs, il existe bien sûr des différenciations considérables. C. Gregory distingue ainsi, pour le second, la société esclavagiste qui pratique le troc, la société féodale marchande — celle qui obéit au cycle MAM de Marx — et la société proprement capitaliste, qui obéit au cycle AMA. De même, dans l'univers clanique, il est possible de distinguer trois formes ou trois stades principaux: les sociétés organisées en moitiés et en phratries pratiquent l'échange restreint des femmes (A → B → A) et l'échange équilibré des biens. Le pouvoir appartient aux anciens. L'obligation de rendre plus («incremental exchange of things—gifts») apparaît avec l'organisation sous forme de tribus ou de nations. Elle est associée à l'échange différé (*delayed*) des femmes (A → B → C, C → B → A) et à l'institution des Big Men. Dans le cadre enfin

enfin des chefferies et des confédérations à base clanique se développent l'échange généralisé des femmes (A → B → C → A) et l'échange tributaire des biens (*ibid.*, p. 69 et 70).

Il était d'autant plus important de rappeler ces distinctions que, comme nous l'avons signalé dans notre introduction générale, la raison principale pour laquelle les modernes refusent d'entendre parler du don, c'est qu'ils l'associent indéfectiblement avec les mécanismes de l'exploitation et de la domination et, en particulier, avec la domination et l'exploitation des femmes, qui seraient les principales victimes de l'idéologie oblative. La typologie de C. Gregory (dont on pourrait discuter la pertinence sur tel ou tel cas particulier, mais qui semble juste et éclairante dans ses grandes lignes) a le mérite de montrer en quoi les modernes ont à la fois raison et tort. Raison parce que, en effet, la sophistication et la ritualisation exacerbées du don semblent bien aller de pair avec le creusement des hiérarchies et l'émergence d'une logique d'aristocratisation. Tort parce que, en tant que tel, le don n'est pas plus réductible à sa mise en œuvre à des fins de domination symbolique et réelle que la marchandise n'est intrinsèquement réductible au capital. Le don entre égaux reproduit de l'égalité, le don entre inégaux reproduit de l'inégalité.

Reproduction, don, personne et socialité primaire

Une première traduction possible du propos de C. Gregory serait la suivante: le don constitue le mode de relation par excellence entre les personnes en tant qu'elles se considèrent et s'instituent comme des personnes. Il est ce qui transforme les êtres et les individus en personnes. Corollaire: le don institue le registre de la «socialité primaire» dont il forme la trame même. Nous introduisons ici deux notions nouvelles, «personne», «socialité primaire», d'ailleurs étroitement interdépendantes, qui appelleraient chacune de longs commentaires. Pour ce qui est de la première, bornons-nous à rappeler cette évidence que les sujets, contrairement à ce que postulent, peu ou prou, toutes les variantes de l'utilitarisme ou de l'individualisme méthodologique contemporain, ne peuvent pas être considérés comme des atomes qui préexisteraient à leur inscription dans des relations sociales déterminées. Conformément à une perspective qui ne se veut ni individualiste ni holiste mais interactionniste, le concept de personne désigne cette prise des sujets dans une série de faisceaux de droits et d'obligations, de dettes et de créances, qui ponctuent leur existence concrète. La socialité primaire représente le lieu réel, symbolique ou imaginaire dans lequel les personnes entrent en interaction directe. Ou encore elle est le lieu de l'interconnaissance directe et concrète, que celle-ci soit effective (relations face à face) ou simplement virtuelle.

Dans une perspective phénoménologique, on dira que la socialité primaire constitue l'espace concret de l'intersubjectivité, et donc que le don est la modalité concrète et spécifique de celle-ci. Ce qu'il est possible d'appeler par différence la «socialité secondaire» appartient au registre de «l'intermédiation». Dans ce second registre, les personnes n'interagissent pas en tant que personnes globales mais en tant que supports de fonctions partielles et, au moins au départ, instrumentales. Empiriquement, les domaines principaux de la socialité primaire sont ceux de la parenté, de l'alliance, du voisinage, de l'association, de l'amitié, de la camaraderie. Ressortissent par contre au registre de la socialité secondaire les domaines du théologico-politique, de la guerre et de l'échange marchand. Si l'on se reporte aux quatre sphères distinguées dans la première partie, celles de l'État et du marché relèvent de la socialité secondaire, la sphère domestique de la socialité primaire, et la sphère du don entre étrangers appartient à la fois à la socialité primaire et à la socialité secondaire.

Les concepts de «personne» et de «socialité primaire» sont en eux-mêmes transhistoriques et universels. Ils ne nous disent donc rien de particulier sur la société archaïque. Pour avancer en direction d'une spécification, inspirons-nous de l'hypothèse de C. Gregory selon laquelle «les dons de choses représentent des substituts symboliques aux dons des femmes plutôt que le contraire». La raison de l'importance fondamentale du don des femmes dans la société clanique, nous l'avons suffisamment suggéré, tient au fait que la préoccupation principale y est celle de la «production» des êtres vivants. Mais le mot même de production est inadéquat. Seule la société moderne produit (et consomme) au terme d'un travail. Dans la société clanique, au contraire, rien ne naît et ne s'obtient autrement que par les biais d'une génération et d'une parturition[8]. Le seul «travail» concevable est celui qui aide à abréger la période de gestation et à forcer l'accouchement, le travail qui contribue, autrement dit, à précipiter le don.

Il est possible de généraliser cette remarque et de poser que la société moderne marchande pense tout dans le langage de la production et du travail, ce qui l'entraîne à concevoir la naissance comme re-production, processus assimilable à la production, tandis que la société clanique raisonne à partir de la métaphore de l'apparition, de l'engendrement, identifiés à l'aboutissement d'un don. Suivons cette piste pour montrer brièvement comment la société archaïque s'organise à partir d'une double exigence générative. Celle, tout d'abord, de la naissance des êtres et des individus biologiques; celle, ensuite, de la renaissance symbolique des personnes sociales[9].

La naissance des êtres biologiques

Il n'est pas aussi certain que nous le dit René Girard que tous les mythes parlent du meurtre d'une victime émissaire. En tout état de cause, ils ne parlent pas que de cela. En revanche, il est clair qu'ils parlent beaucoup de sexe, de viol ou d'inceste. Non pas parce que les sauvages seraient des obsédés sexuels mal dégrossis, s'autorisant avant la lettre le déferlement pornographique ou scatologique qui a suivi en Occident la récente vague de libération sexuelle. Mais, de façon plus vraisemblable, parce qu'ils ne connaissent pas d'autre métaphore générale à partir de laquelle penser l'origine de toutes choses: l'essentiel, et l'énigme essentielle qu'est l'apparition de la vie sous toutes ses formes. Il n'est donc pas très surprenant que soit considérée comme la plus fascinante, désirable et dangereuse, la puissance de donner la vie, et donc celle des femmes. Il n'est pas très surprenant non plus que cette puissance soit aussitôt conjurée, apprivoisée, déniée et aménagée. Il ne semble pas tolérable que seules les femmes puissent être considérées comme les donatrices authentiques des seules choses réellement importantes.

Aussi bien, expliquent nombre de mythologies primitives, sont-ce les femmes qui possédaient à l'origine tous les savoir-faire et ont inventé toutes les institutions humaines. Par ruse et perfidie, profitant de leur inadvertance, ou par souci du devoir, les hommes leur ont dérobé ces pouvoirs fabuleux et ils font désormais accroire aux femmes qu'ils les possèdent réellement. Ce qui importe au plus haut point, c'est d'affirmer que les hommes jouent dans la procréation un rôle au moins aussi important, et généralement beaucoup plus important, que celui des femmes. Car la loi fondamentale est que rien n'existe qui ne vienne de deux[10], autrement dit que rien ne peut naître qui ne résulte d'un échange de dons et de contre-dons. Les hommes se donnent donc les femmes qui donnent les enfants que leur donnent leurs époux, ou plutôt que les dons de leurs époux ou de certains hommes privilégiés contribuent à faire croître et naître. Tout est ici affaire de dons entrecroisés, de sperme, de lait et de sang.

La renaissance symbolique des personnes

Les rituels d'initiation, on le sait, mettent en scène une parturition proprement sociale et symbolique. En jouant vis-à-vis des initiés le rôle de mères culturelles, les pères et les oncles assurent leur transformation définitive d'individus biologiques, jusque-là confinés dans l'univers des femmes sous la garde de leur mère, en personnes sociales, dotées d'un ou de plusieurs noms, de droits et d'obligations[11]. Ces rituels initiatiques s'inscrivent dans le cadre plus général de l'ensemble des rituels religieux, magiques et sacrificiels. Comme l'a montré R. Hocart (1978), le but premier de tous les rituels est d'assurer la fécondité. Tous impliquent la subdivision du clan, de la horde ou de la tribu, ou bien celle des officiants du rituel, en deux groupes, l'un qui donne et l'autre qui reçoit.

La véritable origine de la division du travail serait-elle à rechercher dans la division du travail rituel? Le principe d'alternance que nous évoquions plus haut est à mettre en relation avec l'universalité de la division des sociétés en moitiés, comme avec celle du principe qui affirme qu'on ne peut pas être en même temps donateur et récepteur, mais que ces deux positions doivent être occupées à tour de rôle. Dans *La Pensée sauvage,* C. Lévi-Strauss montre admirablement comment les prescriptions et les proscriptions qu'organise l'opérateur totémique donnent naissance à une division proprement imaginaire, dénuée de tout contenu fonctionnel véritable, du travail. Les membres du clan de la tortue de mer seront, par exemple, les seuls à pouvoir la chasser, et parce qu'ils ne sauraient consommer leur animal éponyme, les seuls à pouvoir en donner. L'amour, écrivait J. Lacan, consiste à offrir à quelqu'un quelque chose qu'on n'a pas et dont il ne veut pas. Tout l'effort de la société archaïque, fondé sur l'honneur des donateurs, consiste à tenter de surmonter ce pessimisme en donnant à chacun quelque chose qu'il soit seul à pouvoir donner à son tour. C'est le rôle de l'initiation que de consacrer cet accès au monopole de certaines positions, droits, biens, prérogatives et obligations consécutives.

Jusqu'au moment de son initiation, ou de ses initiations (puisqu'on accède à chaque âge de la vie par une nouvelle initiation), la nouvelle personne sociale s'est contentée de recevoir. Elle a été la bénéficiaire de ce qu'on pourrait appeler le système des dons verticaux, celui qui s'inscrit dans la logique de la transmission. Les dons qu'implique celle-ci, dons entre inégaux, des aînés vers les plus jeunes, n'appellent pas de retour, sinon l'obligation faite aux récipiendaires de transmettre à leur tour, mais plus tard. Ces dons échappent donc au principe de l'alternance qui caractérise la plupart des dons horizontaux. Une fois l'initiation achevée s'ouvre le champ des échanges cérémoniels, ceux qui jouent et symbolisent le don en tant que tel. C'est ce type de dons qu'on peut qualifier «de dons horizontaux» et qu'illustrent les exemples classiques du potlatch et de la kula. Ils relèvent de ce que M. Sahlins nomme la réciprocité équilibrée. En principe, ils s'effectuent entre pairs, ou plutôt ils créent de la parité. À ceci près que la parité est toujours menacée par la visée de l'obtention d'une supériorité, que le fait de rendre va résorber et renverser. Les donneurs de femmes sont supérieurs aux preneurs, à moins qu'exceptionnellement ce ne soit l'inverse. Rêver, comme le disait Mauss, qu'un don soit tellement énorme qu'il ne puisse pas être rendu — rêver comme l'écrivait Léonard Cohen dans sa chanson du «Joueur», d'une carte si inouïe (*so high and wild*) qu'on n'aurait jamais plus besoin de jouer une autre fois —, c'est rêver de retransformer le don horizontal en don vertical.

La loi du toujours plus, que cristallise le hau, traduit le désir d'accéder à la position de maîtrise qui est celle des anciens, des aînés, des parents, dont le don de transmission — don sans réplique — n'appelle pas de retour. La pulsion hiérarchisante, celle qui produit les Big Men et les aristocrates, en les séparant du commun qui n'a pas les moyens de rendre autant, se fraye un chemin à travers cette dialectique du don horizontal entre pairs et du don vertical de transmission dont la virtuelle réactualisation est toujours présente en pointillé au sein des dons les plus réciproques. Le don entre les sexes engendre les enfants, les animaux, les végétaux, les pierres, les étoiles, les vents et les esprits. Le don cérémoniel apporte la renommée, l'honneur, le prestige, la face[12]. Le don vertical maintient le domaine de la parenté, le don horizontal ouvre celui de l'alliance, matrimoniale ou politique. Il transforme les ennemis d'hier ou de demain en alliés. Il fait des étrangers des amis. Reste la question des étrangers inconnus, et de ceux avec lesquels on ne noue pas de relations d'échange et d'alliance.

Cette présentation du don archaïque permet une première comparaison avec le don moderne.

L'entre soi archaïque

La société archaïque se soucie infiniment plus de sa «reproduction» que de la production des choses. Infiniment plus de reproduire les êtres biologiques, les personnes, les relations entre elles et, par l'intermédiaire du don fait aux dieux, de reproduire la société elle-même. Le moment de la reproduction, ou mieux, du réengendrement, est celui du sacré et du rituel. Nul doute qu'il l'emporte de manière décisive en importance sur le temps des activités profanes, qu'il encadre et ponctue de part en part. C'est que tout doit pouvoir à tout moment faire sens global et cohérent. Ou encore, rien ne doit pouvoir survenir au sein de l'un des ordres de la pratique qui ne soit signifiant également au sein d'un autre et qui ne fasse sens du point de vue de l'ensemble. Tout doit être en permanence et indéfiniment recontextualisé. Cette prédilection pour l'anhistoricité, cette passion du retour permanent aux origines, du retour à zéro et au point de départ, ont sans doute des raisons d'ordre technique et économique. Les techniques de la chasse et de la cueillette ne permettent de faire vivre que peu de monde sur un territoire qui doit être considérable.

Mais d'autres raisons sans doute plus fondamentales semblent jouer également, qui tiennent à la nature même de cet opérateur symbolique qu'est le don. Parce que celui-ci noue des relations concrètes entre des personnes concrètes, sa puissance est limitée par sa concrétude même. Il ne saurait s'étendre à un nombre trop considérable d'individus sans changer de nature et sans faire basculer les personnes dans le registre de l'abstraction impersonnelle. C. Lévi-Strauss parle de cette douceur qui ne peut qu'être refusée aux hommes, celle de vivre indéfiniment entre soi. C'est ce rêve, souvent cauchemardesque par ailleurs, que poursuit néanmoins la société sauvage. Elle veut rester une société de l'entre soi, société de parents et d'alliés tressés ensemble par les liens concrets du don concret. Or, le plus noble et le plus prestigieux des Trobriandais ne peut pas avoir beaucoup plus de deux cents amis, plus de deux cents partenaires de kula. Au-delà de ce nombre, l'opérateur-don doit confesser son impuissance. Il devient muet et stérile. Le don archaïque, comme le don moderne, fonctionne en conformité avec la logique des réseaux. Mais dans le cas archaïque, les réseaux doivent rester denses, converger et contribuer à la reproduction, figurément à l'identique, de l'unité de sociétés qui ont choisi de ne se mouvoir que dans le champ de l'entre soi, de se vouer tout entières au seul registre de la socialité primaire.

Disons-le plus directement. Elles ne savent que faire de l'étranger qu'elles ne peuvent transformer en un allié. Si, pour reprendre l'expression de Mary Douglas, la société archaïque ignore le don gratuit, ce n'est pas parce que les sauvages seraient frappés d'un égoïsme incurable. Égoïstes, ils ne le sont ni plus ni moins que nous-mêmes. Là, dans cette dialectique idéaliste de l'égoïsme et de l'altruisme, n'est d'ailleurs pas le problème. Dire que la société clanique ignore le don gratuit, c'est simplement reconnaître qu'elle ne veut pas entrer en relation avec les étrangers inconnus, ceux qui ne sont pas du bois dont on fait les alliés. De l'inconnu épisodique, de passage, amené par les hasards de cette histoire qu'on refuse, il est toujours possible de faire quelque chose: lui offrir l'hospitalité et, le cas échéant, le manger. Avec certains étrangers, il est possible d'amorcer des relations commerciales sous la forme prudente du commerce silencieux, en s'autorisant la tromperie et les manœuvres que les lois de l'honneur interdisent entre proches. Mais ce rapport aux étrangers doit rester périphérique, aussi loin que possible de la communauté. Au sein de celle-ci, l'étranger ne peut pas avoir de statut en tant que tel. Avec le tout Autre, par contre, se nouent des relations privilégiées, mais sous une forme paradoxale qui vient synthétiser et suturer l'ensemble des paradoxes dont se nourrit le don archaïque.

Au moment d'amorcer notre exploration dans les contrées où règne le don archaïque, nous nous étions munis d'un viatique, une citation d'Aristote qui expliquait pourquoi il faut être spontané, pourquoi la spontanéité est obligatoire. C'est là bien sûr le paradoxe central du don en général, qui ne peut se résoudre et se surmonter que par cette forme de méconnaissance partagée, ce *common knowledge,* ce savoir commun qui est une ignorance commune nécessaire. Rien ne peut advenir, passer de la puissance à l'acte, que par le don. Rien ne revêt de valeur que pourvu de la spontanéité qui accompagne la donation. Le don est par définition spontané. Or, il est tellement essentiel à la société qu'elle aura continuellement tendance à le rendre obligatoire, à douter de la capacité de ses membres et à faire des lois qui le nient. Nous avons vu que c'est à l'occasion de la circulation et de l'aliénation de biens en principe inaliénables que le désir et les intérêts s'exacerbent, et donc que la tension entre spontanéité et contrainte devient maximale, comme par un effet du redoublement du paradoxe. Contrairement aux théories anciennes du communisme primitif et au modèle communautaire de Cheal (1988), chacun dans la société archaïque est propriétaire de quelque chose, mais conformément à un droit de propriété étrange qui interdit de conserver par devers soi ce qu'on possède. Corrélativement, le don introduit de l'égalité et de la parité au sein d'un univers qui est tout d'abord conçu comme fondamentalement inégalitaire et hétérogène, univers de puissances et de principes personnels antagonistes toujours inégaux du point de vue de l'énergie vitale qu'ils recèlent. De même que la guerre tend à rendre les guerriers égaux par l'échange des coups qu'ils se portent dans la perspective d'une mort commune, de même le don crée une sorte d'égalité, en faisant entrer un minimum de proportionnalité dans un rapport qui était au départ purement inégal (voir par exemple Berthoud, 1982).

Tous ces paradoxes s'articulent au souci de préserver l'unité du corps social et se condensent dans la relation également paradoxale que la société sauvage entretient avec la Loi, qui lui permet de rester dans le registre de la socialité primaire. Comme l'ont bien montré P. Clastres (1974), M. Gauchet et C. Lefort (1971) et M. Gauchet (1977), ce qui permet à la société sauvage de préserver son indivision réelle, de prévenir l'émergence d'un pouvoir séparé — et d'une économie séparée, devrait-on ajouter — c'est le fait qu'elle place l'origine symbolique de la Loi à distance d'elle-même. Elle postule que celle-ci a été donnée une fois pour toutes de l'extérieur, par les héros culturels ou par les ancêtres. Les hommes ne se reconnaissent pas comme les inventeurs de la Loi, ni même d'ailleurs comme les inventeurs de quoi que ce soit. Le chef sauvage ne fait pas la loi, il se borne à dire une loi que tout le monde connaît et considère comme radicalement transcendante et externe au rapport social concret.

C'est en affirmant leur absolue hétéronomie symbolique que les sociétés archaïques se pensent unifiées et sauvegardent leur autonomie réelle. C'est également en traquant impitoyablement en leur sein tout ce qui risque de se détacher d'elles — sous forme d'un pouvoir incontrôlable, ou de ces richesses qui menaceraient de s'accumuler en échappant à l'exigence de réversibilité — qu'elles interdisent que quiconque s'empare du *nomos* pour son propre compte en le faisant basculer du pôle du symbolique à celui du réel. D'où l'importance du travail rituel et du temps consacré à la seule exigence de la reproduction symbolique de la société. Le rituel, sous toutes ses formes, sacrificielle, magique, extatique, balaie et évacue en permanence les scories de l'*hubris* et ramène chacun à l'exigence du don.

Résumons: la société archaïque préserve son autonomie collective réelle en bridant l'autonomie des individus et en se soumettant à une hétéronomie symbolique absolue. Elle sauvegarde la prédominance du registre de la personnalisation et de la primarité en se subordonnant à celui de la secondarité. La condition du maintien de son équilibre est qu'elle n'ait pas de rapports réguliers permanents et structurés avec l'étranger, car avec lui, par hypothèse, dès lors qu'elle ne sait pas en faire un allié, il n'est pas possible de nouer des relations de don concrètes et personnelles. En se soumettant à l'Autre symbolique, elles espèrent échapper à la soumission aux autres réels, aux multiples inconnus et ennemis potentiels.

C'est dans les strictes limites inhérentes à ce montage symbolique que le don archaïque, opérateur concret de relations concrètes entre les personnes, peut être efficace. Avec l'irruption concrète de ces autres bien concrets que sont les conquérants, et par l'entremise de ces autres passablement abstraits que sont les marchands, c'est une autre histoire qui va démarrer. *Volens nolens,* il va falloir faire une place à tous ces étrangers et nouer avec eux des rapports qui, par hypothèse, ne pourront plus être ceux que dessinait et façonnait le don archaïque. Celui-ci, à l'instar des sociétés où il régnait en maître, va devoir s'historiciser, devenir abstrait et se spiritualiser, tout en cédant une place croissante aux logiques proprement secondaires de la domination et de la marchandise. Cette autre histoire qui s'ouvre ainsi, c'est celle de l'historicité.

L'entre soi moderne

Mais il faut ajouter qu'il y a un envers de la médaille à cette fermeture du don archaïque condamné à la répétition éternelle du même. S'il est vrai que la société archaïque ne connaît pas le don aux étrangers, inversement, il est aussi exact qu'elle est ouverte à la nature tout entière, au cosmos dont elle fait partie. La priorité accordée au don vertical relié à la fécondité tend certes à limiter le don horizontal au profit de la famille, comme l'illustre l'exemple du refus de donner du sang aux étrangers. Mais cette fermeture est compensée en quelque sorte par l'extension indéfinie des rapports de parenté. À propos des aborigènes australiens, Chatwin affirme que «les structures de parenté s'étendent à tous les hommes vivants, à toutes les autres créatures, aux rivières, aux rochers et aux arbres» (Chatwin, 1988, p. 105). Et sous cet aspect, c'est le don moderne qui apparaît comme fermé puisqu'il limite son aire de circulation aux humains, et finit par limiter la parenté à la famille nucléaire et le don à la sphère de l'intimité (Cheal, 1988).

On est donc en présence de deux systèmes qui sont l'un et l'autre ouverts *et* fermés, selon l'aspect considéré et le point de vue adopté. Le type d'ouverture du don archaïque explique que dans ce système tout peut être un bien, tout peut être un lien, et tout peut être un terme[13] du don, c'est-à-dire un sujet à qui le don est adressé. La permutabilité entre les *termes* du don (sa destination), les *liens* et les *biens* (ce qui circule) est entière. Autrement dit, tout peut être donné à tout. C'est ce qui explique notamment que les femmes peuvent être un don sans être pour autant un objet[14.] Car cette extension de la personnalisation des êtres à tout le cosmos fait que la société archaïque ne connaît pas le monde des objets, catégorie propre à la société moderne. Alors que dans la société moderne tout tend à être produit, dans la société archaïque rien n'est produit, sauf marginalement; tout apparaît et disparaît, naît et meurt, «surgit de l'intérieur des choses» (Simmel, 1987, p. 441). «Il y a, avant tout, mélange de liens spirituels entre les choses qui sont à quelque degré de l'âme et les individus et les groupes qui se traitent à quelque degré comme des choses» (Mauss, 1985, p. 163). Dans «ce va et vient des âmes et des choses confondues entre elles» (*ibid., p. 230), il n'y a ni âme ni chose, cette distinction cesse ici d'être pertinente. C'est précisément ce qui rend possible la permutabilité généralisée entre terme, don, lien.

Au contraire, la modernité a introduit une rupture radicale entre le monde des personnes-sujets et le reste du cosmos devenu objet. Même les animaux sont de plus en plus des objets obéissant au monde de la production. Tout tend à être produit, même la naissance, qui devient une production d'êtres humains ou une reproduction. Or, le don ne peut pas être un pur objet. Car cela signifierait qu'il est totalement aliénable, qu'il est une marchandise, dépouillé des traces des personnes qui l'ont connu. Produit ou objet, cela signifie exactement la même chose. Le marché «objectivise» le monde, la nature, les animaux, les arbres, et réduit donc d'autant la circulation du don à ce qui reste, à ceux qui conservent le statut de sujet, et au moment seulement où ils ont ce statut (c'est-à-dire en dehors du marché et en dehors de l'État). Le produit est une catégorie fondamentale de base de la société moderne, née des premiers échanges avec l'étranger, née de l'apparition de l'étranger comme catégorie sociale; catégorie que la société moderne projette sur toute interprétation du don archaïque. Une telle distinction entre objet et sujet met fin à la permutabilité archaïque. Un sujet ne peut plus être un cadeau, et on ne fait pas de don aux objets.

À l'entre soi des petites sociétés ouvertes par ailleurs sur le cosmos, qui fait partie de la parenté autant que la parenté en fait partie, le moderne substitue l'entre soi des humains fermé sur la nature: il doit la mater pour ne pas subir ses lois naturelles implacables, les lois du monde des objets sur lesquelles nous n'avons pas de prise, alors que l'archaïque peut prier pour faire apparaître la pluie. (Et s'il prie suffisamment longtemps, la pluie va effectivement apparaître…)

Le don archaïque se déroule entre groupes[15]; la sphère «naturelle» du don moderne se situe dans l'intimité, entre individus souvent. Le don y sert à rappeler à tout un chacun qu'il est unique dans ce réseau personnel, qu'il se situe dans un réseau composé d'êtres uniques les uns pour les autres, alors que dans les appareils où il travaille ou chez les marchands à qui il a affaire, des rôles interchangeables sont joués. Inversement, dans une société où l'on est partout unique, où l'on n'est nulle part un instrument, où l'on ne vend pas sa force de travail, il n'y a pas de raison que de tels réseaux individuels existent et que le don serve à construire l'unicité des êtres. Toute l'organisation rationnelle industrielle et bureaucratique est fondée sur un principe niant l'unique, celui de la répétition et de la reproduction du même à l'infini, celui où rien ne doit apparaître d'imprévu, car l'imprévu est considéré comme imperfection, anomalie, dans la chaîne de la reproduction parfaite du même. Le principe du don est au contraire l'imprévu, «*something extra*» (Cheal, 1988), ce qui échappe, ce qui apparaît venant d'on ne sait où, ce qui naît, ce qui brise la chaîne reproductrice du même au profit de la fécondation, de la naissance.

Cet environnement du don moderne explique en partie ses caractéristiques de repli sur la mise en valeur de réseaux individuels intimes personnalisés, face à ce monde radicalement hétérogène, régi par les lois de la physique, du marché et de la rationalité instrumentale et linéaire. Dans le don quelque chose apparaît, une grâce dont nous avons bien besoin. Chaque don moderne fait à un individu sert à l'individualiser *de* la société, et non à renforcer son individuation *dans* la société, comme le don archaïque. Ayant été décrochés du système de l'univers et enrégimentés dans des systèmes où nous ne sommes pas uniques, mais des multiples les uns des autres, des clones interchangeables à l'infini, nous avons pour seule façon de construire socialement notre unicité la constitution d'un réseau d'autres personnes uniques. Le réseau est la construction des uniques, et le don trace et entretient les trajets, les chemins entre les uniques. C'est pourquoi, dans le don moderne, la personne à qui est destiné le don est le principal facteur d'explication du choix du cadeau (Cheal, 1988, p. 145). Dans le don archaïque, tout confirme notre unicité au sein d'un univers entièrement composé d'unique, de différent. La différenciation moderne doit être construite, la différenciation archaïque est déjà là, immanente, parce que le monde des objets interchangeables, le monde des produits n'existe pas. Parce qu'il est «entièrement plongé dans la subjectivité de sa relation à l'objet, tout échange, avec la nature ou avec d'autres personnes, qui va de pair avec une objectivation des choses et de leur valeur, apparaît [à l'homme de la société archaïque] infaisable. C'est véritablement comme si la première conscience qu'on prend de l'objet comportait un sentiment d'angoisse, comme si on vous arrachait un morceau de votre moi» (Simmel, 1987, p. 77).

Cela explique l'absence de ce que Cheal appelle le don intime dans les sociétés archaïques. Il y a évidemment beaucoup de don vertical. Mais aucun équivalent des dons rituels intimes (Noël, anniversaires, Saint-Valentin, Pâques...) ne semble exister dans les sociétés archaïques, où le don a lieu publiquement et entre groupes. Le seul rituel de don qui se compare sans problème dans les deux types de sociétés, où l'on sent que l'on compare des choses comparables, est celui qui accompagne le mariage, tel que le décrit Cheal. La naissance, l'engendrement est vraiment à la base de tout don, quelle que soit la société. Et toutes les différences s'expliquent par l'indifférence de nos sociétés vis-à-vis de l'apparition de la vie, ce fait fondamental d'où tout provient, vis-à-vis de la création, qu'on a remplacée par la production, projet essentiel de la civilisation industrielle: en arriver à tout produire, à ce que plus rien ne soit créé, à ce que plus rien n'apparaisse, ne vienne au monde qui ne soit produit, y compris la vie humaine, alors que, pour les chasseurs-cueilleurs, rien n'est produit, tout naît, apparaît, est engendré.

Toute la différence est là. Vue par la culture archaïque, cette obsession de la production revient à un désir d'éliminer toute vie, tout supplément, toute apparition, tout extra, toute grâce de l'univers. La société moderne a tendance à mettre tous ses œufs dans la circulation horizontale étendue à la planète tout entière par le libre échange de tout par tous, se désintéressant de la

transmission verticale au point de détruire la planète et de ne plus se reproduire, de se comporter comme si elle se constituait en dernière génération, éliminant ainsi toute verticalité au profit d'une généralisation absolue de la circulation horizontale. Lévi-Strauss a montré que le tabou de l'inceste rompt la ligne de circulation verticale et ouvre l'univers de la circulation horizontale, condition de possibilités de la société. À l'inverse, l'expérience de la modernité met en évidence les dangers que court une société qui s'abandonne à la circulation horizontale. Le rapport qu'une société établit entre les deux types de circulation est crucial.

La naissance a lieu aujourd'hui dans l'intimité, dans cet enclos protecteur inventé par les modernes contre le monde sans grâce de la production, ce qui explique le déplacement du don dans cette sphère de l'intimité, inexistante dans les sociétés archaïques. Le don suit la naissance et le mouvement de la vie. Le don tourne autour de la famille et de la parenté, dans les deux types de société. Les femmes sont au centre des systèmes de don dans les deux types de société. La femme est même un cadeau dans le don archaïque. Dans le don moderne, elle est l'acteur principal du don rituel, intime ou communautaire, et du don aux étrangers, de tous les types de don en fait. C'est pourquoi Cheal termine son ouvrage *The Gift Economy* en affirmant que ce ne sont pas les classes sociales, ni le patriarcat, ni le fait que la femme soit au foyer ou au travail qui déterminent d'abord les caractéristiques du don moderne, mais la différence sexuelle. Le don moderne est une histoire de femmes: «C'est au sein de l'univers de relations propres aux femmes que se sont élaborées les significations modernes du don» (p.183; notre traduction).

Le don suit la naissance. C'est pourquoi il loge aujourd'hui dans l'intimité et s'éteindra peut-être avec les bébés éprouvettes, lorsqu'on sera arrivé à prévoir le sexe de l'enfant, son QI, sa taille, etc., lorsqu'il n'y aura plus de surprise, autrement dit lorsque le bébé sera un produit, et la naissance une production.

La rupture entre l'humanité et le cosmos, rupture par où pénètre le monde des objets, qui finit par envahir le monde tout court et par déferler sur les personnes: voilà ce qui explique l'ensemble des différences entre don moderne et don archaïque, tout en montrant que la fermeture sur l'entre soi est aussi importante dans les deux types de sociétés, selon le point de vue. Claude Lévi-Strauss reconnaissait l'importance de cette fermeture moderne dans son *Anthropologie structurale:* «On a commencé par couper l'homme de la nature, et par le constituer en règne souverain; on a cru effacer ainsi son caractère le plus irrécusable, à savoir qu'il est d'abord un être vivant. Et, en restant aveugle à cette propriété commune, on a donné champ libre à tous les abus [...]. En s'arrogeant le droit de séparer radicalement l'humanité de l'animalité, en accordant à l'une tout ce qu'il retirait à l'autre, l'homme occidental ouvrait un cycle maudit. La même frontière, constamment reculée, a servi à écarter des hommes d'autres hommes, et à revendiquer, au profit de minorités toujours plus restreintes, le privilège d'un humanisme corrompu aussitôt né pour avoir emprunté à l'amour-propre son principe» (Lévi-Strauss, 1973, p. 53). Le don moderne crée des réseaux qui sont à l'abri des objets, qui redonnent un sens aux choses, parallèlement à cette rupture avec le monde engendrée par la généralisation des objets. D'où provient cette rupture?

10

Le passage au don moderne

Il ne saurait être question ici de retracer l'origine de cette objectivation du monde. Nous voulons plutôt, modestement, réfléchir sur l'évolution récente qui a conduit à cette tendance à considérer le don lui-même comme un objet et à le comprendre dans le cadre de la circulation marchande. Le but de ce chapitre est de faire voir comment l'irrpution du marché conduit au paradigme de la croissance et entraîne une tendance à libérer les membres de la société de toute obligation liée aux rapports sociaux, à partir du postulat que tout lien obligatoire peut être remplacé par un bien. Mais on se rend vite compte que le marché ne peut nous libérer de certains liens et que les biens ne remplacent pas tous les liens. Des auteurs comme Mauss ou Titmuss pensent que l'intervention de l'État et de ses politiques sociales de redistribution vient renforcer le système de don plus ancien, permet aux individus de se prémunir contre l'envahissement du marché, et garantit aux individus le droit et la liberté de se créer des obligations, la liberté de donner que le marché tend à supprimer. Nous pensons au contraire que l'État est pour le moins ambigu dans sa fonction de support du don ou de rempart contre le marché et que, historiquement, il a beaucoup contribué à étendre un type de rapport marchand à des secteurs que le marché ne touchait pas.

Après avoir précisé que le don moderne ne tire pas directement son origine du don archaïque, nous présenterons successivement les conséquences de l'apparition du marché et de l'État. Nous analyserons ensuite le résultat principal de cette transformation, soit la séparation et l'isolement de la sphère du don, puis la résistance des membres de la société à cette objectivation du monde.

L'étranger archaïque et l'étranger féodal

Partons de cette constatation évidente: les échanges internationaux actuels sont plutôt loin de la kula! Ils ne sont pas régis par le don, mais par le marché. Et pourtant il reste des traces importantes de cette fonction du don, même dans le secteur des rapports aux étrangers. Car le rapport marchand doit d'abord y être «autorisé» par un rapport de don. Partout où le marché n'a pas déjà établi ses règles «automatiques», ou partout où ce sont les rapports qui comptent, on utilise toujours le cadeau. Ainsi, il y a échange de cadeaux entre chefs d'États de deux pays, au début d'une rencontre qui aboutit à un traité commercial dont les «modalités d'application» sont laissées aux fonctionnaires, et la réalisation effective aux marchands. Le don a autorisé tout ce qui suit; acte fondateur, il a établi la confiance minimale nécessaire à l'échange marchand ultérieur. Dans cet échange où l'on offre un «opening gift», il y a obligation de rendre, mais il n'y a pas contrat, et encore moins contrainte de rendre. Il faut avoir un minimum de confiance pour offrir un cadeau. Lorsqu'on constate que le don est rendu, que le don reçu est beau, qu'il représente le passé, l'âme de la nation avec laquelle on va ensuite commercer, alors on peut poursuivre les échanges marchands. Bien entendu, l'acte officiel est aujourd'hui surtout symbolique et tout se passe principalement en amont de l'acte lui-même, dans les multiples échanges «protocolaires» qui permettent et préparent l'échange de cadeaux «officiels». Le cadeau est l'acte qui institue le rapport de confiance grâce auquel les deux sociétés et leurs membres peuvent «s'abandonner» aux règles du marché. Mais le cadeau est lui-même un échange non marchand, un échange de «présents» garants de l'avenir... marchand. La différence avec la kula est que, dans ce dernier cas, on ne passe pas au marché.

L'envahissement des relations internationales par le marché n'est pas propre au don moderne. Polanyi (1975) a montré l'importance des rapports marchands entre diverses sociétés fort éloignées de la modernité. Ce qui caractérise plus la modernité, c'est l'entrée du marché au sein des rapports entre les membres d'une même société. Or, cela ne s'est pas produit dans les sociétés archaïques, mais dans les sociétés féodales du Moyen-Âge européen, où les communautés locales étaient dominées; à tout le moins elles faisaient partie d'un ensemble beaucoup plus vaste, dont elles se sont libérées par le marché et par la démocratie. Ce point est essentiel: le marché n'a pas d'abord libéré les personnes de leurs obligations sociales «primaires», comme on le laisse toujours entendre en confondant sociétés archaïques et communautés féodales insérées dans un ensemble plus vaste. Le don actuel et le marché ont pour point de départ nos sociétés passées, traditionnelles, féodales, rurales… Peu importe le nom: ce qu'il faut garder en mémoire, c'est que le point de départ, l'origine du statut actuel du don dans nos sociétés est l'introduction du marché dans les rapports sociaux, comme substitut à des rapports internes plutôt qu'entre étrangers. Il faut toutefois préciser que le marché ne se substitue pas à des rapports internes à la communauté elle-même, mais à des rapports qui ne sont ni complètement étrangers ni communautaires, aux rapports d'autorité que constitue le lien féodal au seigneur et au royaume. C'est de cela que le marché (ainsi que l'État) est venu libérer les membres de ces communautés insérées, à la différence des sociétés archaïques, dans des ensembles plus vastes où elles subissaient une certaine domination. C'est d'abord ce lien de soumission relative à l'ensemble plus vaste que modifiera l'introduction du marché, jusqu'à la transformation radicale du lien dans la démocratie représentative d'aujourd'hui. Il faut insister sur ce point: à l'origine du don moderne on ne trouve pas le don archaïque, mais la société féodale. Il n'est pas possible de montrer ici toutes les différences entre les deux; disons seulement que nous sommes en présence de communautés dont les membres vivent des rapports de subordination et que le marché va libérer les individus et la communauté elle-même de ces rapports.

À ne pas reconnaître ce point de départ, on introduit et on maintient ensuite dans toute la démarche une confusion importante entre contrainte et obligations sociales. Le marché et la démocratie représentative ont d'abord libéré les personnes des

contraintes *extérieures* à la communauté; celles-ci sont différentes des obligations imposées par les rapports communautaires,
qui, eux, sont communs aux sociétés archaïques, libres par
rapport à l'extérieur. Dans un deuxième temps seulement, beaucoup plus tard, le marché et l'État-providence voudront faire
éclater également les obligations communautaires. Cette distinction est fondamentale. Nous utilisons les termes «contrainte»
et «obligation» pour marquer cette différence entre une obligation morale, dont le pôle extrême est l'obligation amoureuse,
et la contrainte, qui vient de l'extérieur et dont le pôle extrême
est la force physique. Quelque part entre les deux se situe le
contrat, espace séparant le don de la contrainte, espace que le
marché va étendre, type intermédiaire de contrainte sociale ne
pouvant toutefois exister que fondée sur un rapport de don
préalable qui le rend possible, comme l'illustre l'exemple des
échanges internationaux.

Voyons donc la genèse de cet état de fait, c'est-à-dire l'apparition et la généralisation du rapport marchand et de l'État
comme formes de circulation des biens et des services à l'intérieur d'une société. Ce renversement des rapports aux biens et
aux choses est à l'origine de la place et du rôle du don actuel.
Car cette rupture introduite dans la société permet aux objets de
«voler de leurs propres ailes», de sortir des relations sociales;
tout se passe «comme si les choses déterminaient réciproquement leurs valeurs entre elles» (Simmel, 1987, p.47). Dans un
deuxième temps, comme par un effet de boomerang, cette
objectivation tendra à libérer les relations sociales elles-mêmes;
elle conduira à une vision entièrement négative de toute relation
empreinte «d'attachement» et, ultimement, à l'utopie d'une
société sans relations (ou encore de relations à l'état pur).

Première rupture: le marché

Le fondement, l'origine du renversement, c'est l'irruption du
marché au sein même des rapports sociaux. Qu'est-ce que cela
signifie? Que remplace le marché? Par quoi le remplace-t-il?

Pour assurer la circulation des choses, leur passage d'un producteur à un consommateur, le marché introduit des mécanismes permettant l'établissement de rapports dépersonnalisés entre des individus qui deviennent des agents neutres. Le marché établit un espace qui constitue littéralement un «no man's land», un lieu sans liens personnels où les choses s'échangent entre elles par le mécanisme des prix, lequel est établi indépendamment des agents. «Je vais te faire un prix» est une expression qui témoigne de ce fait, affirmant *a contrario* un privilège accordé à quelqu'un, hors de la règle générale, qui est qu'il n'y a pas de prix pour une personne, mais un seul prix établi indépendamment des agents individuels, étrangers les uns aux autres. Le prix est seulement relié à la chose devenue marchandise. Le marché, comme le dit Simmel, «n'a pas à craindre de déviation due aux impondérables des relations personnelles, quand producteur et acheteur se connaissent mutuellement» (1979, p. 64) et que tout produit est plus ou moins «fait sur mesure», personnalisé.

Que remplace le marché? Dans la société féodale, comme dans la société archaïque, les choses circulent insérées dans les rapports personnels, à l'intérieur de liens communautaires directs, personnalisés, régis par des normes sociales. Ces rapports sont de deux types: il y a les rapports communautaires proprement dits (famille, voisinage, village, etc.), et les rapports de servage, qui, tout en étant aussi personnels, comportent une dimension de subordination et de dépendance vis-à-vis des membres d'un autre groupe social (Simmel, 1987, p. 416). Le marché touchera peu au premier type de rapports. Il influencera surtout le deuxième type, qui n'existe pas dans les sociétés archaïques. Alors que, dans le modèle archaïque des chasseurs-cueilleurs, rien n'est produit au sens strict, dans la société féodale, le serf produit quelque chose. Et il ne produit pas que pour lui ou pour les membres de sa famille ou de sa communauté immédiate. Par contre, à la différence de ce qui se passe dans le marché, il sait bien pour qui il produit, et les signes sont nombreux et connus de ce rapport personnalisé entre le seigneur et les serfs, et même entre le roi et ses sujets. Tout ce qui est

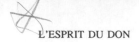

produit est destiné à quelqu'un. Tout ce qui est produit a une raison, une utilité sociale immédiate connue, évidente, inscrite dans l'indissociabilité de l'acte de production et de sa fin, la personne à qui le produit est destiné.

Cette réalité fondamentale des rapports sociaux va changer avec l'arrivée du marché. La société marchande a commencé le jour où on a décidé de fabriquer une chose non pas parce qu'un utilisateur l'avait «demandée», en «avait besoin», non pas parce que le fait de produire pouvait être utile à *l'utilisateur*, mais parce qu'il pouvait être indirectement «utile» au producteur, si celui-ci réussissait à vendre la chose produite bien entendu. Le jour où fut inversé le rapport entre fabricateur et utilisateur, le jour où un cordonnier, au lieu de fabriquer une paire de chaussures commandée par quelqu'un, en fabriqua cent paires, se préoccupant ensuite seulement de trouver la «demande», fut inventé le surplus; car «l'homme qui vit en société ne produit pas de surplus à moins qu'il ne le désigne ainsi» (H. W. Pearson, 1975, p. 306). En faisant produire dorénavant pour des inconnus, le marché libère de la subordination personnelle. Mais, ce faisant, il instaure une incertitude fondamentale concernant l'adéquation entre ce que le producteur fait et ce que l'usager veut. Cela entraîne entre eux l'apparition d'un intermédiaire chargé de gérer cette incertitude, le marchand, qui deviendra le centre du système parce qu'il assumera le risque lié dorénavant à la production, le risque permanent de la surproduction. Le marché instaure une menace permanente d'insuffisance de la demande, comme le montrera Keynes. «Le problème central, c'est le risque permanent de la "surproduction", puisque la production est [dorénavant] destinée à des groupes relativement instables et fluctuants, inconnus et incontrôlables» (Gouldner, 1989, p.18). C'est ce que signifie la dépersonnalisation de l'acte de produire, sa décontextualisation, la transformation d'un acte social inscrit dans un rapport entre deux personnes concrètes en acte économique libéré de ce rapport et inscrit seulement dans un contexte de production.

Très rapidement, le cordonnier vendra donc sa production à un intermédiaire, le marchand, qui deviendra responsable de trouver les utilisateurs, qu'on appellera des consommateurs. Le marchand devient le porteur de l'incertitude engendrée par la primauté de la production. On procède ainsi à la construction sociale du couple consommateur-producteur, et le producteur devient *premier* dans cette relation. Le sens de la relation est inversé. La société est alors devenue «utilitariste»: elle s'est mise à chercher l'utilité, car celle-ci n'allait plus de soi. Elle a nommé l'utilité et l'a dissociée de l'usage en la réduisant à l'acte d'achat par un consommateur. Alors sont apparus les deux thèmes récurrents et complémentaires de la crainte du surplus et de sa face inversée, la crainte de la rareté. Le grand paradoxe de cette société, c'est que l'objectif de tout producteur sera de produire de l'inutile. Car l'économie et ses agents sont tous mobilisés dans la production de surplus. Or, qu'est-ce qu'un surplus, sinon, par définition, une chose non nécessaire à celui qui la produit, une chose à laquelle il va falloir trouver une utilité, qui ne va plus de soi. Le surplus, c'est ce qui se cherche une utilité[1]. Et cette utilité est le résultat d'un calcul, celui du marchand.

La production se met non seulement à exister indépendamment de l'usage, mais elle devient première. De moyen, elle devient une fin. Dorénavant, le producteur «ignore la destination finale et le but ultime de ses activités. [...] Son but ne peut plus être de chercher à adapter son produit aux désirs de son destinataire, mais plutôt d'en écouler au meilleur prix une quantité aussi grande que possible. Par la force des choses, [...] il ne peut pas ne pas prendre les moyens pour des fins[2]». Le monde des produits — ces choses étranges sans filiation, en quête de sens, impensables comme on l'a vu dans l'univers archaïque — va envahir la société, qui va progressivement se soumettre à eux, de plus en plus. La tendance permanente à créer artificiellement des besoins pour écouler la production devient ainsi inhérente au système.

C'est pourquoi, plusieurs siècles plus tard, on en arrive à trouver normal et souhaitable de faire creuser un trou par quelqu'un et de le faire ensuite boucher par un autre, pour «créer» de l'emploi, c'est-à-dire des producteurs. Pourquoi? Pour relancer le système, pour créer un pouvoir d'achat engendrant une demande qui va faire repartir la machine à produire, cette dernière fonctionnant ensuite toute seule. On paye donc des gens pour creuser et remplir des trous dans le seul but d'introduire de l'argent dans le circuit économique. Mais alors, pourrait-on naïvement demander, pourquoi ne pas simplement distribuer l'argent: il se pourrait que dans le temps non occupé à creuser et remplir le trou, les personnes qui reçoivent l'argent fassent par ailleurs des choses utiles, et tout le monde serait gagnant sur tous les plans? De toute évidence, il n'y a pas de raison purement économique de soumettre ainsi les membres de la société à la production comme condition d'accès à la consommation. Il y a un postulat moral dans le fait de devoir produire même si cela n'a aucune utilité au sens d'usage, pourvu que cela fasse augmenter le PNB. Ou plutôt, la production est devenue la définition même de l'utilité dans le système et le fondement de la valeur des personnes. L'utilité, c'est toute production ayant une valeur monétaire, sans égard à son utilité au sens d'usage pour quelqu'un. À la limite, le système n'accorde plus aucune importance à la valeur d'usage. Ce qui intéresse le marchand, c'est-à-dire celui qui va assumer le plus grand problème de cette société, celui d'établir un lien antérieurement automatique entre le producteur et l'usager, et la plus grande incertitude, celle que les produits ne trouvent pas d'usagers, c'est la production, sa croissance perpétuelle. S'il pouvait trouver autre chose que l'usager transformé en consommateur, il se passerait de ce dernier avec soulagement. Il a d'ailleurs en partie trouvé ce qu'il cherchait avec l'industrie des armements: ceux-ci n'ont pas à être utilisés, mais seulement produits, puis déclarés obsolètes; cela permet d'en produire en permanence sans attendre l'utilisateur d'armements, ce dont nous ne nous plaindrons certes pas. Comme le dit si bien Gouldner, «l'utilité, réelle ou supposée, tend à devenir un poids historique dont on peut se délester» (1989, p. 29).

L'usage, et donc l'usager, n'est plus la raison d'être de celui qui fabrique quelque chose, comme on le concevait par exemple en Grèce. Pour Platon, «pour chaque chose existent trois sortes d'art: de son utilisation, de sa fabrication, de son imitation. Ils appartiennent à l'usager, à l'artisan, au peintre. Le peintre, comme tous les autres imitateurs, ne sait rien de la chose que son apparence extérieure, dont il va jouer par des «artifices» pour donner l'illusion de la réalité. L'artisan fabrique effectivement la chose mais sans parfaitement connaître, en tant qu'artisan, son *eidos*, c'est-à-dire sa fin. L'usager seul possède cette compétence» (Vernant, 1985, p. 293). L'introduction du marché renverse complètement cette séquence. Le producteur devient premier et l'usager n'est rien de plus qu'un instrument nécessaire à l'écoulement de la production. Il se transforme en consommateur. Les rôles sont renversés.

Le renversement de l'ordre fin-moyen va de pair avec la coupure radicale entre le producteur et l'usager. La chose qui circule ne transporte plus le lien social, elle en est dissociée, elle est libérée du don. Le lien social doit se «réfugier» ailleurs, dans le «reste» de la société. La production est devenue le but de la société. Et le marchand est celui par qui l'utilité entre dans le système parce que le produit acquiert grâce à lui une valeur monétaire qui n'a souvent rien à voir en soi avec l'usage: elle est liée uniquement au fait que quelqu'un achète. Les anthropologues connaissent-ils d'autres sociétés ayant un tel rapport à l'utilité, la gratuité, le superflu? Vue sous cet angle, la société moderne ne cherche pas à être utile. Elle veut produire, un point c'est tout. N'importe quoi, des trous vides aux trous remplis. Ou, ce qui revient au même, elle a sa définition à elle de l'utilité: la production maximale de tout ce qui est susceptible de se transformer en marchandises. Et son grand problème, par rapport au marché, est que ce mécanisme d'«écoulement» de ce qui est produit dépend du consommateur, c'est-à-dire des membres de la société, qui auront toujours tendance à résister à cette transformation universelle de leur monde en produits, en objets détachés de tout lien social et de tout sens, en objet social non identifié. Le consommateur conserve toujours cette tendance à maintenir une conception différente, «passéiste» de l'utilité qui ne se réduit pas à l'écoulement, à la consumation (Bataille, 1967) du produit. Il veut que ça serve, il veut insérer les choses dans un autre système de valeur. Comme disait Le Corbusier à propos de l'usager, «malheureusement, [...] il veut toujours n'en faire qu'à sa tête». Toute la publicité consiste à tenter de le convaincre qu'il a tort, qu'il ne doit pas se définir comme usager ou membre d'un réseau de personnes, mais seulement comme consommateur d'objets, qu'il doit se débarrasser des derniers résidus de sa mentalité archaïque!

Le système marchand assume cette incertitude fondamentale créée par le fossé entre le producteur et le consommateur résultant de la dépersonnalisation des rapports sociaux de production. Cela le distingue du système socialiste, qui transforme la société en un système de production pur, en une communauté des producteurs, en éliminant le seul mécanisme de liaison entre les deux agents situés aux deux pôles de ce système, entre le producteur et le consommateur: le marché. Même si ce dernier a constamment tendance à créer des besoins, il existe un mécanisme de contrôle, qui disparaît dans une société où on l'élimine, et dans les secteurs qui ne sont contrôlés ni par lui, ni par la communauté, comme l'État.

Seconde rupture: l'État

L'extension du rapport marchand s'arrêtera longtemps à la production des choses et, pour de multiples raisons, touchera peu les échanges de services; ceux-ci demeureront régis par les liens communautaires personnalisés. C'est donc surtout des rapports personnels de dépendance économique que le marché, pendant longtemps, libérera les individus en libérant la circulation des choses et en introduisant la rupture producteur-consommateur sans modifier pour autant les autres rapports sociaux. Il importe d'insister sur ce point. Le marché influence peu le système de relations primaires, la famille, la parenté, le village. Il libère de la subordination vis-à-vis du seigneur. Mais les liens communautaires ne sont au départ guère modifiés par lui. Ils le seront plus tard par l'industrialisation et le démantèlement physique des communautés, lesquelles ont d'ailleurs tendance à se reconstituer dans l'espace urbain. Bien plus: le rapport marchand et l'argent peuvent être au service des rapports communautaires. Ils n'en constituent jamais un substitut direct précisément parce qu'ils évacuent par définition tout lien personnel, toute personnalisation de la chose qui circule propre au rapport de don. Dans la mesure où la liberté marchande est entièrement négative, vide de contenu personnel, purement «objectale» (Simmel, 1987, p. 504-517), elle peut être utilisée pour faire circuler les choses entre les communautés sans tendre par ailleurs à remplacer les liens communautaires directs entre producteurs et usagers. Marché et communauté ne sont pas en concurrence, pour ainsi dire.

C'est ce qu'illustre bien Simmel (1987, p. 428 et suivantes) en décrivant les premières fédérations d'associations fondées uniquement sur les cotisations des associations membres, en vue de défendre leurs intérêts communs sans influer sur l'appartenance première à l'association membre, à laquelle on tient farouchement. Simmel montre que seul l'argent (symbole ici du marché) permet de tels regroupements sans influencer la nature des organismes membres et le lien des membres individuels avec «leur» association. «La forme monétaire de l'intérêt commun procure aux associations la possibilité de se fédérer au sein d'une unité plus haute, sans qu'aucune ait besoin de renoncer à son indépendance et à sa spécificité[3]» (p. 429-30).

Mais le développement de la modernité ne s'arrête pas là. C'est l'État, démocratique et providence, qui prendra la relève du marché dans le domaine des services. Il prendra en charge une partie importante des échanges de don «laissés de côté» par le marché et les transformera lui aussi en rapports de type marchand. Il libérera le domaine des services rendus en le fondant aussi sur une rupture entre ses agents producteurs de services et ceux qu'il appellera, selon les circonstances, usagers, bénéficiaires, administrés, etc.

L'État était bien sûr présent dès le début de ce processus, jouant un rôle capital dans l'établissement du marché lui-même. En outre, la démocratisation de l'État est étroitement liée aux dons faits au roi par ses sujets, processus qui aboutit au célèbre «no taxation without representation». «Initialement [...] c'est le peuple, au sens large, vague, du mot, qui décide de fournir — de donner des subsides au roi» (Guéry, 1983, p. 27). Dans ce cas comme pour le marché, il est donc important de rappeler que le point de départ n'est pas une société archaïque, c'est-à-dire «naturellement» démocratique, comme dit Jean Baechler (1982), mais une situation où les communautés font partie de royaumes ou d'empires et sont donc «gouvernées» de l'extérieur. Ni la démocratie grecque (Baechler, p. 87) ni la démocratie archaïque ne sont à l'origine de la démocratie moderne. Cette dernière est représentative et non directe et elle résulte de la transformation progressive d'un gouvernement *extérieur* à la société, que l'on s'est peu à peu approprié au lieu de s'en libérer, ou plus précisément dont on s'est libéré en se l'appropriant partiellement, le don jouant d'ailleurs un rôle non négligeable dans ce processus, comme l'a si bien montré Alain Guéry en analysant le passage «du don à l'impôt» (1983).

Parallèlement, tout un ensemble de rapports de «service» entre les personnes (services aux enfants, aux vieux, à tous ceux — ce qui nous inclut tous — qui ont un jour ou l'autre besoin des services des autres) sont aussi «sortis» du système de don pour être assumés cette fois surtout par l'appareil étatique et ses professionnels et employés. Tous les services qui ne peuvent pas être assurés par le marché tendent à être dispensés par l'État, qui prend ainsi la relève du marché.

La dualité producteur-usager se répand donc en dehors du marché et de la fabrication des biens, avec l'arrivée de la démocratie représentative, où le citoyen devient à son tour administré et consommateur de biens politiques produits par une autre catégorie d'intermédiaires, différente des marchands: les nommés, intermédiaires entre les élus et les citoyens.

La démocratie représentative instaure une autre rupture fondamentale pour la modernité, cette fois entre gouvernants et gouvernés. À l'instar du marché dans les rapports économiques, elle introduit l'étranger dans les rapports politiques. Ce nouveau rapport est ignoré autant de la démocratie directe archaïque que de la démocratie athénienne. Cette dernière, fondée sur la *philia,* ne connaît pas la distinction producteur-usager. Dans la démocratie représentative, entre l'élu et le citoyen s'insère un autre intermédiaire, le nommé, le bureaucrate, qui occupe la place laissée par la brisure du lien communautaire entre les gouvernants et les gouvernés. Cela conduit à la situation qui caractérise l'État-providence, soit un deuxième processus parallèle d'hypertrophie des intermédiaires au nom de la liberté et de la croissance. À l'hypertrophie du marchand, intermédiaire entre le producteur et le consommateur, va bientôt s'ajouter l'hypertrophie des nommés dans le rapport politique, intermédiaires entre les élus et les citoyens. Le premier secteur fait vivre le second puisque le nombre des nommés croît dans la mesure des impôts prélevés sur les échanges marchands monétaires. Les deux systèmes se nourrissent de l'argent.

Ces deux processus, en introduisant au centre de la relation une coupure, un fossé croissant, séparent progressivement le producteur de l'usager, l'offre de la demande, tout en les intégrant dans des systèmes différents et opposés. En généralisant le recours à l'intermédiaire, ils tendent à terme à transformer toute relation sociale en un lien entre étrangers et en un instrument au service de ce qui circule.

Dans le secteur public, le recours à l'intermédiaire prend la forme du processus de professionnalisation et de bureaucratisation des services, qui ne remplacera pas cette fois un rapport de domination extérieur à la communauté, mais touchera directement les liens communautaires. Illustrons ce processus par un exemple tiré de ce qu'on appelle le «travail social». Au départ assumé par les rapports de parenté, de voisinage, d'amitié, bref par des liens personnels directs (que nous appelons communautaires), cet ensemble de services a été peu à peu transféré à des employés du secteur public ou à des organismes spécialisés dans ces services et subventionnés par l'État. Ce transfert s'effectue au nom de l'égalité et de l'universalité, mais aussi au nom d'un désir de libération des liens sociaux obligatoires. Ce processus de libération tend à transformer la démocratie elle-même en un mécanisme quasi marchand: nous payons par nos impôts, ou directement, des individus qui, à leur tour, sont évidemment payés pour faire un travail, le «travail social», qui consiste en fait essentiellement en des liens sociaux. C'est pour certains un grand «gain» parce que les femmes, qui avant s'occupaient «gratuitement» de leurs enfants, de leurs parents, s'occupent maintenant des enfants et des parents des autres en étant payées pour le faire.

Pour ne pas être exploités, ces employés cherchent à se professionnaliser. Et nous en arrivons au rapport producteur-usager caractéristique de la modernité. On remarque rarement le changement profond de relation qu'implique ce passage du familier à l'étranger par le moyen de l'argent: c'est la généralisation d'un rapport marchand non concurrentiel. Pour comprendre le sens de ce rapport, il faut sortir du dualisme producteur-usager et essayer de le penser de l'extérieur.

Poursuivons avec le même exemple en adoptant la perspective du don, c'est-à dire en nous posant la question de la qualité du lien social. Que signifie ce transfert? Que signifie le fait que des femmes (car en grande majorité ce sont elles qui occupent ces postes) sont maintenant payées (c'est-à dire qu'elles se paient entre elles, puisque ces services sont financés par l'impôt, qui est un prélèvement sur leurs revenus) pour «dispenser» des services à des étrangers, au lieu de «rendre» des services à leurs proches? À une échelle macro-sociale, tout se passe comme si une femme avait dit à une autre: «Occupe-toi de ma vieille mère, je te paierai; moi je m'occupe de tes enfants, et tu me paies. Nous voilà toutes deux libérées. Nous ne sommes plus exploitées, nous sommes payées.» Libérées de quoi? Essentiellement du lien social, à cause de la dissociation qui s'instaure entre le service rendu et le lien personnel avec le «bénéficiaire». Il existe certes encore un danger d'attachement à la personne à qui on dispense le service. C'est pourquoi on dépassera rapidement ce stade en spécialisant, en décomposant le service rendu, de sorte qu'au lieu de dispenser l'ensemble des services à une seule personne, chaque employé ne dispensera plus qu'une fraction des services à un grand nombre de «clients», minimisant la probabilité que se recrée un lien social préjudiciable à la liberté si chèrement gagnée.

Vues avec les lunettes du modèle marchand, les choses n'ont pas changé. Car le marché ne s'intéresse qu'aux points de départ et d'arrivée et veut seulement savoir si le bien ou le service ont été produits et dispensés. Il ne s'intéresse en rien au support, à la qualité de ce qui transporte le service, au lien entre le producteur et le recepteur, qu'il tend d'ailleurs à confier à des spécialistes (équivalents de l'intermédiaire dans la circulation marchande). Cette nouvelle façon de rendre les services est donc strictement équivalente en termes marchands, et elle est supérieure à l'ancienne en termes technocratiques puisqu'elle introduit une spécialisation et donc un accroissement supposé de la qualité des services. Mais en termes de liens sociaux, il existe une grande différence: maintenant, les deux femmes dont nous avons parlé ont des liens avec des étrangers. Et c'est en cela précisément que consiste leur libération. Quant à leurs enfants ou à leurs parents, elles pourront se contenter de les aimer, sans être obligées de leur rendre des services: elles pourront les aimer à l'état pur.

On en arrive ainsi à cette utopie, à cet étrange lien affectif devenu gratuit, au sens qu'il est débarrassé de tout aspect matériel ou utilitaire, au sens que plus rien n'y circule sauf des sentiments. La rupture est totale entre ce qui circule et les sentiments. Selon cette utopie, nous finirions par être entièrement transformés en producteurs de certains biens et services d'une part, en usagers de certains autres d'autre part. Mais nous ne produirions (fabriquerions, créerions) plus rien, ni ne rendrions plus aucun service en dehors de ce cadre et de ce statut. En dehors de ces institutions de services, nous continuerions certes à aimer, à détester, à avoir les uns à l'égard des autres tous ces sentiments qui sont essentiels à nos rapports quotidiens; mais nous vivrions tout cela à l'état pur, sans surtout que circulent des biens ou des services sur la base de ces sentiments. Après avoir d'abord été condamné comme étant un comportement où l'on se «fait avoir» parce qu'on le «produit» gratuitement, tout geste qui pourrait être interprété comme un service finirait par être interdit: seuls ceux qui ont la compétence requise, attestée par des diplômes, auraient le droit de l'accomplir; mais, d'autre part, la contamination des sentiments par les choses est un phénomène aussi inéluctable que néfaste; alors, rendre un service deviendrait un acte anti-social enlevant du travail à ceux qui sont spécialisés dans ce type d'actes. C'est, poussé à la limite de l'absurde, ce que signifierait le projet moderne de libération complète des liens sociaux. Libération, pour quoi faire?

La liberté de produire plus

L'État et le marché sont tous deux fondés sur les intermédiaires: les nommés et les marchands. Ces deux systèmes nous libèrent du rapport de don. Mais ils nous soumettent à la loi de la production. La production devient première, le produit envahit le monde. Production de biens, puis de services. Ces deux mouvements fondent la grande aventure de la libération des liens sociaux, c'est-à-dire cette double tendance à nous délivrer de tout lien social, mais à nous livrer à l'accroissement permanent de la production et à la domination de la marchandise, principalement sous la forme de l'argent. C'est l'envers de la médaille. Car l'individu moderne, grâce aux biens qu'il accumule ou qu'il dilapide, est libre de tout lien. Mais il n'est pas libre de ne pas produire toujours plus, autrement dit de créer du surplus en permanence (Pearson, 1975). Ou alors il n'est pas moderne. C'est la définition minimale de la modernisation. Ainsi, un auteur comme Belshaw (1965), qui porte pourtant une attention toute particulière à définir la modernisation de façon neutre et non occidentalo-centriste, affirme que nous, occidentaux, n'avons pas à définir quel produit, quelle production une société quelconque décide d'augmenter... pourvu qu'elle décide d'augmenter quelque chose! Telle est la définition minimale de celui, individu ou société, qui adhère au principe de la modernisation. Une société peut décider «de former des sorciers plutôt que des psychiatres» (p. 146). Elle aura toujours droit au titre de société moderne. Le marché est neutre, ne se mêle pas de ce qu'une société produit, à condition qu'elle produise quelque chose, et toujours plus. Car «la présence d'une orientation faisant de l'expansion un critère de succès constitue l'une des conditions indispensables de la modernisation» (*Ibid.*). Autrement dit, «une société moderne ne vise pas à atteindre un équilibre statique entre l'offre et la demande, état caractéristique de la plupart des sociétés primitives» (p. 110; les traductions sont de nous). Tout le reste peut à la rigueur être statique dans une société, mais pas l'équilibre entre l'offre et la demande.

Qu'est-ce à dire? Que toute société qui considérerait que le niveau atteint de biens monétarisés est satisfaisant, dont les membres décideraient de faire autre chose (de la musique, de la méditation, des fêtes, des palabres, ou... rien du tout) ne serait pas moderne, retournerait à la primitivité caractérisée par un «équilibre statique» entre l'offre et la demande. Qu'une société moderne n'a pas cette liberté-là...

Or, cela est indissociablement lié à la rupture producteur-usager, et à la négation du rapport de don qui fonde le rapport au monde des sociétés archaïques. Pourquoi? Poursuivons le raisonnement. En fait, une société moderne pourrait à la rigueur trouver acceptable que ses membres se consacrent surtout à la musique et même à la méditation plutôt qu'à la production d'ordinateurs plus performants ou d'avions parcourant en douze minutes de moins le trajet Montréal-Paris... Car, comme le dit Belshaw, nous n'avons pas à décider de ce qui doit être produit, pourvu qu'on en produise de plus en plus. Une société pourrait donc être moderne et se consacrer surtout à la musique ou à la méditation. Là n'est pas le problème fondamental, lequel se situe dans la manière de faire, plutôt que dans la nature de l'activité. La société moderne peut «investir» dans n'importe quelle activité (le passage de la production de «biens» à la production de «services» ou d'«information» est donc à cet égard secondaire), mais à une condition: celle de développer une professionnalisation de l'activité, une expertise, des lieux spécialisés, une infrastructure matérielle sophistiquée, des producteurs de méditation, des vendeurs et des consommateurs de méditation; à condition, autrement dit, que l'activité connaisse une croissance quantitative monétaire mesurée par le PNB, et ne se contente pas d'un «équilibre statique»; à condition, donc, qu'elle perpétue la division producteur-consommateur, qu'elle ne se fasse pas, comme on dit, de façon «informelle» (sans forme), qu'elle ne soit pas entre les mains d'amateurs (qui aiment s'y adonner), c'est-à-dire à condition qu'elle ne soit pas transmise dans des réseaux de réciprocité et de don, n'ait pas lieu dans un *contexte* de don, mais au sein d'un *ordre* marchand ou bureaucratique. Bureaucratie et marché sont, sous cet angle, équivalents, l'une reproduisant le modèle producteur-intermédiaire-client propre à l'autre et niant tout autant le rapport de don.

La croissance perpétuelle, la rupture producteur-usager et la négation du lien social (qui, lui, n'est pas fondé sur cette rupture) sont une seule et même chose, et nous commençons à voir en quoi leur généralisation constitue une négation du don. Le don archaïque fonctionne sur «fond» d'obligation sociale, réalité que la modernité n'a de cesse de nous rappeler et dont elle veut nous libérer. La culture moderne, au lieu de se préoccuper d'abord de ce qui nous relie les uns aux autres, vise d'abord à nous libérer des autres, à nous émanciper des liens sociaux conçus comme autant de contraintes inacceptables. L'horizon de ce processus est que tout lien social doit devenir volontaire. C'est la généralisation de l'*exit,* le grand cadeau de la modernité: n'avoir de rapports que librement choisis, les autres étant reportés sur le marché et l'État et assumés par eux. Et par nous en tant que travailleurs... mais cela est oublié.

La dissociation de l'utilitaire et du gratuit

C'est cette évolution qui, à terme, donne l'impression que le don, presque complètement évacué de la société moderne, est remplacé par ce double système qui isole le producteur de l'usager et multiplie du même coup les intermédiaires. Et il est vrai que la tendance «naturelle» de ce double mouvement est à l'élimination du don, tout en se nourrissant de lui, paradoxalement, en le considérant comme acquis. Ainsi, les études sur la famille ont souvent montré à quel point le système économique a besoin de ce réseau et en est dépendant (Sgritta, 1983).

C'est la séparation des deux univers de peur d'une perversion réciproque. D'un côté, les choses et les services doivent pouvoir circuler sans avoir «à craindre de déviation due aux impondérables des relations personnelles» (Simmel, 1979, p. 64). D'un autre côté, les liens affectifs, comme le dit François de Singly, ne doivent pas être corrompus par des considérations marchandes. Le don étant ce qui circule en demeurant imbriqué dans les liens sociaux, la séparation totale des deux sphères l'élimine. Voilà l'utopie de la modernité, l'illusion omniprésente dans l'esprit moderne. Ce qui caractérise la modernité, ce n'est pas tant la négation des liens (position extrême tenue par peu de personnes, même chez les économistes) que la tentation constante de les réduire pratiquement à l'univers marchand ou alors de penser les liens et le marché de façon isolée, comme deux mondes imperméables, mais dont le premier, au contact avec le second, est toujours contaminé et finalement soumis à lui. On n'arrive pas à les penser ensemble. Cela donne l'impression que le monde est divisé en deux: d'un côté les scientifiques, la production, les affaires, les choses sérieuses, réelles, dominées par l'utilitarisme; de l'autre la poésie, la grande et la populaire, la chanson, l'art, la religion, l'amour, l'amitié, régis par les sentiments (l'autre état qui, comme dit Musil, n'est d'aucune utilité pour l'autre monde, celui de la vie quotidienne). Ces deux mondes nous envoient quotidiennement et en permanence des messages totalement contradictoires. C'est le «double bind» de l'Occidental. Ainsi, Alain Touraine, à propos de l'Amérique latine, affirme d'un côté: «Je pense [...] que la modernité ne se confond pas avec la rationalité mais plutôt avec une image de plus en plus complexe et complète de la personne humaine, qui est à la fois raison et sentiment, individualité et communauté, passé et avenir, et qu'en face d'un Occident obnubilé par ses intérêts et ses plaisirs [...] l'Amérique latine vit, avec plus de force et d'imagination que toute autre partie du monde, la recherche d'une nouvelle modernité...» (1988, p. 157-158). Mais n'oublie-t-il pas cette idée lorsqu'il conclut, dans le même ouvrage, en affirmant: «Tant que l'Amérique latine restera une société traditionnelle où le paraître compte plus que le faire et *les relations personnelles plus que le calcul rationnel*, [...] elle n'aura de choix qu'entre le sous-développement global et une dualisation croissante» (p. 468; c'est nous qui soulignons).

La pensée moderne est-elle capable de penser les deux ensemble? La seule façon pour la modernité de «sauver» les liens de leur soumission à la production marchande semble être de les évacuer de toute circulation de biens, de les isoler dans un lien à l'état pur. Mauss termine son essai sur le don en suggérant au contraire que le mélange de l'intérêt et de la gratuité caractérise la plupart de nos gestes d'échange non marchand (1985, p. 258 et suivantes). Cela peut apparaître comme un lieu commun. En fait, par une telle proposition, il s'oppose fondamentalement à l'idéologie de la séparation des sphères qui domine la société moderne. Cette incapacité de penser les biens au service des liens conduit à évacuer toute circulation de biens dans les liens affectifs. La séparation en deux sphères étanches existe aussi dans la pensée quotidienne courante. Plusieurs personnes acceptent mal, par exemple, qu'on utilise le langage marchand (dette, échange) dans le domaine du don. Et, inversement, ne dit-on pas qu'en affaires on ne doit pas faire de sentiment? Dans une perspective où toute circulation de choses est nécessairement régie uniquement par le principe de l'intérêt, on en arrive à cette séparation des deux sphères.

Sans cette séparation radicale, le lien social serait obligatoirement soumis à la circulation des biens comme dans le modèle marchand. C'est Simmel qui, mieux peut-être que tout autre, a exprimé cette logique de l'autonomisation radicale: «En enfonçant un coin entre la personne et la chose, l'argent commence par déchirer des liens bienfaisants et utiles, mais il introduit cette autonomisation de l'une par rapport à l'autre dans laquelle chacune des deux peut trouver son plein et entier développement, à sa satisfaction, sans subir les entraves de l'autre.» (1987, p. 420). «La teneur de l'existence devient de plus en plus objective, impersonnelle, pour que se personnalise toujours davantage le reste non réifiable de celle-ci» (p. 602). C'est ainsi que, comme nous le constatons dans la conclusion du chapitre précédent, tout devient objet et que le lien social se trouve encerclé par un univers de produits qui sont censés le contaminer nécessairement par contact. Le lien social ne peut donc plus exister qu'«à l'état pur», sans aucune circulation de choses! Le don se réfugie ailleurs, c'est-à-dire dans ce qui reste de non moderne, dans l'autre face, dans un univers séparé. Mais même cet univers de lien pur tend à être vu comme un produit, comme un bien. Le modèle marchand a continuellement un double statut: celui d'être un des deux modèles, mais celui d'englober aussi les deux, d'être le méta-modèle de référence, car même quand on parle de la pure sphère des liens affectifs où aucun bien ne doit circuler, on a encore tendance à décrire le lien comme un bien. C'est ainsi que F. de Singly utilise à plusieurs reprises le concept de «bien affectif», même s'il s'agit d'un modèle où «sont exclus les services autres qu'affectifs ou sexuels» (1988, p. 137).

L'autre côté de la médaille, c'est que tous les rapports non volontaires, non libres sont renvoyés dans l'univers du travail et sont «produits» par le marché ou l'État, par l'individu en tant qu'employé, en tant que producteur. Ces rapports sont dits libres parce que ce qui y est produit (biens ou services) l'est pour des étrangers, des personnes pour qui nous n'avons pas d'obligations découlant de liens personnels. Le don moderne devient donc totalement libre et ouvert à tout lien, dépendant seulement des affinités électives du moment. Et l'obligation est prise en charge par le marché et l'État. Ce qui était étroitement imbriqué dans la société archaïque devient «idéalement» (au sens webérien et aussi au sens de l'idéal de la société) totalement séparé.

Si ce modèle était réalisable, on atteindrait l'accomplissement de cette rupture, l'élimination du principe communautaire en tant qu'il comporte des obligations, la libération totale du lien et son transfert dans un secteur où les rapports entre les personnes fonctionnent entre étrangers, entre «non engagés» où il n'y a pas de surprise, pas d'imprévu, où jamais ne peut se dissimuler, comme sous le don, l'obligation, voire le poison.

Mais cette situation est une ligne d'horizon, une asymptote, un idéal jamais atteint. Il existe dans la société moderne un noyau dur de rapports sociaux qui sont encore insérés dans un système d'obligations, de liens sociaux. La libération par rapport à ces liens n'est en fait souhaitée par personne. Même si on se permet d'en rêver lorsqu'on les trouve trop lourds, sa réalisation effective est rejetée catégoriquement par la majorité. Le rapport aux enfants est ici à la fois la meilleure illustration et le fondement de tout rapport de don, illustration de ce «roc» dont parlait Mauss, sur lequel viennent se briser et se retirent, comme une vague (Simmel, p. 443), toute tentative et tout mouvement de «libération» totale des rapports sociaux. S'il est vrai qu'au Moyen-Âge un vassal était considéré comme plus avantagé qu'un serf parce qu'il pouvait changer de seigneur (Simmel, p. 367), et que le progrès introduit par le marché a consisté à libérer tout le monde de ce type d'obligation, on hésite donc, même aujourd'hui, à pousser le progrès de la liberté jusqu'à la possibilité de changer de parents.

Mais le rapport aux enfants est peut-être lui-même menacé d'une autre façon, avec les bébés éprouvettes et toutes les techniques qui vont faire en sorte qu'un enfant sera de moins en moins donné et de plus en plus produit, que nous en serons de moins en moins les procréateurs, et de plus en plus les coproducteurs. Et il est relativement vain de proclamer parallèlement des chartes des droits des enfants. Car un droit n'a de sens que pour quelqu'un qui peut les défendre. Pour ceux qui en sont incapables, on ne peut imposer que des devoirs, des obligations à ceux qui ont déjà des droits et qui seront chargés de protéger ceux qui n'en ont pas. Mais qui se sent vraiment obligé vis-à-vis d'un produit, d'une marchandise?

«L'argent (ou le marché) crée des relations entre les humains, mais c'est en laissant les humains en dehors de celles-ci» (Simmel, 1987, p. 373). Un artiste vend un concert et l'on doit payer pour y assister. Le lien entre l'artiste et le spectateur est apparemment entièrement quantifié. Mais ni l'un ni l'autre ne s'en satisfont. L'un et l'autre veulent autre chose que le rapport objectivé. L'artiste veut être applaudi, le spectateur aussi veut applaudir, les deux veulent établir un lien inassimilable par le marché, non quantifiable, gratuit par rapport à lui. C'est ainsi que le don se glisse partout dans les interstices, il déborde, il détourne, il ajoute par rapport à ce que le rapport utilitaire tente de réduire à sa plus simple expression, l'expression monétaire, dont la caractéristique est «de ne posséder d'autres qualités que sa quantité» (Simmel, 1988, p. 43).

Résistances et contre-mouvements

Résumons. Le marché ne permet pas de nous libérer de tout. C'est pourquoi nous avons eu recours à l'État-providence pour poursuivre la grande entreprise de libération de nos obligations. Prenant la relève du marché, l'État vise à libérer les individus de toutes leurs obligations sociales en tranformant celles-ci en obligations contractuelles pécuniaires, quasi marchandes. L'usager paie, le producteur est payé: cela remplace l'obligation sociale.

Or, on constate que l'État cause les mêmes inconvénients que le marché en ce qui concerne la dépersonnalisation du rapport, en y ajoutant une irresponsabilité propre aux structures bureaucratiques, qui a été maintes fois analysée et sur laquelle il n'y a pas lieu de revenir ici. Bien au-delà de la crise financière, ce fut et c'est la crise de l'État-providence: la réaction de l'usager contre les inconvénients de ce système, par la réactualisation de réseaux, ou bien souvent pas leur mise en évidence, car ils n'avaient pas disparu. On s'était seulement habitué à voir la société sans eux, à la conceptualiser en pensant pouvoir s'en passer. La résistance des membres de la société à cette objectivation a été constante, même si on ne fait que la redécouvrir. Le lien social, thème qui domine aujourd'hui les colloques, n'a pas attendu que les sciences humaines s'y intéressent de nouveau pour demeurer actif.

La résistance est directe contre ces deux systèmes lorsque, dans ses rapports avec l'un ou l'autre, l'individu refuse de jouer uniquement le rôle de consommateur du produit ou du service fourni par le professionnel, mais qu'il se définit comme usager. Cela se traduit le plus souvent par une sorte de résistance passive. C'est ce que l'on constate en analysant les rapports producteur-usager (Godbout, 1987).

En tant que citoyens, les usagers ont aussi souvent réclamé plus de démocratie. On leur a offert en lieu et place la participation à des univers qui leur sont complètement étrangers — pour des raisons maintenant compréhensibles. Autrement dit, on leur a offert d'être coproducteurs[4] des services. Ce faisant, on ne tenait pas compte de la coupure radicale entre le monde des producteurs et celui des usagers, qui rend difficile tout lien social direct entre les membres des deux univers. L'accroissement de la démocratie par une pénétration de ses mécanismes chez les intermédiaires, chez les nommés, demeure certes une voie intéressante pour améliorer les rapports entre les citoyens et l'État. Mais ce moyen est très insuffisant, car il ne permet pas de sortir de la logique destructrice du lien social coextensive à la rupture producteur-usager, sur laquelle est fondée aussi la démocratie représentative. Le cheminement doit être inverse. C'est seulement à partir d'une prise en compte préalable des réseaux sociaux que l'on pourra ensuite accroître éventuellement la démocratisation et transformer le rapport producteur-usager. C'est seulement en cessant de penser l'usager comme un individu isolé dans son statut de client d'appareils professionnels, en le voyant au contraire tel qu'il est, c'est-à-dire dans son réseau d'affinités électives, de don et de contre-don, qu'on modifiera le rapport binaire utilitariste qui doit être relayé par les liens sociaux, par les liens communautaires, par un au-delà du rapport producteur-usager, où cette distinction n'existe pas: famille, réseaux sociaux, etc., partout où l'on constate un mode de fonctionnement qui nie la distinction producteur-usager elle-même, qui soumet la circulation des choses aux liens sociaux, et non l'inverse[5].

Le «public» défini par les institutions du même nom est, en fait, un ensemble de membres de réseaux reliés de multiples façons, réseaux qui fonctionnent selon des règles différentes de celles des appareils, et dont la principale caractéristique par rapport à ces derniers est justement de ne pas établir de distinction entre «eux» et «nous», de ne pas opérer la coupure radicale qui existe toujours entre un public et un appareil, ou un producteur et un consommateur. C'est ce qu'on peut appeler le modèle communautaire, dont la caractéristique principale, eu égard à l'État et au marché, est la négation de la rupture producteur-usager qui fonde le marché et le rapport professionnel. Tout un ensemble de règles différentes découlent de ce principe.

Il y a donc aussi une résistance indirecte par le fait que, concrètement, l'usager, en tant que personne, dans sa vie, continue à agir, à établir des liens sociaux non fondés sur la rupture. L'usager, au grand dam des producteurs du système marchand et des nommés du système politique, continue, comme disait avec découragement Le Corbusier, «à n'en faire qu'à sa tête». Cet usager entêté qui continue à communiquer avec les autres «membres» de sa société sans passer par les «systèmes» prévus à cet effet; ce membre de réseaux qui, telle une araignée, recommence à tisser des liens à mesure que les appareils les «rationalisent» et que les marchands les monétarisent: ce sont eux qui nous intéressent dans ce livre. Nous tentons d'explorer cet «envers de l'histoire contemporaine» (Balzac), ces lieux où les choses continuent à avoir une âme et à vivre au service des liens sociaux. C'est la rupture qu'il faut remettre en question en tant que fondement d'une société. Il ne s'agit pas d'en nier l'existence ni l'importance, mais de contester sa prétention à être la matrice du lien social.

Dans la première partie, nous avons décrit, en découpant de façon relativement arbitraire et à des fins de présentation, les quatre sphères différentes au sein desquelles le don circule dans la société moderne. La comparaison avec le don archaïque a fait apparaître la nécessité de réfléchir sur les sources de la dualité propre aux systèmes marchand et étatique, qui entraîne la rupture avec le circuit du don et la généralisation du monde des objets. Nous pouvons maintenant revenir au don moderne et tenter de comprendre ses traits spécifiques, ses règles de fonctionnement, en commençant par la caractéristique que lui attribuent à la fois le sens commun et la pensée analytique: la gratuité.

III

La boucle étrange du don

Don, marché, gratuité[1]

> «Plus l'échange est égal et plus on s'ennuie.
> Le don assure la survie du temps
> en déséquilibrant l'offre et la contrepartie.»
>
> Henri Raymond

Les biologistes Margulis et Sagan affirment que «l'essence du vivant est une mémoire, la préservation physique du passé dans le présent» (1986, p. 64). Le don conserve la trace des relations antérieures, au-delà de la transaction immédiate. Il en a la mémoire, à la différence du marché, qui ne conserve du passé que le prix, mémoire du lien entre les choses et non du lien entre les personnes. Alors que la dynamique du don et son extension sont temporelles, verticales, le marché tend à éliminer le passé. L'extension spatiale horizontale illimitée des rapports entre étrangers est à ce «prix», et elle conduit à l'objectivation du monde qui a pour origine la rupture introduite par le marché entre le producteur et le consommateur.

Le marché est une sorte de don scindé. C'est ce qui ressort du langage marchand. Souvent, dans les sociétés archaïques, des notions comme celles d'achat et de vente étaient désignées par un seul mot. Le vocabulaire marchand procède non seulement à une réduction économique du sens à partir d'une signification plus globale (religieuse, morale, politique, etc.), mais aussi — on l'a moins souvent remarqué — à une réduction systématique de la polyvalence de la plupart des termes qui désignent la circulation des choses dans le langage courant. Il y a passage de la «poly-valence» à l'«équi-valence». On peut même se demander si, du point de vue des liens sociaux et envisagé analytiquement, le marché n'est pas cela: un système qui isole le fait de donner du fait de recevoir, qui dégage deux opérations distinctes, mises ensuite en rapport de tension, à la recherche d'une équivalence. On pourrait appeler cela construction sociale de la problématique de l'équivalence. Tout le vocabulaire de l'échange subit le même traitement: réduction et séparation. Voyons-en quelques exemples à partir de mots et d'expressions d'usage courant, pour illustrer la rupture qui fonde la modernité.

- *Reconnaissance.* Dans le langage courant, le mot a un double sens: il signifie la reconnaissance que l'on reçoit en vertu d'un mouvement des autres vers soi, et la reconnaissance que l'on manifeste envers quelqu'un, dans un mouvement vers un autre. Il indique un double mouvement, comme tous les mots du système du don. Le marché réduit ce mot à un sens unique et univoque, comme dans l'expression «reconnaissance de dette».

- *Hospitalité.* Le vocabulaire de l'hospitalité est empreint de la même ambiguïté. «Recevoir» désigne certes le fait d'accueillir quelqu'un chez soi, mais également, et de façon tout aussi importante, le fait de donner, d'offrir quelque chose: l'hospitalité, un repas, etc. Recevoir quelqu'un, c'est lui donner quelque chose. D'ailleurs, le mot hôte désigne autant celui qui reçoit que celui qui est reçu, selon le contexte. Cela s'inscrit dans les lois et les rites de l'hospitalité qui, comme le montre Pitt-Rivers, visent à éviter une situation d'égalité entre l'étranger et la société hôte, égalité qui est nécessairement source de rivalité et donc de conflit (1983, p. 161). C'est exactement le contraire de ce que cherche le marché: créer les conditions d'échange de biens entre étrangers égaux.

- *Avoir confiance* signifie accorder sa confiance à quelqu'un, la lui donner, donc, et non pas l'avoir... (Benveniste, 1969, p. 117).

- *Je lui dois beaucoup*. Hors de son contexte économique, cette phrase signifie: il m'a donné beaucoup. Cela entraîne des obligations, non une dette comme on l'entend aujourd'hui, oubliant d'ailleurs le sens originel du mot dette (Benveniste, 1969, p. 183). Je lui dois beaucoup: grâce à cette personne je vis mieux, j'ai réglé certains problèmes importants, etc. Cela exprime ce que l'on a reçu de quelqu'un, et non ce qu'on lui doit, contrairement au mot dette dans le contexte marchand. «Je lui dois beaucoup» signifie le contraire de: «Je lui dois 10 dollars.» Le mot «dette» a été récupéré par la pensée marchande; et, ici encore, on en a éliminé la double référence pour en faire un concept univoque et unilatéral, pour pouvoir établir des équivalences comptables.

- *Emprunter* se disait en ancien français pour «prêter» et pour «se faire prêter» (Benveniste, p. 189). En latin, «*praestare*, c'est d'abord mettre gracieusement à disposition, sans considération de retour» (*ibid.*, p. 181). Ce sens existe encore aujourd'hui: «Tu me le prêtes?»

On pourrait poursuivre longtemps cette énumération. Ainsi, le mot prix désigne dans le langage marchand ce qu'il faut payer pour atteindre l'équivalent monétaire. Mais dans le langage courant il signifie également le contraire: ce que l'on obtient gratuitement, soit par hasard, soit à cause d'un mérite exceptionnel. Le marché pourrait donc être défini comme un don scindé. Même si un don fait toujours partie d'un système de don plus vaste dans lequel il faut l'insérer pour le comprendre (le cycle donner-recevoir-rendre de Mauss demeurant jusqu'à maintenant la meilleure approximation du fonctionnement de ce système), il ne faut jamais oublier que, contrairement au marché, le don est un geste complet qu'il faut aussi comprendre comme tel avant de l'insérer dans le système de don. C'est une différence essentielle avec le marché qui provient d'une scission du geste du don, scission engendrant le dispositif offre-demande et la recherche d'équivalence entre ces deux éléments préalablement séparés[2]. En scindant le geste de don, le modèle marchand se condamne à ne jamais pouvoir rendre compte du don, comme la démonstration de Zénon, du fait qu'elle scinde le mouvement, ne parvient jamais à expliquer que la flèche atteigne la cible. Ce qui n'empêche pas la flèche d'y parvenir, ni le don d'exister.

La valeur de lien

La réduction de la valeur des mots s'applique aussi à la réduction au quantitatif du mot valeur lui-même. Ce phénomène a été très souvent commenté et se manifeste évidemment par le fait de réduire les valeurs à leur équivalent quantitatif supposé, représentable par un montant d'argent. C'est ce qu'on a appelé la valeur d'échange, qu'on a l'habitude d'opposer à la valeur d'usage. La valeur d'usage est plus près de la réalité, mais dans cette même mesure elle est unique, non représentable par une quantité quelconque. Le rapport marchand tend d'ailleurs à exclure la valeur d'usage telle qu'elle est exprimée par l'usager, en transformant ce dernier en consommateur, comme on l'a vu dans le chapitre précédent.

Qu'en est-il de la valeur du don? Ce n'est évidemment pas une valeur d'échange marchande. Mais est-ce une valeur d'usage? Cet «usage» des choses que constitue le don — l'usage d'un bien au service d'un lien — est en fait rarement inclus dans le concept de valeur d'usage, qui tend à ne reconnaître que l'utilisation immédiate de la chose et à exclure qu'elle soit au service du lien. Cet «usage» particulier des choses est suffisamment différent des autres usages pour l'en distinguer. À cette fin, ne devrait-on pas ajouter un troisième type de valeur, qui serait la «valeur de lien»: ce que vaut un objet, un service, un «geste» quelconque dans l'univers des liens, dans le renforcement des liens. Cette réalité se situe à l'opposé de la valeur comptable, et elle est totalement occultée par le discours économique, pour lequel le lien est l'échange lui-même, et rien d'autre. La valeur d'échange, comme celle du don, tend à être uniquement relationnelle. Mais elle exprime le rapport entre les choses échangées, tel qu'il est représenté par l'argent.

La valeur des choses en fonction du lien entre les personnes tend également à être niée par le concept de valeur d'usage, lequel se concentre sur l'utilisation matérielle et la fonction des choses. Pourtant, au-delà et assez indépendamment de leur valeur d'échange et de leur valeur d'usage, les choses prennent des valeurs différentes selon leur capacité d'exprimer, de véhiculer, de nourrir les liens sociaux. Cette valeur n'est cependant pas établie par comparaison avec d'autres choses, mais d'abord en rapport avec les personnes. Le même objet aura une valeur de lien très différente selon le circuit dans lequel il se situe. On retrouve ici, de façon inattendue, exactement ce qu'exprime la monnaie archaïque. Nous avons vu que sa valeur variait en fonction du nombre de ses détenteurs et de leur prestige et qu'elle était la mémoire de la valeur de lien, comme le prix est la mémoire de la valeur d'échange.

À la traditionnelle opposition échange-usage, il serait donc nécessaire d'ajouter la *valeur de lien,* distincte de la valeur d'usage. Le dilapidateur, on l'a vu, apporte la preuve par la négative de son existence, séparant radicalement l'usage de la valeur de lien. Il ne transforme pas l'argent en valeur d'usage, ni en valeur d'échange en le faisant fructifier. Il choisit de le donner, mais en dehors du circuit du don, en dehors de la valeur de lien. Il ne le donne à personne, il extrait l'objet de tous les circuits de circulation admis dans la société. Le dilapidateur refuse à la fois la valeur d'usage, la valeur d'échange et la valeur de lien.

En circulant, le don enrichit le lien et transforme les protagonistes. Le don contient toujours un au-delà, un supplément, quelque chose de plus, que la gratuité essaie de nommer. C'est la valeur de lien. La plus-value, c'est l'absorption de ce supplément par la chose qui circule, et par l'un des protagonistes, la tranformation d'une valeur de lien en valeur d'échange. On peut absorber la valeur de lien, soit en la transformant en valeur d'usage, c'est-à-dire en arrêtant la circulation de la chose et en la consommant, soit en l'objectivant et en la réduisant à la valeur d'échange au moment de la faire circuler.

La valeur de lien est autre chose que la valeur d'échange et la valeur d'usage. C'est peut-être ce qui explique le mieux la méfiance qu'entretient le don vis-à-vis de l'argent. Ce fait est étrange pour la pensée économique. Il se réduit, dans le modèle économique, à des dysfonctions, des inefficacités, définies comme le fait que le don — en l'occurrence le cadeau — ne correspond pas aux «préférences» de la personne, à ce qu'elle aurait acheté si on lui avait donné de l'argent (Camerer, 1988). Or, dans l'offrande d'un cadeau, le but n'est pas de disposer d'un mécanisme qui permette une parfaite correspondance avec les préférences du donataire. L'enjeu du cadeau, c'est que le donateur démontre qu'il sait ce que le donataire aime. Cela est plus important que la satisfaction «marchande» du donataire, car c'est le lien qui compte, et le don est une opération au service du lien, comme l'admet d'ailleurs Camerer: «Un ami intime *doit* pouvoir deviner mes goûts» (p. 194; notre traduction). (C'est Camerer qui souligne). L'auteur a presque saisi cela puisqu'il fait l'hypo– thèse «que les cadeaux expriment de quelque façon les caracté- ristiques du donneur» (p. 194). Mais il ne va pas jusqu'à mettre en rapport le lien et le don, même s'il cite Caplow qui reconnaît tout à fait la valeur de lien: «Il faudrait jauger la valeur éco- nomique d'un cadeau de Noël eu égard à la valeur affective de la relation» (*ibid.*). Mais précisément, il n'y a pas d'échelle éco- nomique, car la valeur de lien dépend des caractéristiques des personnes, de la nature du lien, d'un ensemble de variables que la valeur économique, pour se former et devenir purement quan- titative, a d'abord dû évacuer.

La valeur de lien échappe au calcul, ce qui ne signifie pas qu'elle n'existe pas. La valeur de lien, c'est la valeur du temps, que le marché remplace par une immédiateté indéfiniment extensible dans l'espace, en extrayant la chose du réseau tem- porel. Plus on isole les choses de leur valeur de lien, plus elles deviennent transportables, froides (congelées...), objets purs échappant au temps. En exprimant la valeur de lien, le don sert à nous prouver que nous ne sommes pas des objets. «Les hommes qui donnent se confirment les uns aux autres qu'ils ne sont pas des choses[1].» Nous retrouvons ainsi le don archaïque et le hau du sage maori tel que l'interprète Marcel Mauss. Pour Mauss, le hau est l'esprit de la chose qui circule. Or, qu'est-ce que l'esprit de la chose sinon ce qu'elle contient de la personne qui a donné, ce «petit quelque chose qui se détache du sujet tout en étant bien à lui»? C'est la valeur de lien, qu'on appelle aussi l'échange symbolique. Ce dernier concept a toutefois l'inconvénient d'être trop général. Il inclut toute communication entre les personnes. La valeur de lien est la valeur symbolique qui s'attache au don, reliée à ce qui circule sous forme de don.

Mais surtout la gratuité: il y a des dons gratuits...

Nous pouvons maintenant aborder la notion de gratuité. Citons à nouveau Benveniste: «Le va-et-vient de la prestation et du paiement peut être volontairement interrompu: service sans retour, offrande de faveur, pure "grâce", ouvrant une réciprocité nouvelle. Au-dessus du circuit normal des échanges, de ce qu'on donne pour obtenir, il y a un deuxième circuit, celui du bienfait et de la reconnaissance, de ce qui est donné sans esprit de retour, de ce qui est offert pour "remercier"» (1969, p. 202).

Don, gratuité, générosité. On ne peut pas faire abstraction de la générosité en parlant du don, fût-il un système où est rendu autant, voire plus que dans le système marchand. On la retrouve à chaque détour, sous l'ambiguïté des termes par rapport à leur univocité marchande, puisque, justement, ce qui est rendu est souvent plus important que ce qui est donné, ce qui indique bien que ce n'est pas en montrant qu'il y a retour du don qu'on peut s'imaginer avoir réduit le phénomène à une sorte d'échange marchand déguisé. Ce n'est pas de cette façon qu'on peut faire l'impasse sur la gratuité et la générosité.

Face à ce phénomène de réduction économiciste du vocabulaire, après avoir proposé l'introduction de la valeur de lien, il faut donc faire une place à part à la notion de gratuité, terme qui symbolise par excellence l'unilatéralité absolue, donc étranger au vocabulaire marchand, et qui a donné lieu à tant de débats autour de la possibilité du don gratuit (Douglas, 1989). Or, d'après Benveniste, l'ambivalence est, ici encore, présente à l'origine. Gratuité vient du latin «gratia». Il s'applique aux deux partis en présence: «celui qui accueille avec faveur» et «celui qui est accueilli avec faveur, qui est agréable»; Benveniste parle aussi de «valeur réciproque» (p. 199). De là, le sens évolue vers celui, religieux, de grâce, reçue «gracieusement» et donnant lieu à de la reconnaissance, puis englobe le fait de donner pour le plaisir, qui conduit à la notion de gratuité actuelle, laquelle renvoie à plusieurs sens:

- Dans le cadre marchand, «gratis» signifie le fait d'obtenir quelque chose pour rien, sans payer, sans coût. Gratuit signifie ici sans valeur d'échange.
- Gratuit s'applique aussi à quelque chose que l'on fait «pour rien», qui n'a pas d'utilité évidente, que l'on fait «gratuitement», comme l'emballage des cadeaux, par exemple. Gratuit signifie alors sans valeur d'usage.
- Gratuit signifie aussi sans rationalité, comme dans «affirmer quelque chose gratuitement», sans fondement, sans preuve.
- Pour le donateur, gratuit signifie aussi libre, sans obligation, et sans exigence de retour; c'est le sens le plus contesté et qui est interprété comme un «mensonge social».
- Enfin, gratuit conserve une touche de grâce, de gracieux, qui fait surgir de nulle part quelque chose d'inattendu, de généreux, qui est relié à la naissance, à l'engendrement.

Les quatre premiers sens pèchent tous contre la raison utilitaire, mais le dernier sort carrément de ce système, où rien ne peut exister qui n'ait été produit.

L'ambiguïté et même la contradiction entre ces différents sens est grande, car la pensée marchande affirme en même temps que le don est gratuit (sinon ce n'est pas un don) et que la gratuité est impossible dans les faits, que le récepteur devra toujours finir par payer (*there is no such thing as a free lunch*); quant au donateur, dans son cas, gratuit signifie tout simplement «se faire avoir», sauf bien entendu s'il utilise le «don» de façon instrumentale pour obtenir plus. Le cadre de pensée marchand rend la gratuité impossible *a priori*.

Alors, suffit-il de replacer la gratuité dans le système de don pour résoudre la contradiction? Il semble bien que non. Transposé dans le système du don, le paradoxe semble aussi grand. Il s'exprime de la façon suivante:

- Premièrement, le don n'attend rien en retour; qui dit don dit gratuité.
- Or, il y a retour dans tout système de don. C'est la constatation et la grande source d'étonnement de Mauss et l'objet central des études sur le don depuis lors.
- Donc, ou bien le don n'est pas gratuit, ou bien le don n'existe pas.

D'où vient donc l'omniprésence de la gratuité chez les acteurs du don, constatée du reste par tous les observateurs? L'idée de non-retour semble inhérente au don. En tout cas le retour est inattendu et étrange. Alors que dans le marché la boucle est normale, le don qui revient fait une boucle étrange. Cette contradiction fondamentale, où s'enfonce toute discussion confrontant le don avec le marché, débouche immanquablement sur le problème de la bonté (ou de la méchanceté) des sauvages (spécialistes en don de l'humanité actuelle) et de l'humanité en général. Et de s'opposer le camp des méchants réalistes (les cyniques) et le camp des bons idéalistes (les naïfs). Dans ce débat, les dimensions cognitive et normative sont indissociablement mélangées, et il semble impossible de s'en sortir. S'il n'y a pas de don gratuit, comme l'affirme M. Douglas, alors en quoi le don diffère-t-il du marché? Quelle est sa spécificité?

Quels éléments nous fournit le compte rendu du don moderne présenté dans la première partie pour éclairer le paradoxe de la gratuité? Rappelons d'abord les faits qui conduisent à distinguer le don du marché.

a) D'abord, bien sûr, l'importance universellement affirmée de la gratuité et de la spontanéité du don, même quand il est effectivement rendu.

b) Ensuite, *l'unilatéralité réelle d'un nombre important de dons et même l'existence de systèmes de dons unilatéraux;* une proportion significative des dons ne sont pas rendus, ce que l'on a eu tendance à oublier à force de souligner et de vouloir comprendre pourquoi et comment les dons étaient le plus souvent rendus. Comment expliquer les nombreuses situations où le don n'est pas rendu, non seulement sans qu'éclate la violence, mais même sans que soit rompu le lien social? L'importance du don unilatéral ne peut pas être niée, comme on l'a vu au chapitre précédent. Il y a des dons «vraiment» gratuits, au sens précis d'unilatéral (Parry, 1985). Que signifient-ils? L'observateur du don semble pris dans un étrange dilemme. Ou bien le don est rendu, et on se demande alors quelle peut bien être la force qui oblige à le rendre. (Notons que poser la question de cette manière revient à postuler qu'il est normal que le don ne soit pas rendu, que l'état habituel des forces sociales n'oblige pas à rendre.) Ou bien le don n'est pas rendu, et alors on se tourne du côté du donateur et on ne comprend pas davantage. On cherche l'intérêt caché. On adopte alors le postulat inverse: il est naturel que le don soit rendu! Bref, le don est un phénomène unique pour les chercheurs puisque toute prévision à son sujet semble inadmissible dans la théorie implicite de l'observateur. Voilà une autre façon d'exprimer le paradoxe de la gratuité.

Certes, il n'est pas nécessaire de recourir immédiatement à l'hypothèse de la gratuité pour rendre compte de l'unilatéralité. Plusieurs autres explications sont possibles. Trois cas de figure peuvent être envisagés:

* Soit que le don installe les partenaires dans l'état de dette qui caractérise tout lien social intense. L'ampleur des cycles de dons et contre-dons antérieurs à l'observation instaure un état de dette mutuelle permanent. Chaque partenaire considère devoir beaucoup à l'autre. C'est ce que l'on appelle des liens qui tendent à devenir inconditionnels: on peut demander n'importe quoi. Et l'observateur se trouve à observer le phénomène à un stade où cet état existe. L'explication de l'unilatéralité réside alors dans l'histoire de la relation entre les deux partenaires, dont l'observateur ne voit qu'une séquence *temporelle*.

- Soit que le don circule dans une chaîne circulaire ou sans fin. C'est l'échange indirect ou généralisé, que Lévi-Strauss oppose à l'échange direct ou restreint, binaire (1967, p. 508). Ainsi, la majorité des personnes qui font du bénévolat affirment avoir beaucoup reçu dans la vie, de sorte qu'il est normal pour elles de rendre. Et l'observateur qui constate l'unilatéralité ne voit en fait qu'une séquence *spatiale*. Il isole deux personnes qui se situent en réalité dans une chaîne beaucoup plus vaste.

Il faut donc inscrire toute séquence de don dans sa chaîne spatio-temporelle avant de conclure prématurément à l'unilatéralité.

- Restent enfin les derniers cas, le résidu unilatéral. Même si le phénomène est beaucoup plus rare qu'il n'y pourrait paraître à première vue, les dons unilatéraux existent: dons de sang, dons d'organes, etc. Mais on soupçonne qu'il faudra les expliquer dans le cadre plus général de l'ensemble des dons, y compris la majorité des dons, où l'unilatéralité est beaucoup plus relative. Car rien ne dit que, même dans ces cas-là, le donneur, dans son esprit, n'est pas en train de rendre.

Avons-nous donc pratiquement éliminé le don unilatéral, et par le fait même résolu le paradoxe de la gratuité en élargissant tout simplement le cadre du geste gratuit? On pourrait le croire, mais en fait rien n'est résolu, car c'est l'obligation de rendre qu'il faut maintenant expliquer. Même si en fait le don est une manière de rendre, puisque absolument rien ne contraignait ni même n'obligeait (cas du bénévolat surtout) le donateur à rendre, on peut encore affirmer en ce sens que le don est gratuit, et que c'est cette liberté généreuse, altruiste de donner qui fait problème et ne trouve pas d'explication. Cette liberté à laquelle renvoie le mot «gratuit». Il faut expliquer cette espèce d'«obligation libre», comme Mauss l'a progressivement senti à mesure qu'il avançait dans son *Essai sur le don*. Ayant au départ mis l'accent sur l'obligation, il réintroduit progressivement la liberté et termine en utilisant presque systématiquement les deux termes: «donner librement et obligatoirement» (p. 265), «sous une forme désintéressée et obligatoire en même temps» (p. 194).

c) Jusqu'à maintenant on a constaté, d'une part l'importance de la gratuité chez les donateurs, d'autre part le fait qu'elle ne signifie pas absence de retour. Il faut maintenant spécifier les caractéristiques du retour dont il est question par rapport au retour marchand. La première est l'inégalité, *la non-équivalence marchande*. Dans le marché, comme dit Simmel, il y a la «nécessité psychologique [d'obtenir une chose] d'une valeur égale au bien sacrifié» (1987, p. 62). Or, une dette de don n'est jamais «réglée»; elle est diminuée ou renversée (inversée) par un don plus grand que la dette. Si la nature a horreur du vide, le don a horreur de l'équilibre, sans pouvoir s'en éloigner au-delà d'un certain seuil sous peine de se transmuter en violence. Ce fait n'est généralement pas pris en compte dans les théories et typologies du don. Elles sont au contraire presque toutes fondées, au moins implicitement, sur le postulat de la recherche de l'équivalence. Or, l'équivalence, c'est la mort du don. C'est une façon de «mettre un terme» à une chaîne de don, d'enlever au don la tension qui le dynamise. Inversement l'absence d'équilibre met fin à un rapport marchand.

Un service en «attire» un autre. Il faut comprendre la loi de la gravité des échanges autrement que par la loi de l'équilibre général marchand. C'est l'intention qui compte. Dans le don, tout est dans la manière, dans le geste. Dans le marché, à l'inverse, «c'est le résultat qui compte». C'est pourquoi le don n'a pas de prix. Non que son prix ne puisse être qu'infini. Mais parce qu'il n'en a pas, tout simplement, au sens littéral que la notion de prix ne s'applique pas au don, et aussi au sens qu'il est dangereux d'y appliquer un prix, que c'est contre-indiqué, que le don manifeste une sorte d'allergie au prix. Car prix implique recherche d'équivalence marchande, univoque, avec un autre objet de même prix, alors que le don appelle un contre-don dont la valeur dépend du rapport entre les deux personnes, de la séquence du rapport où le don se situe, etc. La valeur de lien d'un objet n'a pas d'équivalent monétaire.

La gratuité contribue à nommer cette différence fondamentale: le don ne cherche pas l'égalité ou l'équivalence. Et on peut se demander si la passion moderne de l'égalité (Tocqueville) n'est pas en partie une des transpositions les plus insidieuses du marché dans les rapports sociaux. C'est pourquoi l'État-providence, comme on l'a vu, n'est pas un système de don. La recherche d'égalité interrompt et tue le don. Nous retrouvons ici le thème de l'étranger. À partir du moment où un rapport n'est plus entre purs étrangers, l'égalité, mesurée et limitée à la comparaison de ce qui est échangé, consiste à nier l'unicité du rapport qui s'établit, unique au sens qu'il tient compte des caractéristiques particulières des partenaires. La recherche de l'égalité ne peut être légitime que dans les rapports bureaucratiques abstraits. Dans les rapports personnels, elle est une insulte et tend à nier le lien. L'égalité introduit la rivalité que le don, au contraire, évacue en faisant alternativement des partenaires des «supérieurs» et des «inférieurs».

Les rapports de couple permettent d'illustrer cette affirmation. Un couple qui vise l'égalité dans la répartition de l'ensemble des échanges est un couple dont la dynamique l'entraîne vers la rivalité permanente, vers l'établissement d'un rapport marchand, et vers la rupture. Il peut certes exister une phase de ce type dans l'évolution d'un couple. Mais celui-ci doit la dépasser et atteindre le stade du rapport de don, c'est-à-dire un rapport où *chacun* considère qu'il reçoit quelque chose d'unique, qu'il ne pourra de toute façon jamais rendre tout ce que l'autre lui donne, en sorte que les deux partenaires ont l'impression de devoir plus qu'ils reçoivent. L'inégalité devient consubstantielle au rapport et nourrit sa dynamique. Un couple qui «fonctionne» bien vit dans un état de dette réciproque permanent, considéré comme normal, inépuisable, et n'a donc pas de sens comptable égalitaire. «Je lui dois tellement.» Telle est la base d'un rapport de couple. Il s'agit là d'un rapport strictement incompréhensible dans un schéma égalitaire marchand ou étatique, parce qu'une telle dynamique de la dette ne repose pas sur les choses et les services qui circulent, mais opère directement entre les personnes, dans un lien nourri par les choses qui circulent. L'idéologie, partagée par un certain nombre d'économistes et de féministes, voulant qu'on applique aux rapports personnels la notion d'égalité tirée de la pensée libérale sur les droits, conduit à l'éclatement d'un tel type de rapport. Il ne s'agit évidemment pas de nier les nombreuses formes d'exploitation et de domination qui existent à l'intérieur du couple; il peut être souhaitable de se référer aux valeurs et au système égalitaires pour modifier un rapport de couple ou — le plus souvent alors — y mettre fin. Car, fondamentalement, la dynamique du couple est d'un autre ordre, et son passage au système marchand indique un moment de crise, et sa réduction permanente à ce système signifie la fin du rapport.

La non-équivalence du don est-elle propre au don moderne? On pourrait le penser en lisant les analyses des sociétés archaïques, dans lesquelles toute dette paraît devoir être honorée, y compris la dette de sang, par la vengeance... Toutefois la non-équivalence existe aussi dans ces sociétés, comme nous l'avons vu dans la deuxième partie. Mais les anthropologues qui observent les systèmes de réciprocité des sociétés archaïques et constatent l'inégalité de l'échange s'empressent souvent d'ajouter aussitôt, comme Malinowski par exemple, qu'«à la longue un équilibre se fait, profitable aux deux parties[4]». À long terme, l'échange par don serait égal, il obéirait à la règle de l'équivalence. L'échange marchand moderne ne ferait donc que remplacer le long terme par le court terme dans la recherche de l'équivalence, expulsant le temps des échanges sociaux.

Il y a dans cette affirmation de l'égalité à long terme quelque chose d'insolite et de «gratuit»... Car comment l'observateur sait-il qu'à long terme dons et contre-dons se valent? Quel est ce moment théorique où tout s'équilibre? Jamais aucune vérification n'est faite. Ce serait d'ailleurs très souvent impossible, sauf à postuler tout un ensemble de critères quantitatifs (d'équivalents monétaires aux échanges observés à long terme), de repères exogènes, n'existant souvent pas dans le système observé. De toute façon, dans les échanges (transmissions) entre générations, cela devient strictement impossible. Comme le long terme n'est jamais défini et qu'il pourrait toujours être prolongé (si la «balance» n'apparaît pas), aucune proposition ne serait réfutable. Tout se passe d'ailleurs comme si l'affirmation d'égalité à long terme n'avait pas besoin d'être vérifiée. Elle a seulement besoin d'être postulée pour que le système d'explication fonctionne. Mais postulée par qui? Rarement par les protagonistes eux-mêmes. En tout cas, les anthropologues ne sentent pas la nécessité d'en rendre compte. Ce postulat est donc avancé par l'observateur seulement, pour ses propres besoins: éthiques, mais aussi intellectuels, parce qu'il le lui faut pour comprendre le phénomène qu'il observe. S'il fait le postulat d'une égalité des échanges à long terme, il est capable d'admettre une inégalité dans les échanges observés. L'égalité à long terme est le mythe de l'anthropologue, le mythe lui permettant d'interpréter des comportements qui, autrement, devraient être imputés à la mentalité, à la tradition, etc., explications qui ne sont jamais qu'une façon de voiler notre incompréhension. Laplace n'avait plus besoin de l'hypothèse de Dieu. Mais l'anthropologue moderne a toujours besoin du postulat universel de l'équivalence générale des choses qui circulent. Il a besoin de postuler la *garantie* de retour, comme s'il n'avait pas dépassé certains stades définis par la psychanalyse où l'enfant n'a pas encore fait l'expérience de la perte... Mais cette sorte d'obsession de l'équivalence est-elle autre chose que la projection sur le don du modèle marchand?

d) Enfin un dernier trait doit être rappelé. Le fait qu'*on rende plus qu'on ne reçoit*. C'est, en langage marchand, la règle de l'équivalence négative. «Il faut rendre plus qu'on a reçu» (Mauss, p. 259). Car non seulement le don n'est pas un jeu à somme non nulle comme le marché, mais il consiste même à jouer à qui perd gagne, selon les normes du marché évidemment. «Rendre» est tout à fait différent du «recevoir» de l'échange marchand. Ce dernier est d'essence accumulative, rétentionniste; on échange pour avoir plus, pour accumuler. C'est le contraire de rendre, c'est une logique différente. L'échange marchand retient le plus possible, il est anal, c'est bien connu. Mais en même temps, ce qui est apporté dans la transaction est cédé, perdu, abandonné, ne nous est jamais rendu, est sacrifié parce que l'on a obtenu immédiatement autre chose en échange: un profit, un «rendement». On troque le «rendre» du don contre le «rendement» du marché. Or rendre, dans le don, suppose la durée, le temps[5], le «travail de la gratitude» (Hyde).

Dans le marché, gratuité signifie souffrance, perte, manque: dans le système marchand, tout ce qui est cédé est sacrifié. Le gratuit rejoint ici le sens religieux de sacrifice. Le don est nécessairement triste pour tous ceux qui adhèrent au credo marchand.

e) *Don et perte.* Or, c'est là que le bât blesse, et il y a là une erreur importante de fait: le don est rarement triste! Il y a retour immédiat dans le plaisir du don, constatation sur laquelle on fait le plus souvent l'impasse et qui peut commencer à faire comprendre la gratuité. Elle explique que le retour ne soit pas voulu, qu'il arrive par surcroît, parce que le plaisir du geste suffit souvent à justifier le don pour son auteur. Le don est gratuit au sens qu'au moment où il est fait, il n'est pas le résultat d'un calcul, il est spontané. «C'est un réflexe», affirme une interviewée à Anne Gotman à propos de l'héritage transmis aux enfants aussitôt reçu (1988, chap. 3).

Dans la logique utilitariste, la spontanéité est assimilée à l'instinct, à la dimension primaire. Elle s'oppose à la logique moderne, calculatrice et rationnelle. Simmel (1987, p. 554 notamment) a bien analysé ce phénomène: la gratuité du don a quelque chose à voir avec le caractère spontané qu'on lui prête. Elle est liée à l'absence de calcul, à l'élan spontané, à l'impulsion, à la «folie», à l'affect, au primaire, au sauvage, au féminin, au naturel, au pulsionnel. En ce sens, le don n'est pas sophistiqué comme l'échange monétaire. Il caractérise les sauvages qui passeraient du don à la violence, sans état intermédiaire, ces deux états étant proches des pulsions spontanées animales, caractéristiques «des peuples qui ne connaissent pas d'autre type de changement de propriété que le vol ou le cadeau, [...] l'impulsivité égoïste du vol et l'altruisme non moins impulsif du cadeau» (*ibid.*, p. 554). On glisse donc insensiblement du gratuit à l'unilatéral, au spontané et au réflexe relevant de l'impulsion et du comportement primitif. En fait, cela montre tout simplement que le don n'appartient pas à l'univers utilitariste du calcul rationnel, constatation que nous avons faite à plusieurs reprises. Mais relève-t-il pour autant de la barbarie? Calcul ou barbarie, est-ce la seule alternative? C'est peut-être ici que même des auteurs comme Mauss, Simmel et Titmuss laissent entrevoir des aspects évolutionistes et même utilitaristes (au sens de calcul rationnel comme base de toute décision «civilisée»). Ce postulat les conduit en toute logique à voir les systèmes de sécurité sociale comme une évolution normale du don dans la société moderne, puisque le don y est rationalisé et intégré dans un univers «rationnel-légal». La gratuité du don spontané, dans ce cadre, ou bien n'existe pas, ou bien est un résidu assimilable à un réflexe primitif. On nie la possibilité d'une spontanéité *apprise,* qui est pourtant évidente, par exemple dans le don d'un organe. Il n'y pas de calcul dans le don d'organe. La pensée économique exclut cette possibilité; elle ne retient qu'une alternative: la spontanéité animale, instinctive, ou le calcul rationnel. Or, l'apprentissage social est aussi, et beaucoup, le développement de la spontanéité, l'élargissement social de la spontanéité.

Enfermée dans cette fausse alternative, la pensée utilitariste passe à côté d'une caractéristique essentielle du don, évidente dans le don d'organe, présente dans tous les types de don rencontrés: le mouvement spontané de l'âme[6] vers autrui. Ce geste (et non pas le don...) est gratuit au sens précis qu'il n'est pas fait en vue d'un retour, même si le retour existe presque toujours sous une forme ou sous une autre, même si le don «rend». Ces deux faits apparemment contradictoires doivent tous deux être retenus comme essentiels à ce stade; il n'y a pas lieu d'en éliminer un au profit de l'autre.

Gratuité signifie donc sacrifice, perte, d'une part; spontanéité expliquée par l'impulsion, l'irrationalité, d'autre part, étant entendu que l'individu évolué rationnel calcule et donc ne fait pas (ne peut, ni ne doit faire) de dons gratuits. Dans les deux cas, on ignore le phénomène du plaisir du don, de la perte assumée et voulue comme telle. La perte s'ignore en tant que perte: dans le marché parce qu'un objet est acquis en échange d'un autre; dans le don parce que la perte est sublimée à un autre niveau.

Le donateur a dépassé le stade de la bobine et assume le risque de la perte. Le don est le dépassement de l'expérience de la perte, alors que le marché est une phase intermédiaire où la perte est immédiatement compensée par l'acquisition d'un autre objet. D'ailleurs, plus le plaisir est grand, moins le don oblige; c'est pour cette raison que la politesse exige qu'on dise s'il vous plaît avant de recevoir un don. «Seulement si cela vous plaît, si cela vous fait plaisir.» Ainsi, je ne serai pas obligé envers vous. Cela n'empêche pas le donataire de dire ensuite merci, de «se rendre» à la merci du donneur, d'être «obligé» malgré tout. Il exorcise ainsi l'égalité porteuse de rivalité.

On pourrait donc commencer à résoudre le paradoxe de la gratuité en disant que le don est gratuit non pas au sens qu'il n'a pas de retour (même si tel est souvent le cas, nous avons vu que c'est une question de point de vue), mais qu'il l'est au sens que ce qui circule ne correspond pas aux règles de l'équivalence marchande (domaine où «gratuit» a souvent le sens de «mauvaise affaire»). Désigner le don comme gratuit dans le contexte marchand a une connotation automatiquement négative: il y a mauvaise affaire ou sacrifice; gratuité signifie nécessairement duperie. Dans cet ordre d'idées, dire que le travail des femmes à la maison est gratuit équivaut à dire qu'elles sont exploitées. On isole un geste de son contexte non marchand et on l'examine à la lumière de la morale marchande. En poussant cette logique, on pourrait aller jusqu'à dire qu'une femme qui «donne» le sein à son enfant se fait exploiter puisqu'elle n'a rien en retour. Pourquoi ne va-t-on pas jusque-là? Parce que ce geste n'est jamais inscrit dans un modèle marchand. C'est l'inscription préalable d'un geste dans le modèle marchand qui conduit à interpréter la gratuité comme exploitation ou, de façon plus neutre, comme un phénomène anormal, ce qui conduit au paradoxe du don gratuit.

Dans toute observation d'un phénomène, nous nous fabriquons un modèle par lequel nous établissons ce qui sera constant et ce qui sera variable. Lorsque l'on examine le phénomène du don avec les lunettes du modèle marchand, tout se passe comme si l'on établissait *au départ* comme constante ce qui précisément varie: la valeur de lien. Il n'y a alors rien d'étonnant à ce que l'on soit conduit à des explications aussi peu scientifiques et aussi hors contexte que l'hypocrisie généralisée des acteurs, ou à la négation du phénomène analysé.

La pensée marchande élimine le plaisir du don et ne conserve que ce qui est perdu, sacrifié. Il faut à la fois admettre que le don est inscrit dans un système d'échange différent du marché et voir le don comme un geste gratifiant. C'est peut-être le sens profond du mot gratuit qui a été inversé par la logique marchande: un don gratuit gratifie celui qui le fait autant que celui qui le reçoit. C'est le retour de deuxième type constaté dans la première partie et omniprésent dans le don qui rend compte du paradoxe du don gratuit. Ce retour n'est jamais pris en compte. On doit conserver ce sens du mot gratuit. Il y a des dons gratuits au sens que, pour celui qui les fait, le geste est entièrement satisfaisant en lui-même et sans nécessité de retour (de premier type, matériel). La relation aux enfants est évidemment l'exemple extrême de cela. Il faut donc rejeter ce qu'implique l'utilisation de la gratuité dans le contexte marchand, mais conserver l'élément de gratuité dans la notion de don. Il est vrai qu'une certaine analyse du don archaïque porte à éliminer cette dimension, car dans les sociétés archaïques le don semble tellement inscrit dans des règles rigides que la gratuité est cachée.

Cela ne signifie évidemment pas que le don obligé, contraint, sans plaisir, ou encore qu'on appelle «conventionnel», ne se rencontre pas. Mais c'est un cas limite, et on ne l'appelle plus don lorsque tout élément de gratuité (de liberté) a disparu. Le plaisir du don en constitue un élément essentiel, surtout dans le contexte actuel, où un ensemble de gestes conçus auparavant comme des devoirs sont effectués librement et où toute notion de sacrifice est bannie par les personnes qui donnent, même dans des secteurs comme le bénévolat, traditionnellement porteurs du don-sacrifice. Ayant évoqué celui-ci et l'importance qu'il a revêtue dans la religion chrétienne, on est amené à se demander si vraiment les sociétés traditionnelles sont caractérisées par le don contraint ou si nous n'avons pas, par un procédé courant, projeté cette vision chez les autres parce que dans notre société le don était contraint.

La gratuité s'explique par la réalité du plaisir du don, par le fait établi de toutes ces personnes qui affirment recevoir plus qu'elles ne donnent dans le geste même de donner. C'est une sorte de supplément qui montre que le don n'est pas seulement fondé sur l'attente du contre-don. Chacun connaît par expérience le caractère pénible d'un don qu'on sent obligé, qui n'a pas été fait «de bon cœur», mais en vertu d'une obligation extérieure quelconque[7]. Le plaisir du don est en fait essentiel au don. Il n'est pas un élément ajouté. Il est lié à la liberté, il est la preuve de l'absence de contrainte, la marque du lien social.

En fait, le don unilatéral (ou pur: voir Parry, 1985) est assez facile à comprendre du point de vue du donateur. Le vrai problème se situe du côté du récepteur. Le don instaure une dette, un état de dépendance; ou alors il marque une exclusion du lien social, ce que nous ressentons tous quand nous donnons (faisons l'aumône) à un mendiant dans la rue: nous éprouvons un obscur malaise, la honte qui naît du fait que, dans le geste même de donner, nous confirmons à nos yeux et aux yeux du mendiant son exclusion de la société, car notre geste ne peut pas instaurer un lien social. Nous fuyons le regard du mendiant et nous nous éloignons rapidement après avoir donné, refusant ainsi des marques de reconnaissance habituellement reçues avec joie. De telles situations font ressortir les avantages de passer par les mécanismes anonymes de la redistribution étatique et des droits, qui dépersonnalisent le lien et n'ont donc pas à voir avec un acte d'exclusion. Le comportement sera différent s'il s'agit d'un état d'urgence, nécessairement temporaire. C'est alors la solidarité face au destin qui joue, l'idée que cela peut nous arriver à tous. Les grandes religions transforment également le geste, particulièrement le christianisme, qui enseigne au donateur que le récepteur est Dieu lui-même, à qui il doit tout, et qui le lui rendra.

Nous pensons avoir maintenant montré l'importance de la gratuité dans le don. Elle explique les principales différences entre don et marché. Si on intègre le phénomène du retour de deuxième type, on peut concilier facilement la gratuité et le retour. La gratuité et le retour existent et ce ne sont pas deux phénomènes contradictoires si on sort du système marchand d'interprétation. L'erreur consiste à soumettre le système du don à un modèle d'interprétation — ou à une vision du monde — incapable de prendre ses subtilités en compte. Plus précisément, elle réside dans la confusion entre la constatation qu'il y a retour et la volonté voire, l'exigence d'un retour. Nier la gratuité, c'est refuser cette distinction. Dans un ouvrage récent, Luc Boltanski considère ce problème comme étant au cœur du phénomène du don. Après avoir passé en revue un certain nombre de thèses sur le don, il pose la question: comment expliquer la contradiction entre le calcul implicite à la notion de rendre et la nécessaire négation du calcul dans le don? Comment rendre compte de «la tension entre l'obligation de donner qui, par construction, se détourne du calcul et ne cherche pas l'équivalence, et l'obligation de rendre qui n'est pas concevable hors d'un espace de calcul permettant de faire l'équivalence du contre-don au don?» (1990, p. 220[8]). Comprendre la gratuité, c'est tenter de répondre à cette question.

Pour ce faire, il faut centrer l'attention sur une dernière caractéristique du don, négligée jusqu'à maintenant. Le retour et l'attente de retour ne sont ni absents, ni ignorés; mais ils ne sont pas explicités. Il n'y pas inconscience, ignorance du calcul, il y a refus actif de la part des agents. Cela n'est pas sans fournir un argument supplémentaire aux tenants de l'hypocrisie du don: «Le temps qui [...] sépare le don du contre-don autorise la bévue délibérée et le mensonge à soi-même collectivement soutenu et approuvé qui constitue la condition de fonctionnement de l'échange symbolique» (Bourdieu[9]). Nous n'avons pas encore expliqué cet étrange aspect du phénomène du don: son occultation. Nous avons seulement établi que la gratuité désigne une dimension essentielle du don.

La règle de l'implicite

«Merci. Mais tu n'aurais pas dû, c'est trop, ce n'était pas nécessaire!

— Mais non, ce n'est rien du tout!» ~~quelque chose~~

Vu avec les yeux du système marchand, le don apparaît comme une immense hypocrisie. Dans le marché, on appelle un chat un chat. Même si la ruse est permise, on connaît les règles du jeu. Dans le don, on va jusqu'à nier non seulement le retour, mais le don lui-même. La règle, pour le récepteur, est de dire que l'autre n'aurait pas dû donner, alors que le donateur répond que ce qu'il a donné n'est rien du tout, est sans importance, comme l'exprime ce dialogue caractéristique d'un rapport de don, mais qui semble chercher à nier le don!

Ce phénomène reste à expliquer. Comment en effet parler des règles du don, alors que l'une d'elles semble être qu'elles doivent rester cachées des membres de la société où elles sont observées, comme si leur révélation devait entraîner la disparition du don, de même que l'exposition à la lumière efface une photographie de la pellicule? Voilà une réalité qui aurait la «particularité de ne pas pouvoir être perçue par les acteurs qui la mettent en œuvre sous peine de se transformer en son contraire: le calcul de la dette» (Kaufman, 1990, p. 93). Perçue, ou exprimée? En fait, les agents n'ignorent pas ces règles. Ils les perçoivent. Ils savent aussi que le partenaire les connaît et qu'il sait que l'autre les connaît, etc. Ce n'est pas un problème d'ignorance, ni même de méconnaissance. Nous ne sommes donc pas dans le genre de problématique — courante en sciences humaines — où le sujet est présumé ne pas savoir ce qu'il fait tandis que le scientifique lui révèle la vérité de ses actes. Les donateurs et les récepteurs savent ce qu'ils font. Il n'y a pas méconnaissance, mais refus actif et conscient d'explicitation de part et d'autre, double hypocrisie symétrique, et donc, normalement, absurde et sans raison d'être. Bien plus: non seulement on refuse d'expliciter les règles, mais on semble tenir à en énoncer d'autres qui affirment le contraire de ce qui se passe «en réalité». On affirme l'absence d'attente de retour, alors que l'on s'attend à ce que le don soit rendu. On affiche don, alors qu'on est dans la réciprocité. Mauss l'avait noté pour le don archaïque: autour du don s'installe la surenchère des discours généreux, alors que ce que le chercheur observe est la réciprocité. Mais cela s'applique tout autant au don moderne.

Pouvons-nous maintenant rendre compte de ce phénomène étrange? En sommes-nous réduits à l'explication utilitariste, qui se confond apparemment avec le sens commun occidental: nous avons besoin de nous cacher — ou plus précisément de ne pas nous dire — ce que nous savons. La triste loi universelle de l'intérêt se dissimule sous l'apparence du don généreux? Nous préférerions tous faire semblant, même si nous savons tous que c'est faux. Mais pourquoi donc? Cela est étrange et ne rejoint qu'apparemment le sens commun. Car ce dernier opère une distinction entre ceux qui offrent dans le cadre de règles connues et les autres. Ainsi, si quelqu'un vous offre quelque chose «sans raison apparente», comme on dit, c'est-à-dire sans que le geste entre dans une séquence de don plus large dans laquelle vous êtes inscrit, vous vous demanderez effectivement (sans le dire): «Qu'est-ce qu'il me veut celui-là?» C'est dans ce contexte que le sens commun fait spontanément l'hypothèse utilitariste, c'est-à-dire lorsque les agents ne se situent pas dans un système de don.

Il y a donc toutes les raisons d'appliquer ici le précepte de Boudon et de faire l'hypothèse que les acteurs ont de «bonnes raisons» de se comporter ainsi, ces bonnes raisons étant différentes de celles trouvées jusqu'à maintenant, telle l'hypocrisie. Pour trouver ces raisons, nous nous sommes demandé pourquoi *nous* avons besoin de nous dissimuler cette règle du contre-don lorsque nous recevons ou offrons. Et, après un certain malaise qui ne fait que confirmer cette règle de l'implicite, la réponse est apparue, d'une simplicité et d'une évidence désarmante: nous ne nommons pas à notre interlocuteur ce «devoir de réciprocité» afin d'introduire ou de conserver un risque dans l'apparition du contre-don, une incertitude, une indétermination, autrement dit afin d'introduire des «propriétés d'indécidabilité[10]» dans la séquence.

Le masochisme viendrait-il s'ajouter à l'hypocrisie?! Il existe une explication beaucoup plus simple, plus plausible et plus «économique»: le donateur agit ainsi afin de rester le plus loin possible de l'engagement contractuel, qui a la propriété d'obliger l'autre indépendamment de ses «sentiments» à son égard, indépendammnent du lien qui existe entre eux. Ce serait donc pour laisser l'autre le plus libre possible de rendre ou de ne pas rendre, libre aussi de «calculer» ce qu'il doit rendre, quand il doit le faire, etc. Pour introduire du jeu dans l'échange; pour obliger, certes, mais librement[11]...

Pourquoi cette nécessité? Parce que plus j'ai la conviction que l'autre n'était pas «vraiment» obligé de rendre, plus le fait qu'il rende a de la valeur pour moi parce qu'il signifie qu'il agit pour la relation, pour nourrir le lien que nous avons, pour... moi. Il est donc essentiel de «libérer» l'autre en permanence par un ensemble de rituels, tout en maintenant l'espoir que le contre-don sera rendu. Plus il y a explicitation, plus on se rapproche du contrat, moins le geste de rendre est libre. Moins il a de valeur au sein de la relation. Il s'agit ici bien sûr de la valeur de lien, et non de la valeur d'échange ou de la valeur d'usage. Voilà ce qui explique que la réciprocité, non seulement ne soit pas explicitée, mais qu'il soit nécessaire de la nier de toutes les façons possibles. Nous introduisons ainsi la liberté au cœur même du rapport de don. Nous posons la nécessité de réactualiser en permanence l'indétermination du lien social comme condition d'existence de toute société. Nous confirmons du même coup que le lien social est toujours, dans toutes les sociétés, risqué. La cohésion sociale se crée à chaque instant, elle se renforce ou s'affaiblit en fonction des innombrables décisions de chaque membre de faire ou non confiance à un autre membre en prenant le risque qu'un don ne soit pas rendu. Car le risque est réel, le don n'est pas toujours rendu, il y a continuellement rupture de circuits de don, et violence, et usage de la force sous toutes ses formes.

Le don est au cœur de l'incertitude qui caractérise le lien social. Certes, il existe toujours une part d'incertitude dans les échanges humains, même en dehors des rapports de don, même à l'intérieur des rapports les plus bureaucratiques, comme l'ont si bien montré les études d'organisations de Michel Crozier et de son équipe. On y constate même que ces zones d'incertitude sont en partie créées par les acteurs eux-mêmes. Mais, dans cette approche, les acteurs ont nécessairement pour but de réduire et de contrôler pour eux-mêmes cette incertitude afin d'accroître leur pouvoir. C'est la raison d'être des stratégies qu'ils élaborent et que l'analyse stratégique reconstitue[12]. C'est sur ce point que l'acteur du don se distingue. Contrairement à l'acteur défini par l'analyse stratégique et de la sociologie des organisations, il n'a pas comme postulat la réduction de l'incertitude. Il crée au contraire en permanence une zone d'incertitude qu'il s'applique à lui-même. Le donateur ne veut pas d'abord et avant tout le retour; il veut d'abord que le retour soit libre, donc incertain. Le don est la scène où se joue le lien social le plus libre. C'est sur cet échange que se fonde la cohésion sociale de base, sur laquelle repose la «macro-cohésion» étatique et la micro-cohésion marchande. C'est de ces millions de gestes quotidiens que les systèmes étatique et marchand se nourrissent. Plus le geste est vécu comme inconditionnel par les deux partenaires, plus il est indécidable, plus il renforce le lien social lorsqu'il est noué. C'est pourquoi non seulement il faut le recréer à chaque instant, mais il faut aussi le recréer à chaque génération. Nous avons là l'une des raisons qui expliquent l'importance du don chez l'enfant. Il est l'apprentissage fondamental au lien social, et aussi à la liberté.

C'est ce qu'exprime le commentaire d'un informateur: «Angèle nous a accueillis à Paris en nous disant qu'elle espérait bien qu'on lui rende la pareille quand elle viendrait à Montréal. Cela nous a tout simplement enlevé l'envie de le faire. Pour nous, cela allait de soi qu'on la reçoive. Mais maintenant c'est comme si on lui devait cela, et aussi comme si elle nous recevait non pas parce que cela lui fait plaisir, mais seulement pour être reçue à son tour, et qu'elle doutait même qu'on le fasse.» L'explicitation de la règle de réciprocité tue le don et peut même entraîner la non-réciprocité!

Cela s'oppose en tout point au dialogue cité plus haut, que nous pouvons maintenant reprendre pour en expliciter la signification.

«Merci, mais tu n'aurais pas dû, c'est trop», dit le récepteur. Ces propos transmettent au donateur le message suivant: «Tu ne me devais rien, tu étais libre, ce n'était pas nécessaire. Par rapport à tout ce que je te dois, c'est trop. Mais j'apprécie beaucoup que tu le fasses, voilà pourquoi je dis merci, ce qui exprime aussi mon intention de rendre.» Par ailleurs, tout don établissant un pouvoir potentiel du donateur sur le récepteur, ce dernier dit au donateur qu'il ne devait pas faire ce don, qu'il l'a donc vraiment fait sans obligation, diminuant ainsi sa propre obligation découlant de ce don.

«Mais ce n'est rien du tout», répond le donateur. Par rapport à tout ce que je te dois, tout ce que tu m'as donné, ce n'est rien. Ce n'est rien comme bien. La valeur marchande est minimisée et l'accent est mis sur la valeur de lien. En tant que bien, ce n'est rien, ce rien qui circule au service du lien. «Ce n'est rien par rapport à mon estime pour toi. Ce n'est rien, donc tu ne me dois rien en retour, tu es libre de ne pas me rendre, ou de me rendre ce que tu voudras, quand tu le voudras, etc. Ne te sens pas obligé, ni surtout dominé par suite de ce geste, ce n'est pas le sens que tu dois lui donner. Si tu rends, ce sera donc un don.»

Globalement, ce dialogue implicite nie le rapport d'équivalence et confirme que les partenaires demeurent en état de dette, que ce qui se passe est hors de l'équivalence entre les choses qui circulent, que le don est au service du lien. Liberté, négation de la valeur marchande, négation de l'équivalence: quand on décode, il n'y a ni mensonge, ni hypocrisie. Le code est nécessaire pour que le bien qui circule signifie le lien. Mais il ne doit pas être explicité. Car le fait même de l'expliciter signifie que le message n'est pas compris! Trouver un langage explicite pour le don est contradictoire[13].

On comprend ainsi l'importance, notée par tous les observateurs, du décalage temporel entre le don et le contre-don, le fait que, dans une dialectique «donnant-donnant», il n'y ait plus de don: comme les rites de la gratuité fournissent un espace à l'indécidabilité sociale, les rythmes et les alternances lui procurent le temps nécessaire à son maintien. «Faire confiance» est l'acte fondateur permanent de toute société qui s'opère à travers le geste du don. Cela signifie accepter un risque, c'est-à-dire, en termes formels, introduire l'indétermination, la poser comme condition préalable à tout lien social, ce qui explique que toutes les théories déterministes achoppent sur ce phénomène élémentaire, mais primorial, fondateur de la liberté. C'est pourquoi le don a partie liée avec le jeu. L'absence de contrat dans le don suppose certes la confiance, mais il la recrée aussi chaque fois. C'est pourquoi non seulement le don n'a pas besoin d'être explicité, mais il serait en fait plus exact de dire qu'il ne *doit* pas être explicité. Le «dit» du don ne peut avoir qu'un but: s'entendre sur le non-dit.

Les explications habituelles par la coutume et par l'intérêt sont ainsi renvoyées dos à dos comme enfermant le don dans la contrainte des traditions, d'une part, de l'égoïsme calculateur contractuel comptable, d'autre part. Si cela était possible, il suffirait de mesurer l'importance des dons dans une société pour en connaître le degré de liberté, et cela autant au niveau microsocial qu'au niveau macro-social. Chaque don est un geste qui élargit l'espace de liberté des membres d'une société.

Et la liberté marchande?

Cela n'enlève pas l'importance de la liberté issue du marché et caractéristique de la modernité, mais permet de la relativiser. Comment se caractérise-t-elle par rapport au don? La liberté marchande consiste essentiellement dans la *possibilité de sortir;* elle permet de se retirer du lien social, de deux manières:

• En *minimisant l'importance* du lien à l'intérieur de la transaction, de l'échange: on n'est pas obligé de s'aimer pour faire des affaires, pour que les biens circulent; c'est une grande libération. On doit seulement en payer le prix, si on veut et si on peut.

- Par voie de conséquence, en permettant de *sortir du lien* lui-même. C'est la liberté d'aller ailleurs (l'*exit* de Hirschman), liberté qui est en dehors du lien social et contre lui, contrairement au don.

Cette liberté est importante: par rapport à la contrainte extérieure, à la hiérarchie, à la force, à la sorcellerie des sociétés archaïques, le marché et le don sont tous deux libres. Mais *alors que le don instaure et nourrit un lien social libre, le marché libère en nous extrayant du lien social; autrement dit sa liberté consiste à nous libérer du lien social lui-même,* engendrant ainsi l'individu moderne, sans lien, mais plein de droits et de biens. Il n'est pas étonnant que cette liberté exerce une grande fascination, et que l'on tente continuellement d'introduire cette merveille à l'intérieur même des liens sociaux et de l'appliquer aux liens eux-mêmes, tentative contradictoire, puisque cette liberté repose sur leur négation, étant fondée sur des rapports entre étrangers.

La liberté marchande est hors des liens sociaux. La liberté du don est à l'intérieur des liens sociaux. Le don circule dans les liens sociaux et fonde leur liberté. On ne peut pas leur appliquer le modèle marchand puisque ce dernier suppose soit l'absence de liens, soit des liens définis uniquement comme perturbation extérieure à l'échange.

Grâce au mécanisme des prix, les choses en arrivent même à circuler sans les personnes. Le marché est libéré du contexte personnel. La liberté du don intègre les personnes, leurs caractéristiques. Elle est un méta-ordre par rapport au marché. Une autre façon d'exprimer la même idée est de revenir à la distinction entre la valeur de lien et la valeur marchande. L'objet marchand est en dehors du contexte de la valeur de lien. Le contexte de la valeur marchande est la valeur marchande des autres objets. Son contexte est le monde des objets. La valeur de lien est au contraire insérée dans le lien social. Le même objet, ayant le même prix, change en fait de valeur de lien selon le contexte social. La valeur de lien est déterminée par le contexte social, la valeur marchande par le contexte économique.

L'État est aussi une entreprise de libération des liens sociaux, qui s'effectue cette fois en édifiant un appareil hiérarchique et bureaucratique régi par la contrainte, contrainte acceptée toutefois par les individus dans un régime démocratique. Dans un premier temps, il rend plus libres les liens de parenté, de voisinage, d'amitié, en diminuant les obligations et en assumant une partie des services que les réseaux de don fournissaient antérieurement. Mais il peut atteindre un seuil où il détruit le lien social, comme le fait le marché, et où il engendre des dépendances très fortes à son égard.

L'État et le marché se complètent donc merveilleusement. Le marché et l'État caressent «naturellement» le projet commun d'épurer le lien social de toutes ces scories que constitueraient la circulation d'objets d'une part, celle de services d'autre part, ne laissant que le joyau du lien social à l'état pur: l'affectivité, l'amour, etc.

Cette utopie est énoncée par de Singly, qui évoque des échanges «qui excluent de plus en plus [...] les services autres qu'affectifs et sexuels. Ainsi apurée des autres comptes, l'affection au sein de la famille parviendra à cet idéal [...] où toute trace d'intérêt doit être bannie» (Singly, 1988a, p. 137.) Bref, c'est le rêve d'un lien social où plus rien ne circulerait, un lien qui ne serait plus un canal de circulation des choses et des services.

Un tel lien social où rien ne peut circuler n'existe pas[14]. Quand tout circule par le marché ou par l'État, il faut constater que ce n'est pas le lien social à l'état pur qu'on retrouve, mais l'absence de lien, l'individu solitaire. Le lien qui ne se nourrit de rien, où rien ne circule, meurt. Inversement, tout un ensemble de services ne circulent correctement qu'en passant par les liens sociaux. Le service n'est pas un produit[15], et pour se contenter d'un exemple évident, on peut affirmer que la société n'est pas près de trouver une formule, marchande ou étatique, qui pourra dispenser certains «services» que les parents rendent dans l'éducation des enfants. L'État et le marché s'arrêtent au seuil où le service est le lien, comme «the medium is the message» pour reprendre la formule de MacLuhan. Seuls les objets ou l'argent circulent vraiment bien dans le réseau marchand et l'appareil étatique. C'est pourquoi tout tend à prendre cette forme, tout tend à devenir objet pour pouvoir circuler. Mais à quel «prix»! L'œuvre d'art est la seule à pouvoir circuler sur le marché sans perdre son âme, sans être seulement un objet. À quel prix? Celui d'une très grande rareté. À la condition de demeurer marginale.

Amitaï Etzioni (1990, p. 29 et 31) rappelait la thèse célèbre d'Erich Fromm à l'effet que la liberté acquise par la modernité a un coût. Il serait sans doute plus exact de dire qu'elle a des limites, celles de la destruction des liens sociaux qu'elle entraîne, qui conduit l'individu à l'isolement et à une diminution de sa liberté. Au bout du chemin de la libération marchande et étatique, on ne trouve pas un individu libre, mais un individu seul, fragile, dépendant, vulnérable, pris en charge par des appareils extérieurs à lui et sur lesquels il n'a aucune prise, proie facile et préférée des idéologies totalitaires, dans lesquelles le besoin de pouvoir, mais aussi le don et l'altruisme connaissent leurs pires perversions. Pourquoi? Parce que la liberté se nourrit des liens sociaux. L'approche marchande ne voit les liens sociaux que sous la forme de la contrainte. Or, il y a deux sortes de libération. Il y a la libération *vis-à-vis* des liens sociaux, au sens que l'on se libère d'eux (celle du modèle néo-classique), et il y a la libération *des liens sociaux eux-mêmes*. Libérer l'individu de la communauté est un processus qui atteint vite sa limite. Libérer la communauté elle-même est certes beaucoup plus difficile, mais beaucoup plus fondamental. Or, on peut se demander si ce n'est pas ce qui se passe actuellement avec la famille par exemple, et dans de multiples réseaux sociaux qui réinventent la liberté dans l'obligation sociale, dans l'établissement d'un rapport de dette volontaire.

Équivalence marchande, égalité et droits étatiques, gratuité de l'état de dette: la société actuelle a besoin des trois systèmes, et il n'est pas dans notre esprit de suggérer l'élimination ni de l'État ni du marché. Cela serait non seulement impossible, mais aussi très néfaste, car une grande société (statistiquement parlant) a besoin de l'appareil étatique et du marché. Le don, à leur place, entraînerait des phénomènes de domination personnelle particulièrement graves, des effets pervers de clientélisme qui nous sont tous familiers. Car une grande société, par définition, comprend nécessairement une proportion importante de liens entre inconnus et étrangers. Or, l'État et le marché sont de bons systèmes pour traiter ce type de rapport, pour faire circuler les choses et les services entre étrangers, en maintenant la valeur de lien constante, ou plutôt en ne la faisant pas intervenir. Ils n'entraînent pas ces phénomènes de domination par le don, comme l'ont si souvent noté avec raison tous ceux qui ont loué les avantages de l'État-providence par rapport à la charité privée.

On doit non seulement les maintenir, mais faire en sorte qu'État, marché et don s'interpénètrent et se nourrissent mutuellement. Ne sommes-nous pas en train de (re)découvrir que les systèmes mixtes sont les plus efficaces? L'État recourt de plus en plus aux solidarités locales pour réaliser certaines missions sociales; inversement, on constate qu'un système marchand ou étatique qui se coupe du don est inefficace à long terme, ce que semblent montrer l'échec des pays socialistes mais aussi du modèle tayloriste et, à l'opposé, le succès du «modèle» japonais.

Tout le problème se situe dans les conditions de leur interpénétration. Nous pensons que les autres systèmes doivent globalement être soumis au système de don, car c'est le seul qui assume l'incomplétude du lien social, la liberté non seulement en dehors du lien social, mais à l'intérieur même de ce dernier. Autrement, il y a contrainte d'une façon ou d'une autre: les systèmes socialistes ont voulu soumettre le don à l'État, à la solidarité étatique. Le capitalisme (de même que le socialisme) a voulu (et veut) tout soumettre à la production marchande. Mais, à la différence du système étatique totalitaire, le droit à l'opposition y est demeuré possible, ce qui fait, par exemple, qu'il a engendré des problèmes écologiques beaucoup moins graves que ceux des pays d'Europe de l'Est, entièrement livrés et soumis au modèle de la croissance.

Si l'État fonctionne à l'égalité et le marché à l'équivalence, le don a pour principe la dette volontairement entretenue, le déséquilibre, l'inégalité. Et la spécificité de la société moderne devient sa capacité d'assumer les situations d'égalité dans des modèles déterministes — le marché et l'État — alors que dans les sociétés sans marché et sans État, la situation d'égalité entraîne la violence et doit être évitée le plus possible.

Mais égalité, concurrence, rivalité sont indissociablement liées, comme l'avait compris Tocqueville. C'est pourquoi ces principes, même s'ils peuvent revêtir une grande importance dans une société dans la mesure où il sont circonscrits et contrôlés (contenus) par le marché et par l'État, ne peuvent pas constituer la base de la société. Cette dernière demeure le lien inégal de don, et ce lien social ne peut pas être pensé à l'intérieur de ces modèles, même si c'est ce que l'on essaie de faire depuis deux siècles. Depuis l'introduction du marché et de l'État modernes, nous n'arrivons plus à lire le fonctionnement contextuel du don, sa logique de réseau et de circulation des choses, selon la réponse émotionnelle qu'elle suscite. Est-il possible de penser le don selon un modèle non déterministe?

Don et modèles déterministes

Kurt Gödel a démontré que, même en mathématiques, il y aura toujours des propositions indécidables, que le système n'est jamais fermé, complet. «Le théorème de Gödel est une réfutation d'un modèle mécanique de la science, de la pensée, du monde[16]». On peut considérer l'utilitarisme comme l'application du modèle mécaniste à la société. Le mécanisme des prix et les appareils bureaucratiques des organisations modernes sont théoriquement des modèles complets, au sens logique. Chaque décision est le fruit d'un calcul raisonné et raisonnable, susceptible d'être éventuellement programmé à l'avance. Et la règle de l'équivalence est aussi une loi fondée sur la complétude: pour chaque produit faisant partie du système économique, il existe un équivalent monétaire. Le retour est déterminé par la règle de l'équivalence et elle s'applique à tout ce qui compose le système marchand.

En pratique, on arrive peu à prédire la réalité, le nombre d'applications de l'axiome utilitariste étant infini. On peut toujours trouver *a posteriori* des intérêts à tout geste. Au lieu de prédire, on explique *ex post*. On cherche un intérêt dans tout comportement, on en trouve toujours et il ne reste plus alors qu'à appliquer l'axiome: quand on a trouvé un intérêt, on a trouvé l'explication d'un comportement. Postulat complémentaire: toute autre explication n'en est pas une. C'est un système complet, au sens logique. La complétude est caractéristique d'une vision mécaniste et déterministe du monde.

Inversement, le retour du don est indéterminé, indécidable. Du point de vue du don, la règle d'équivalence correspond à la circularité elle-même et met donc fin au processus par autoréférence. Par rapport au don, le marché est un système à faible puissance, car plus un système est puissant, plus il devient incomplet, toujours selon Gödel. «Le Théorème d'Incomplétude de Gödel dit que tout système qui est "suffisamment puissant" est, du fait même de sa puissance, incomplet» (Hofstadter, 1985, p. 115). Le don est plus puissant parce qu'il inclut le lien dans le système alors que le marché et l'État le placent hors de leur système et le remplacent par une «mécanique»; autrement dit, ils le considèrent soit comme une constante, soit comme une variable exogène. Leurs lois et leur système ne s'appliquent qu'aux rapports entre les choses qui circulent, et non pas aux liens sociaux. Ils sont un système plus simple, plus précis, plus déterminé que le don, lequel est un méta-système par rapport au marché et à l'État.

Concrètement, nous pouvons sortir du marché et nous le faisons quotidiennement chaque fois que, dans la circulation des choses, nous introduisons la valeur de lien: pourboire ajouté au service, applaudissements ajoutés au prix du billet, toutes ces innombrables «valeurs ajoutées de lien» qui parsèment nos rapports sociaux. Chaque fois, nous sortons volontairement du rapport marchand et réintroduisons un «geste» inattendu, imprévu, une «grâce». Les actions les plus importantes de nos vies, à l'image du don de rein, sont plus que le résultat de calculs rationnels. Elles obéissent à autre chose. Le don est la quatrième dimension du social, insaisissable rationnellement dans un système mécaniste, mais dans laquelle nous baignons, autant dans notre vie quotidienne que dans les grandes décisions que nous prenons. Dans le lien social circule autre chose que ce que l'on voit circuler. C'est ce que le sage maori avait appelé le hau, l'esprit du don, que l'Occident ne peut pas comprendre à l'intérieur de son paradigme dominant, mais qui fait figure d'évidence première aussitôt qu'on sort de ce paradigme. Est-il donc inutile d'essayer de comprendre le don avec la raison moderne? Faut-il laisser le don aux romanciers, aux poètes? En partie sûrement. Le lien social n'appartient à aucune discipline et les belles histoires font comprendre le don mieux que les sciences humaines. Ce n'est pas parce qu'on ne peut pas tout dire qu'on ne peut rien dire, mais il faut quitter les modèles mécanistes qui caractérisent les sciences humaines. De façon surprenante, le domaine de l'intelligence artificielle et des sciences cognitives peut peut-être fournir un point de départ pour élaborer un modèle de circulation par le don.

Esquisse pour un modèle du rapport de don

Le don n'est pas le hasard. C'est un certain désordre, mais ce n'est pas le hasard. «Des effets de pur hasard ne formeront jamais un don, un don qui ait le sens d'un don, si dans la sémantique du mot *don* il paraît impliqué que l'instance donatrice ait librement l'intention de donner» (Derrida, 1991, p. 157). Le don n'est pas un jeu, même s'il y a du jeu dans le don, si on y joue même beaucoup. Le don n'est pas la production. Produire exclut le don. Le don n'est pas le résultat de la raison, de la rationalité fin-moyens. «Donner les raisons du don signe la fin du don» (*ibid.*, p. 187), comme on l'a vu. Mais le don n'est pas sans raison.

Le don peut-il être dit? La liberté obligatoire du don peut-elle être pensée? Selon Derrida, Mauss lui-même n'a pas parlé du don. «Son *Essai sur le don* ressemble de plus en plus à un essai non pas sur le don mais sur le mot "don"» (*id.*, p. 77). Plus précisément le retour du don peut-il être pensé? Alors qu'on imagine spontanément le geste du don comme une ligne droite, une flèche, celle de la gratuité et du désintéressement qui va directement et fièrement vers autrui sans regarder derrière, le don est un boomerang. Il trace un cercle. *Kula ring*. Mais un cercle étrange, à l'image même de l'*Essai dur le don*. Mauss passe du don à l'échange, puis revient au don. Il trace une boucle. Dans un premier temps, se positionnant contre l'idée de la flèche pour bien marquer sa distance vis-à-vis de l'image courante du don gratuit au sens de sans retour, il insiste sur le retour et sur son caractère obligatoire. Il plonge ainsi dans le cercle du don. Puis, progressivement, il prend ses distances vis-à-vis du don comme échange de type économique et, pour ce faire, insiste à nouveau sur la liberté du retour. Il se rapproche donc à nouveau de la flèche et termine en multipliant les expressions paradoxales contenant à la fois les mots «libre» et «obligatoire». Alors que la première phrase de l'*Essai* oppose les deux concepts, («en théorie volontaires, en réalité obligatoirement faits et rendus»), la dernière partie les met côte à côte à répétition: «sous une forme désintéressée et obligatoire en même temps» (p. 194); «obligation et liberté mêlées» (p. 258); «sortir de soi, donner librement et obligatoirement» (p. 265).

L'*Essai sur le don* fait une sorte de boucle étrange, comme l'objet qu'il étudie. Il y a cercle et il n'y a pas cercle. «Il ne peut y avoir don qu'à l'instant où une effraction aura eu lieu dans le cercle» (Derrida, 1991, p. 21). Le don interrompt le système. Quel système? Celui du cercle de l'échange. Lorsque le retour est «rendu», le cercle du don s'arrête et devient un pur cercle d'échange. En fait, on ne rend jamais dans un geste de don, on donne «à son tour». Et encore ces derniers mots sont-ils de trop; ils supposent à tort une sorte d'alternance qui aurait un caractère automatique, mécanique. Mais on ne peut y échapper complètement, car une certaine alternance n'est pas non plus absente du don. La vérité du cercle du don, c'est que le troisième terme de la célèbre trilogie de Mauss, «rendre», ne doit pas exister. On donne et on reçoit, tout en flirtant continuellement avec le rendre, en s'en rapprochant parfois dangereusement au point que, dans le potlatch par exemple, dit Mauss, on détruit «afin de ne pas avoir l'air de désirer qu'on vous rende» (p. 201). Mais si on y tombe, on interrompt la boucle du don pour descendre dans le cercle de la circulation marchande, dans le troc, ou encore pour atteindre la fin de la circulation des choses, le règlement de compte, des comptes.

Drôle de cercle, donc, essentiellement paradoxal. En tout cas ce n'est pas un cercle économique, même s'il se rapproche constamment de l'économique, même si viennent se mélanger dans des proportions variables des considérations d'intérêt, de prestige, etc., qui ne peuvent faire autrement que de remonter à la conscience du sujet donneur — car il n'est pas fou et il sait bien que le don rapporte —, mais sans jamais l'emporter.

Comment rendre compte théoriquement d'un phénomène qui a autant de caractéristiques apparemment opposées à toute formalisation: libre, indécidable, contextuel, spontané, refusant la distinction sujet-objet au cœur de la pensée moderne, sans règle de fonctionnement explicite? Bizarrement, nous croyons que nous pouvons aller plus loin avec la notion de réseau, qui s'est développée dans des champs de recherche qui ont précisément buté sur les modèles déterministes, telle l'intelligence artificielle.

L'évolution récente de cette discipline présente plusieurs analogies avec le problème du don. Analogie seulement, bien évidemment, car l'IA en est à tenter de rendre compte de phénomèmes qui restent élémentaires par rapport au don, ce dernier constituant le plus complexe des phénomènes sociaux et symboliques. Nous nous référerons ici à l'IA comme à une sorte de «modèle de pensée[1]» susceptible de fournir une première vision du don en le rendant compréhensible et significatif comme système. Nous avons besoin d'un modèle — ou d'une approche — qui puisse à la fois visualiser le don et faire apparaître les différences avec le modèle marchand et le modèle étatique. Or, on retrouve dans l'évolution récente de l'IA des problèmes similaires à ceux rencontrés ici entre le don et l'appareil étatique, ou entre l'utilitarisme marchand (déterminisme comptable) et le don.

Les deux approches de l'intelligence artificielle

Au départ, dans les années 1950, le domaine de l'IA se caractérise par la présence de deux approches différentes. Le premier modèle est hiérarchique et déterministe. La programmation de l'ordinateur s'opère à partir d'un centre qui contrôle tout (*central processing unit*). Le dispositif consiste en de multiples niveaux hiérarchiques linéaires (arbre d'inclusion). Le centre donne des ordres à des éléments passifs. L'information est stockée dans une mémoire passive. Le but est de parvenir à comprendre la logique élémentaire du fonctionnement de l'intelligence et d'élaborer une théorie de l'intelligence conçue comme un ensemble de lois universelles «context free» (Dreyfus et Dreyfus, 1988, p. 25), pour la reproduire ensuite dans une machine au sein de laquelle on insérera toutes les règles de l'intelligence rationnelle. Cet appareil donnera ses ordres aux différents éléments qui la composent et traitera de façon prédéterminée toutes les informations qu'elle reçoit. Chaque solution possible a d'abord été inventoriée par celui qui conçoit l'appareil. C'est un système hiérarchique, dont la référence philosophique est le calcul rationnel issu de la tradition carté- sienne et du postulat que tout raisonnement peut être réduit au calcul, et que l'on peut réduire tout concept à ses éléments les plus simples, et les recomposer à partir de ces éléments.

La seconde approche a un point de départ différent. Au lieu de se poser le problème logiquement et déductivement, «de haut en bas», on cherche à comprendre comment l'intelligence *émerge* de connections simples entre les neurones. C'est l'appro- che «de bas en haut[2]». On essaie de simuler ce que fait l'intelli- gence à partir des connaissances neurologiques actuelles, de la copier et de faire fonctionner ce «dispositif». Ce système est susceptible d'apprendre sans qu'on sache pour autant comment il le fait exactement, au sens de savoir quel élément influe sur tel autre, analytiquement, ou hiérarchiquement. On élabore des réseaux de relations possibles et on fait fonctionner le réseau, qui apprendra et se développera en fonctionnant. On va même jus- qu'à supposer que l'ambiguïté est essentielle à l'intelligence humaine.

Au départ, les deux approches connaissent un grand succès. Les déclarations ne manquent pas de part et d'autre qui annon- cent que l'on pourra bientôt construire des machines «vraiment» intelligentes. Mais, à partir du milieu des années soixante, la seconde approche est délaissée au profit de la première, l'appro- che hiérarchique déductive, que nous appellerons «synoptique[3]».

Cependant, l'approche synoptique ne connaît pas les succès escomptés. Si bien que depuis une dizaine d'années, la seconde, désignée aujourd'hui par l'expression «réseaux neuronaux» ou le terme «connexionniste», connaît une vogue grandissante. Un des défenseurs antérieurs les plus importants de l'approche synoptique, Marvin Minsky, en arrive même à décrire l'IA comme «a society of mind», une société non pas hiérarchique mais «hétérarchique», un enchevêtrement (*a tangled web*) (1985)[4].

Cette approche est fondée sur le fait que l'intelligence doit être capable de tenir compte du contexte. Or, les modèles synoptiques sont *context-free*. Ils considèrent le contexte comme extérieur (ou comme une constante), ce qui oblige à prévoir toutes les situations possibles, à intégrer le contexte dans le programme, tâche impossible. «Aucune anticipation, aucune planification, aucune programmation, aussi exhaustives qu'elles veuillent être, ne pourront jamais faire la liste a priori de toutes les variantes des déroulements de la situation la plus ordinaire de la vie quotidienne. Il n'y a qu'une façon de déterminer toutes les réponses que requiert un système: le plonger dans le monde et le laisser opérer. Chaque système est donc singulier et fondamentalement inapte à la programmation» (Reeke et Edelman, 1988, p. 152; notre traduction). Les réseaux neuronaux partent au contraire du postulat que le contexte varie à l'infini et qu'il faut apprendre à en tenir compte. Ils sont sensibles au contexte. Tous les auteurs insistent sur ce point[5]. Et Jorion (1989) développe une analogie similaire entre les réseaux neuronaux et la pensée sauvage décrite notamment par Lévy-Bruhl, pensée qui ne fonctionne pas par inclusion, mais par associations, par réseaux contextuels. «Ce qui tient lieu de classification dans la pensée primitive est une disposition à regrouper les notions selon l'équivalence de la réponse émotionnelle qu'elles suscitent» (p. 533). «Les plantes apparaissent connectées par un réseau complexe de ressemblances et d'affinités, où chaque espèce peut appartenir à plusieurs catégories, et non par une structure en forme d'arbre organisant les catégories en une hiérarchie par l'exclusion mutuelle[6]».

Ce sont des «connexions simples», sans relation d'inclusion, sans organisation en niveaux, «plates et larges[7]», sans hiérarchie. Elles se font par affinités (p. 530). L'analogie avec l'association libre en psychologie est évidente, mais aussi avec la spontanéité du don, ou avec son caractère primaire, par rapport à la secondarité réfléchie du marché et de l'État. Il est vain de vouloir éliminer l'émotion de l'analyse du don et de la remplacer par le calcul et la relation d'inclusion. «Cette relation d'inclusion date, (en Occident), du 16e siècle... Mais depuis, nous ne savons plus comment faire pour ne pas l'y lire (dans les autres sociétés)» (p. 524). Nous avons exactement le même problème avec le don depuis l'introduction du marché et de l'État: nous y appliquons la logique d'inclusion et n'arrivons plus à lire son fonctionnement contextuel, sa logique de réseau et de circulation des choses «selon la réponse émotionnelle qu'elle suscite».

Avec l'approche des réseaux neuronaux, le problème du sens commun devient crucial. Alors que la première approche, logiquement, considère que le sens commun repose sur une théorie implicite que posséderait chaque sujet, la seconde ne fait pas ce postulat. Elle considère même qu'une telle théorie est peut-être inexistante. Et le statut de la règle change complètement. On considère que la règle est déduite du comportement du système, mais non que le système obéit aux règles, comme dans l'approche déductive. «Son comportement peut être décrit par des règles, même si le système ne contient pas de règles qui régissent ses opérations» (Waltz, 1988, p. 201). «Une règle n'est pas une chose que l'on donne à un ordinateur, mais un pattern que l'on infère de l'observation du comportement de la machine» (Turkle, 1988, p. 247).

Cette approche a actuellement le vent en poupe. Elle consiste à envisager l'IA comme un réseau, relativement indéterminé, où l'on ne cherche plus à localiser exactement ce qui se passe. On ne fait plus la théorie de l'intelligence, on reproduit le réseau. On sort de l'impossibilité de penser les systèmes autrement qu'avec le modèle de l'arbre d'inclusion. Certes, on peut dire que l'intelligence a un centre, le «moi» qui dirigerait toutes les opérations. Mais, comme le note Hofstadter (1987), quel drôle de centre, qui ne peut ni déterminer, ni même savoir ce que sera sa prochaine pensée! L'IA évolue vers un modèle associatif que Minsky désigne par le terme de hétérarchie par opposition à la hiérarchie linéaire, Hofstadter par l'expression «hiérarchie enchevêtrée» faisant des «boucles étranges».

Cette expression ne convient-elle pas parfaitement au phénomène qui a le plus préoccupé les analystes du don: la boucle étrange du retour du don, l'étrange retour non prévu, non voulu souvent, et prenant des formes incompréhensibles dans le cadre de l'échange marchand? La boucle étrange suppose non seulement le retour (la boucle), mais également que ce retour soit situé à l'intérieur d'une hiérarchie. La boucle étrange se produit dans une hiérarchie enchevêtrée. Autrement, c'est une boucle simple. À cet égard, on peut caractériser le don, le marché et l'État de la façon suivante.

L'État et le marché

L'État est une hiérarchie, mais inclusive, non enchevêtrée, sans boucle[8], si ce n'est la boucle simple minimale du feedback. Les appareils sont des sens uniques, ce qui évite certains problèmes (la rencontre et l'accident, les rapports de domination par le don, etc.), mais diminue d'autant la souplesse du système. Tout ce qui circule passe dans un centre avant de repartir dans l'autre sens, y laissant d'ailleurs une partie de son contenu à chaque étape, ce qui fait que ce qui circule arrive beaucoup plus réduit qu'au départ. La seule possibilité de retour est le feedback, c'est-à-dire le fait que le système ne retienne de l'extérieur que ce qu'il veut bien retenir. Alors que dans la boucle étrange, l'extérieur impose des choses au système. Il y a interaction dynamique. L'appareil étatique ne fait pas de boucle étrange, car rien de non prévu par lui ne peut lui être imposé. Dans l'appareil, les choses font un double parcours fixe parallèle: concentration-redistribution. La mémoire de l'appareil, c'est le dossier, pour un individu en particulier. Ce sont les droits et la loi pour l'ensemble des individus.

Pour sa part, le marché est un réseau enchevêtré, mais non hiérarchique. C'est pourquoi c'est également une boucle simple. Le marché est un boulevard, parfois une autoroute, où la circulation est réglée par un mécanisme qui assure que partout, lorsqu'un objet passe dans un sens, un objet «équivalent» passe dans l'autre sens. Mais, à un autre niveau, il est à sens unique, visant à faire passer les choses du producteur au consommateur, et alors les choses disparaissent du système.

Le marché est un réseau d'autoroutes qui va dans tous les sens. Il est enchevêtré (Jorion, 1989, p. 44 et 68). À la différence de l'État, il est décentralisé. Il «choisit» son chemin, comme un réseau téléphonique. Il est indéfiniment extensible dans l'espace, mais à un seul niveau, il est sans profondeur, aplati par la recherche de l'échange égal, de l'équivalence parfaite. Il est une surface qui peut s'étendre à la planète entière grâce au fait qu'il constitue aussi un réseau dont on a extrait «les aléas des rapports personnels» (Simmel, 1987). Cela correspond à un enchevêtrement simple (Hofstadter, 1985), à une connexion simple. En outre, le marché a aussi une origine et une destination, une direction, du producteur au consommateur. Le temps du marché, sa mémoire, c'est l'argent. Il n'utilise volontairement qu'une infime partie des rapports antérieurs entre les personnes. Il abstrait le lien de son histoire personnelle. C'est à la fois son avantage et son inconvénient. Mais il n'est pas étonnant que Bateson considère que «de tous les organismes imaginaires (dragons, dieux...) l'homo œconomicus est le plus terne [...] parce que ses processus mentaux sont toujours quantitatifs, et ses préférences transitives» (1989, p. 238-239). Cela permet par ailleurs au dit homo œconomicus d'être universel et de traverser les cultures.

Par rapport à l'État, le marché ouvre un espace libre infini. Et on comprend facilement que si un membre d'une société est confronté à un appareil d'État sans boucle démocratique, il envisage comme une libération le réseau marchand, les multiples chemins qui s'ouvrent à lui et semblent infinis. Mais on comprend aussi qu'il sera vite insatisfait de cette absence de lien social que le marché entraîne, qu'il se sentira rétréci dans ce réseau plat, diminué, un peu comme un être à trois dimensions qu'on aplatirait dans deux comme le dessin du dragon de Escher: «Quels que soient les efforts que ce dragon déploie pour devenir tridimensionnel, il reste complètement plat. Deux incisions ont été faites dans le papier sur lequel il est imprimé. Puis il a été plié de manière à faire apparaître deux carrés vides. Mais ce dragon est un animal obstiné et malgré ses deux dimensions, il persiste à vouloir en avoir trois; aussi il passe la tête par l'un des trous et sa queue dans l'autre» (Escher, 1990, p. 73). Il ne réussit qu'à se mordre la queue, image parfaite de l'autoréférentialité du don perçu à travers le prisme marchand.

«Plus l'échange est égal, et plus on s'ennuie. Le don assure la survie du temps en déséquilibrant l'offre et sa contre-partie» (Henri Raymond). Dans le marché, seul le retour simple — l'équivalence monétaire — existe. L'individu est privé du jeu des retours multidimensionnels contenus dans le don: plaisir du don, reconnaissance, contre-don.

Cet aplatissement du lien social — vertical dans l'État, horizontal dans le marché — explique la méfiance du don face aux rapports monétaires. L'argent symbolise cette réduction parce qu'il est l'essence de la quantité, parce «qu'il ne possède d'autres qualités que sa quantité» (Simmel, 1988, p. 43). «L'argent dévalue en quelque sorte tout ce dont il est l'équivalent» (*ibid*, p. 14). Pourquoi? Précisément parce qu'il situe tout sur deux dimensions. Il supprime ainsi l'espace multidimensionnel dont le don a besoin pour déployer ses retours multiples, l'espace de la valeur de lien dont la chose est véhicule et symbole, valeur de lien qui, littéralement, «n'a pas de prix» parce qu'elle se situe en dehors de l'espace marchand. Cela ne signifie pas qu'on ne réussira jamais à l'acheter en y «mettant le paquet», comme on dit. Mais que, si on réussit, la personne a sacrifié la valeur de lien.

Le don

Le don combine la boucle du marché et la hiérarchie de l'État, ce qui en fait une hiérarchie enchevêtrée. C'est pourquoi toute saisie du don par le modèle de l'État ou du marché consiste en une coupe soit verticale, ne retenant que l'aspect hiérarchie, obligation, contrainte, soit horizontale, ne retenant que le réseau simple et plat du marché, régi par une seule loi, celle de l'équivalence, qui neutralise les liens et leur variabilité contextuelle.

Seul le don a une boucle étrange *et* une hiérarchie enchevêtrée. Il a la profondeur et les niveaux de l'appareil, mais c'est un réseau. Avec toute l'épaisseur des liens personnels et leur poids historique. La mémoire du don, c'est l'ensemble du lien social, la trace mnésique que laisse le don antérieur. Le don a une mémoire non extérieure aux personnes, à la différence de l'État et du marché. C'est pourquoi chaque personne, constituée de son ensemble de liens de dons passés, est unique à l'égard de l'autre, comme nous le notions dans les chapitres précédents. Et cela existe aussi dans les réseaux mnésiques des systèmes intelligents. C'est d'ailleurs la base de la vie: «L'essence du vivant est une mémoire, la préservation physique du passé dans le présent» (Margulis et Sagan, 1989, p. 64).

Don et systèmes intelligents

«Je suis convaincu que les explications des phénomènes "émergents" de nos cerveaux, comme les idées, les espoirs, les images, les analogies, et pour finir, la conscience et le libre-arbitre, reposent sur une sorte de Boucle Étrange, une interaction entre des niveaux dans laquelle le niveau supérieur redescend vers le niveau inférieur. Il y aurait donc, autrement dit, une "résonance" auto-renforçante entre différents niveaux» (Hofstadter, 1985, p. 709).

Peut-on mieux décrire le don, du potlach au cadeau moderne, ce phénomène de *résonance,* d'amplification qui a tellement étonné les observateurs du don archaïque! Le marché bloque toute résonance en scindant et en isolant l'«offre» et la «demande», en localisant l'aller et le retour dans deux voies séparées parallèles. Quant à l'État, il interdit le retour et ne tolère que la boucle tronquée du feedback. On peut, ajoute Hofstadter, éliminer les boucles étranges d'un système, «mais seulement à la condition d'introduire une hiérarchie d'apparence artificielle» (*ibid*, p. 24) qui élimine une foule de possibilités intéressantes du système. Et il donne des exemples dans le domaine de la pensée, où l'élimination de la possibilité de paradoxes conduit à une pensée dénuée d'intérêt. On reconnaît là les dangers qui pèsent sur tout appareil d'État qui réussit à se soustraire à la boucle paradoxale de la démocratie: la bureaucratie inefficace et, à terme, le totalitarisme, le système à sens unique, de haut en bas.

Le don est au système social ce que la démocratie est au système politique, et ce que la conscience est aux individus: un phénomène émergent impliquant tous les niveaux, émergeant de la boucle étrange que font les différents niveaux entre eux. Le système de don est une projection sociale de notre système de conscience, de cet enchevêtrement de niveaux hétérarchiques qui est ce qui modélise le mieux le système mental. L'enchevêtrement de niveaux du don est similaire: retour immédiat dans le plaisir même du don, contre-don, réactions en chaîne, amplification de la conscience du donateur, renforcement du lien, tout ce qui se passe dans un don se situe à de multiples niveaux en interaction, en hiérarchie enchevêtrée, formant des boucles étranges que le modèle du marché ne peut visualiser que comme paradoxe, et fondant le lien social comme la boucle étrange de la démocratie fonde nos systèmes politiques, comme la boucle étrange de l'intelligence fonde la conscience individuelle. Tous ces systèmes se renvoient l'un à l'autre. Ils sont isomorphes. Ils sont indécidables, au sens d'irréductibles à une loi mécanique et à un système clos[9]. Le système clos ne peut être qu'une approximation du fonctionnement d'un seul niveau, comme celui de la circulation des choses et de la loi de l'équivalence marchande, ou comme celui de ce niveau unidimensionnel vertical qu'est l'État et son principe d'égalité, isolé de son insertion dans la boucle démocratique. Le don est un «croisement» de ces deux systèmes. Le don est un système de dettes en résonance. C'est la forme élémentaire de la circulation des choses et des services, d'où procèdent le marché et l'État.

Une boucle en plus, ou une boucle en trop?

- Pour Hofstadter comme pour la plupart des philosophes, l'intelligence de l'espèce humaine est une boucle de plus que celle des animaux, la boucle qui fait que l'on sait que l'on sait, ce retour sur soi-même, cette réflexion qui définit l'homme depuis les Grecs.
- Pour certains penseurs de la démocratie moderne, la différence entre les primitifs et nous réside aussi dans une boucle de plus, celle qui nous octroie l'autonomie, qu'eux n'auraient pas.
- Pour les libéraux utilitaristes, la supériorité du marché sur le don, c'est encore une boucle de plus, le retour sur soi qui nous apprend que tout don est un échange qui s'ignore et que le donateur est intéressé. C'est la boucle de la lucidité, qui permet de sortir de la spontanéité primitive et de la naïveté, et d'accéder à la rationalité, ou plutôt à la conscience de la rationalité, puisque tout homme est utilitariste, même s'il l'ignore ou fait semblant de l'ignorer.

- Or, le don, c'est encore un niveau de plus: c'est la conscience que l'explicitation de l'échange est un niveau de trop, fixant l'échange et le transformant, lui faisant perdre sa souplesse en réduisant l'incertitude et l'indétermination, le faisant ainsi revenir à un niveau inférieur. La boucle marchande, pour le don, au lieu d'être une boucle de plus, est une *boucle perverse*. La conscience du refus de ce niveau est supérieure à ce niveau. C'est le niveau du langage, de la création, du flou nécessaire pour refléter l'indétermination et l'incomplétude radicale de ces systèmes, leur irréductibilité à ces systèmes déterministes que sont, par exemple, l'approche synoptique en IA et les modèles de l'appareil et du marché dans les rapports sociaux. Le don, c'est l'abandon conscient à l'absence de calcul, méta-niveau spontané qu'on peut définir comme «comportement qui résulte d'un effet d'auto-organisation» (Jorion, 1990, p. 117). Si on suit les règles, on ne sait pas donner, non plus qu'on ne sait parler une langue si on a besoin d'en suivre les règles en parlant.

La boucle étrange est au cœur du don comme de l'intelligence. Comment une pensée peut-elle penser, se demande Minsky? «Comment les pensées peuvent-elles se conduire comme des agents?» (Turkle, 1988, p. 263). Comment un don peut-il être rendu, se demande Mauss? À quoi aboutissons-nous avec cette analogie entre le don et les principes des systèmes intelligents? Certes pas à pouvoir modéliser le don; mais, nous l'espérons, à donner une idée des modèles que l'on pourrait obtenir, à saisir leur niveau de complexité par comparaison avec les modèles marchand et étatique de circulation des choses, à établir leur irréductibilité à des modèles déterministes et hiérarchiques, à montrer que les autres systèmes procèdent du don, et non l'inverse, à comprendre qu'on ignore presque tout du don comme système faute de l'avoir appréhendé dans des modèles convenables, et donc que des recherches sont nécessaires si l'on espère progresser dans la connaissance du système de don et de ses multiples retours enchevêtrés. À l'instar de l'intelligence, au sens le plus large du terme, le don ne procède pas par rationalité

Pourquoi absolument ravir des modèles par le don?

inclusive. Cette rationalité est plutôt une constatation *a posteriori*. L'intelligence est le phénomène individuel le plus complexe. Le don est le phénomène social le plus complexe. C'est l'expérience qui non seulement fait accéder l'individu au collectif, mais ouvre sur le réseau universel, sur le monde, sur la vie, sur les autres états, sur l'appartenance à quelque chose de plus que lui-même. Ce que tous les systèmes de don nous apprennent, c'est une conscience de l'appartenance qui, loin de nier l'individu, en est une extension indéfinie dans des réseaux incommensurables. L'esprit du don rapproche de l'esprit tout court, quelle que soit la signification qu'on donne à ce terme. Personne ne peut se passer de cette notion, qui a quelque chose à voir avec les boucles étranges qui expriment l'infini. «Le concept de Boucle Étrange contient implicitement le concept d'infini, car qu'est-ce qu'une boucle si ce n'est une forme de représentation d'un processus infini d'une façon finie?» (Hofstadter, 1985, p. 17). Et Bateson, à la fin de sa vie, affirmait que «les mystérieux phénomènes que nous associons à ce que nous appelons «l'esprit» ont quelque chose à voir avec [...] les caractéristiques des systèmes circulaires et autocorrecteurs» (1989, p. 244). Le don nous introduit dans un réseau universel semblable à cette allégorie bouddhiste: «Un réseau de fils infini étendu sur l'univers, dont les fils horizontaux traversent l'espace et les fils verticaux le temps. À chaque intersection des fils se trouve un individu, et chaque individu est une perle de cristal. La grande lumière de l'"Être Absolu" éclaire et pénètre chaque perle, qui reflète non seulement la lumière de toutes les autres perles du réseau, mais aussi le reflet de chacun des reflets de l'univers» (Hofstadter, 1985, p. 289).

Conclusion

Sous les échanges, le don

> «Plus une civilisation est développée, plus
> accompli est le monde qu'elle produit, plus
> les hommes se sentent chez eux dans l'artifice
> humain, plus ils éprouvent du ressentiment envers
> tout ce qu'ils n'ont pas produit, tout ce qui leur
> est simplement et mystérieusement donné.»
>
> HANNAH ARENDT

«Les temps sont durs mais modernes», disions-nous en commencant cet ouvrage. Sous le don, on trouve l'échange, affirment les modernes. Nous avons voulu tester l'idée inverse: sous les échanges, nous avons cherché le don. En général, le moderne attend qu'une personne soit morte pour relâcher l'hypothèse cynique et utilitariste à son égard. Tout à coup, on jette un autre regard sur sa vie, plus ouvert, plus généreux.

S'agissant du don, on a le plus souvent tendance à en mettre en évidence les effets pervers, dont nous ne songeons pas à nier l'importance. Nous croyons même, avec Koestler, que «dans toute l'Histoire, les ravages causés par des excès d'assertion individuelle sont quantitativement négligeables par comparaison avec les boucheries organisées par transcendance altruiste pour la plus grande gloire d'un drapeau, d'un chef, d'une foi ou d'une conviction politique» (1979, p. 88). Mais les effets pervers du don n'étaient pas notre propos. Nous cherchions plutôt à montrer comment il fonctionne dans son état «normal». Nous visions à fournir des éléments pour construire un modèle de «l'homo reciprocus», type idéal qui ne correspond pas à la réalité du social mais qui, à l'instar de l'homo œconomicus, peut aider à la comprendre.

Peut-on retrouver un sens aux liens sociaux, sans naïveté ni cynisme, c'est-à-dire sans transformer tout en objet? Le don peut-il, comme l'affirme C. Lefort, être ce qui nous confirme les uns aux autres que nous ne sommes pas des choses? La société moderne est cernée par la menace de l'objectivation universelle et générale, retour inattendu et ultime résultat de sa longue tentative de «mater» (Bacon) la nature, qui aboutit à ce que les gènes, c'est-à-dire la présence de nos ancêtres en nous, soient manipulés comme des choses, et que l'enfant lui-même devienne un objet avec la bio-technologie. À chaque extrémité de la vie l'objet nous envahit: manipulation d'embryons d'un côté, exploitation des cadavres «chauds» de l'autre. «Un mort n'est pas un être humain[1]». C'est pourtant justement par le respect du cadavre que les archéologues reconnaissent la présence des premiers humains.

Nombreux sont ceux qui cherchent à renverser ce courant[2]. L'éthique est actuellement plus en demande que la sociologie. Des sociologues aussi importants que Etzioni lancent de nouveaux mouvements telle la «socio-économie» qui veut lutter contre le «cynisme américain[3]». La présente réflexion sur le don fait partie de ces tentatives. Avant d'indiquer sur quelle vision du monde débouche le don, revenons une dernière fois sur le marché.

Un dernier éloge du marché

Le don existe et il constitue un système important. Mais nous ne prétendons pas qu'il soit le seul, ni qu'on puisse tout expliquer par le don. Alors que les utilitaristes cherchent à tout réduire à l'intérêt, nous ne nions pas l'intérêt et ne cherchons pas à tout «noyer» dans le don. L'intérêt, le pouvoir, la sexualité — ces trois clés de l'explication moderne des échanges — existent et sont importants. L'intérêt est peut-être même partout. Et nous croyons opportun de réaffirmer une dernière fois notre «foi» dans le marché en tant que mécanisme de libération. Le don n'est ni bon ni mauvais en soi, ni partout souhaitable. Tout dépend du contexte de la relation qui lui donne un sens. Le marché peut être préférable. On n'a, par exemple, aucun intérêt à accepter un don de quelqu'un dont on veut demeurer indépendant. Le marché est une invention sociale unique, et l'État aussi. Le don reposant plus sur la confiance que le marché, il est plus risqué, plus dangereux, et il affecte plus profondément la personne lorsque les règles ne sont pas respectées, lorsqu'elle se fait avoir. Inversement, à l'autre extrême, le danger du don tient dans le poids de l'obligation qui se tranforme en contrainte. Enfants qui fuient leurs parents, don trop lourd, don-poison, cadeau empoisonné. L'individu moderne demeure méfiant, souvent avec raison. Nous assistions récemment à la scène suivante. Un commerçant venait de servir par erreur un kilo de cerises à une cliente qui lui en avait demandé une livre.

«Vous m'en avez donné trop. Mais ça ne fait rien. Je vais vous les payer. Dites-moi combien je vous dois.

— Pourquoi? Vous avez peur d'avoir une indigestion avec ce que je vous ai mis en trop si vous ne les payez pas?»

Peur de se faire avoir parce qu'on a trop donné, peur de se faire avoir parce qu'on a trop reçu et qu'on est obligé de «rendre»... Ce dernier cas est le pire, alors que, théoriquement, dans l'idéologie de la croissance, recevoir toujours plus, c'est l'objectif même de toute vie moderne, que ce dialogue contredit pourtant de toutes les façons.

Le marché permet de poursuivre l'échange dans des conditions où le don n'est pas possible ou pas souhaitable, et lorsque l'alternative est la violence ou l'absence complète de rapport. Ainsi, entre deux personnes ou deux sociétés qui ne partagent au départ aucune valeur, entre deux étrangers, la seule base d'entente possible est l'intérêt, quelles que soient les raisons inexplicables à l'autre qui rendraient compte de cet intérêt. Adam Smith a raison: entre le boucher et son client qu'il ne connaît pas, c'est l'intérêt des deux qui fait le lien. L'utilitarisme est la seule morale possible commune à deux étrangers, et il est pertinent pour toutes les relations où l'on souhaite que l'interlocuteur demeure étranger. C'est la relation minimale, l'alternative à un rapport hiérarchique de domination extérieure. Le marché, du temps d'A. Smith comme aujourd'hui, a toujours signifié un retour à la société, une volonté des membres de la société de s'autoréguler, une alternative à la régulation externe, tyrannique, militaire, bureaucratique ou «providentielle», un défi posé à l'autorité. Le libéralisme est une théorie des «liens faibles», nécessaires dans nos sociétés comme l'a montré Granoveter (1983). Mais ces liens faibles supposent des liens forts. Le marché à l'extérieur, le don à l'intérieur: voilà souvent la «formule gagnante», même dans les sociétés libérales, même sur le plan économique, comme le montrent les Juifs depuis longtemps (Hyde, 1983), les Japonais aujourd'hui et les riches minorités, qui ont toujours une double loi: l'une pour l'intérieur, l'autre pour l'extérieur, pour les rapports aux étrangers.

Pourquoi veut-on par ailleurs faire du marché la base de tout rapport social? Par quelle aberration peut-on imaginer que le lien social minimal entre étrangers puisse être aussi le fondement d'un société? Dans la mesure où on assigne à la société comme seul but de produire toujours plus, il y a là une certaine cohérence. Car le don est anti-croissance. «Le potlatch a été considéré par les autorités canadiennes comme un gaspillage, destructeur de l'initiative économique et de la morale; autrement dit, il faisait obstacle au développement et à la modernisation.» (Belshaw, 1965, p. 21.) C'est pour cette raison qu'on veut étendre le marché à l'ensemble des rapports sociaux: pour transformer la société entière en un «système de croissance».

Et la violence?

Il faut donc relativiser le marché. Mais le don ne s'oppose pas qu'au marché. En fait, le contraire du don, quand on sort du paradigme utilitariste, c'est la violence, la haine, «toutes ces choses cachées» que l'œuvre de René Girard veut révéler à la conscience moderne. Revenons donc brièvement sur la pensée girardienne.

Alors que pour les utilitaristes la chose cachée, toujours la même, est l'intérêt (qu'il s'agit de comprendre pour avoir tout compris), chez Girard, c'est la violence qui est fondatrice. En outre, le rapport fondateur est un rapport à un objet, ou à une personne objectivée. Ce qui compte, c'est l'autre, mais l'autre qui désire la même chose que moi, que je veux lui arracher par la violence. Il n'y a pas d'amour possible dans ce système d'explication; seulement de la haine et du «désir», dont les conséquences sont nécessairement épouvantables. Girard démonte la logique de l'égalité, qui engendre la rivalité, qui déclenche la violence. C'est pourquoi, comme on l'a vu, dans la plupart des sociétés, on fuit l'égalité. Mais il y a d'autres issues: la domination, subie ou acceptée; le don qui, sortant de l'égalité, crée un état de dette réciproque. Girard reconnaît cette logique du don. Mais il en situe l'origine hors de la société. Alors même que certains faits qu'il présente vont dans le sens contraire, il l'évacue. Car pour lui, l'unique définition de l'homme, c'est celle d'un être qui a peur de lui-même et de ses actes, et toute la société, toutes les sociétés sont fondées sur cette peur. Une seule fois, dans son ouvrage de plus de 600 pages sur «les choses cachées depuis la fondation du monde» (1978), Girard mentionne l'existence des «êtres chers» menacés par toute cette violence. «Plus (la rage) s'exaspère, plus elle tend à s'orienter vers les êtres les plus […] chers» (p. 121). Il y aurait donc quelque part, entre ces êtres chers, un rapport non fondé sur la violence et que la violence menace. Il y aurait dans toute société des êtres à qui nous voulons à tout prix éviter cette violence. D'où sortent-ils donc? C'est la seule allusion à cette réalité dans cet ouvrage où, par ailleurs, il n'y a pas de désir aux conséquences positives, pas de chaleur, pas de besoin d'amour. Cette réalité n'a aucune place dans ce système. En ce sens, Girard est moderne et on peut même se demander s'il n'est pas utilitariste. Car il néglige toutes les situations où ces éléments opposés à la logique de la violence pourraient apparaître, au profit d'éléments secondaires confirmant l'hypothèse cynique. Donnons un exemple pour montrer l'illégitimité de cette évacuation des rapports de don hors des rapports sociaux.

Dans sa discussion du jugement de Salomon (p. 341-351), Girard constate que la vraie mère prostituée fait éclater la logique infernale du mimétisme par l'amour pour cet être cher qu'est son enfant. Mais il ne reconnaît pas que la condition même de l'efficacité du jugement du roi Salomon, qu'il commente longuement pour illustrer sa théorie, est précisément que sa théorie ne s'applique pas. Cette condition, c'est que l'une des deux mères prétendues rejette la logique de la violence et aille même jusqu'à envisager de perdre son enfant, de l'abandonner à sa rivale, pour le sauver. C'est exactement le contraire du désir mimétique girardien. C'est la logique de l'amour[4]. Et la célèbre «sagesse du roi Salomon» réside précisément dans ce pari qu'il a fait que la logique de l'amour allait l'emporter et faire éclater la logique girardienne qu'il propose aux deux femmes. Finalement, dans cette histoire, deux personnes sur trois adoptent une attitude non girardienne: le roi et la «bonne» prostituée, la vraie mère. Mais Girard ne retient que le troisième personnage, la fausse mère, qui en outre est la perdante de l'histoire, celle qui a un comportement mimétique conforme à sa théorie, mais qui perd justement parce qu'elle adopte un comportement conforme à la théorie de Girard.

Or, sur quoi repose cette autre logique non girardienne sur laquelle s'appuie la sagesse du roi Salomon? Nullement sur un héroïsme qui serait exceptionnel dans l'histoire de l'humanité; tout simplement sur l'amour maternel, qui a toujours existé et qui transcende continuellement la logique de la violence mimétique. Nul besoin de recourir au Christ pour reconnaître son existence dans toute l'histoire de l'humanité. Girard semble donc aveuglé par sa théorie dans l'interpétation de ce passage biblique. Il ne voit pas ce qu'implique le jugement de Salomon, tout en nous le montrant. Car cette histoire pourrait au contraire servir d'illustration à l'importance fondamentale de la logique du don. Girard n'en voit que l'aspect qui confirme sa théorie. Pour le reste, il en fait la préfiguration du Christ, c'est-à-dire d'un événement unique dans l'histoire de l'humanité, alors qu'il s'agit tout simplement de l'amour maternel, c'est-à-dire d'un phénomène «banalement» universel.

Il n'y a évidemment pas que de la violence entre une mère et son enfant. Et même entre les enfants, comme on l'a vu. Il y a l'imitation de l'offrande. La violence première n'est pas dans l'établissement d'un lien. Elle est au contraire dans la rupture d'un lien, la rupture avec la mère, la peur de l'abandon, c'est-à-dire de la rupture définitive du lien. La première violence est la perte du lien, de ce qui nous attache à celle qui nous donne tout. Et la première expérience sociale à assumer est celle de cette distance nécessaire[5] qui permet de devenir donateur à son tour, d'imiter le don, qui permet la mimésis positive. La violence est seconde et se produit sur fond de lien positif entre deux êtres chers. Ce lien fondateur et premier, l'auteur n'en parle pas. Son système commence après. Il pose la rupture comme fondement et ne voit d'autre moyen que l'intervention divine pour renverser la logique de la violence et de la vengeance. On met fin à la vengeance par le pardon. Le pardon est un don fondamental, un don de passage (comme on dit «rites de passage») du système de la violence au système de don, acte social et psychologique fondateur, dont on doit s'étonner qu'il ait donné lieu à aussi peu d'études de la part des chercheurs en sciences humaines (Rowe *et al.*, 1988).

Mais alors quel lien y a-t-il entre le don et la violence? Ce livre ne porte pas sur la violence, ni même sur les liens entre les deux phénomènes. Notons seulement que le don est une forme d'échange alternative à la violence, que l'on peut concevoir la violence comme l'état négatif d'un système social qui serait la conséquence de l'interruption du don. Cela ne signifie pas que don et violence obéissent aux mêmes règles. Une illustration de cette différence réside dans le fait que l'on passe de l'un à l'autre en «faisant un geste». Pour réconcilier une personne en conflit avec une autre, on dit: «Fais un geste», c'est-à-dire un acte non prévu dans les règles actuelles du système, et qui mettra peut-être fin à cet état du système, si l'autre le reçoit. Sinon, si l'autre ne le reçoit pas, ou le reçoit comme un don-poison dont il convient de se méfier, car ne venant pas d'un «cœur bienveillant» (Mauss, 1985, p. 55), le geste déclenche un niveau de violence encore plus élevé. Faire un geste, c'est prendre le risque de transformer l'état du système. Un rien peut faire passer un système social d'un état à un autre, de la même façon qu'un degré de plus seulement fait passer l'eau de l'état liquide à l'état gazeux. Elle reste toujours de l'eau. Mais elle n'est plus dans le même état; elle n'obéit plus aux mêmes lois physiques[6]. Cependant, son état gazeux n'est pas l'image renversée de l'état liquide. L'état de non-don est un état de réserve, de retenue, de non-abandon, très différent de la violence, et n'obéissant pas à la même logique. Même si un rien peut entraîner le passage de l'un à l'autre, ces deux états n'obéissent pas aux mêmes règles. La violence et le don sont deux états différents.

Système de dettes volontaires et auto-entretenues, le don est un état excédentaire. Dans les situations les plus diverses, et les plus opposées, on arrive toujours à ce résultat étonnant. Du rapport de couple au rapport parents-enfants au bénévolat, du don à un tiers ou à celui qui nous a déjà donné, à un ami ou même à un étranger, on donne parce que l'on a reçu; on est donc toujours en train de rendre; mais on reçoit toujours plus que l'on donne, quoi qu'on fasse et même si on ne le veut pas; c'est ce qu'on peut appeler le paradoxe de la parabole des talents. On est toujours dans un système de «réception excédentaire». C'est la loi la plus générale, constatée partout où le don est observé, où il fonctionne dans son état normal. Le don engendre toujours autre chose, fait apparaître un supplément. Le modèle du don n'obéit pas aux lois de la physique classique: dans le don quelque chose se crée. Quelque chose apparaît. Cette création, c'est d'abord la naissance. L'instinct de rendre est fondé sur le fait évident que notre existence même nous vient d'un don, celui de notre naissance, qui nous installe dans l'état de dette.

La liberté du don

L'expérience du don interdit de résoudre le problème de la liberté en la réduisant à la décision calculée et en reléguant la spontanéité du côté de la pulsion primaire. Le don oblige à penser ensemble spontanéité et liberté. Comment? Le don est libre. L'individualisme méthodologique s'insurge avec raison contre le déterminisme que suppose l'explication par les traditions, les mentalités, les causes (Boudon). Il affirme la liberté de l'acteur. C'est l'apport essentiel des théories de la décision, une décision étant par définition l'affirmation d'une liberté par rapport aux systèmes dont l'acteur fait partie, contrairement à ce que proposent les explications par la tradition. Sans le postulat de cette liberté, le terme «décision» n'a plus aucun sens. Mais cet acteur de l'individualisme méthodologique est un acteur rationnel au sens de calculateur. Il cherche à maximiser son pouvoir, ses intérêts. Sa décision est rationnelle au sens du calcul des avantages et inconvénients; calcul bien limité, c'est entendu (March et Simon, 1979), mais calcul tout de même. Le reste, les autres actions, les autres comportements ne relèvent pas de la décision, mais du réflexe. Tout ce qui ne relèverait pas de ce modèle de comportement serait irrationnel. Et non libre. Cette position est bien illustrée par un schéma de Boudon (1988, p. 242) fait de cercles concentriques, où on passe progressivement du modèle rationnel utilitaire, au centre, à l'impulsif et à l'irrationnel à la périphérie. Elle semble oublier la conclusion pénétrante de Simmel dans son analyse de l'argent: «[Le mode de pensée rationnel] ne peut jamais fournir que les moyens, pour une chose ou l'autre, tout en demeurant complètement indifférent au but pratique qui les choisit et les réalise» (1987, p. 559). Plus récemment, MacIntyre affirme: «La raison est calculatrice. Elle peut établir des vérités de fait et des relations mathématiques, mais rien de plus. Dans le domaine de la pratique, elle ne peut parler que des moyens. À propos des fins elle doit se taire[7]». Cette approche renvoie donc continuellement tout l'univers des buts, des objectifs, des valeurs, dans la sphère du réflexe et de l'irrationalité, et élève au statut de seule décision libre les décisions sur les moyens. Ou encore, elle considère les valeurs comme étant déjà là, de même que, pour le marchand, les préférences du consommateur sont toujours déjà là; il s'incline devant elles et se définit comme moyen pour les satisfaire.

Par rapport à ce modèle, le don fait un pas de plus dans la définition de la liberté. Il ne pose pas le calcul rationnel comme condition de la liberté. La liberté spontanée du geste est affirmée:

elle n'est le résultat ni d'un calcul, ni de l'ordre du réflexe. Elle est toujours effectivement «déjà là», dirait Merleau-Ponty, avant la raison. Le don est libre sans être une décision au sens des théories de la décision, sans être un calcul. Le calcul est mécanique, les liens sociaux ne le sont pas. Le don est incomplet. Quelque chose lui échappe en permanence, le rien, l'esprit du don, le supplément. On donne plus pour donner assez. Et c'est cela le don. C'est pourquoi on ne peut pas expliquer le don, même si on peut le comprendre. Donner, recevoir, rendre, sont des moments du don qui circulent dans tous les sens à la fois. Donner c'est rendre et c'est recevoir. C'est encore un dessin de Escher, *Jour et Nuit*, qui illustre le mieux cet aspect du don: on ne sait pas dans quel sens cela circule, on ne sait pas à quel moment cela échappe à la matière et s'envole, on ne sait pas dans quelle direction. C'est le contraire de la belle précision mécanique de l'offre et de la demande. Il n'y a pas d'explication réductionniste du don: si on le décompose en ses éléments, quelque chose s'échappe qui est justement sa spécificité. Mauss avait raison de dire que c'est un phénomène social total, y compris dans ce sens-là. Le don ne se comprend vraiment que par le recours à la métaphore.

Une métaphore: le don est un attracteur étrange

Le don n'est pas un système d'équilibre statique, ni même homéostatique, avec une variable d'équilibre fixe que le système essaierait continuellement d'atteindre et autour de laquelle il varierait, comme un thermostat, et comme le prix dans le modèle marchand. Le don est un système complexe: ni connexion simple, ni hiérarchie. Pour comprendre certains phénomènes, les physiciens et mathématiciens ont développé ces dernières décennies de nouveaux concepts: objet fractal, attracteurs étranges, etc. (Gleick, 1989). Ces modèles rendent compte de phénomènes jusque-là tenus à l'écart des théories physiques, comme les turbulences, phénomènes qui ne s'expliquaient pas par les attracteurs «simples» de la physique classique. Analogiquement, on peut considérer le marché comme un attracteur simple, rendant compte de la circulation d'un certain nombre d'objets, les marchandises, toutes choses égales par ailleurs. Mais le don est un attracteur étrange, qui rend compte des turbulences observées dans le marché et dans les appareils, et dans les échanges entre les humains lorsqu'on les observe avec le modèle marchand. Depuis quelques siècles, l'humanité occidentale s'acharne à expliquer les échanges par cet attracteur simple qui conduit à faire fonctionner toute la société à l'aide de deux dispositifs seulement: marché et État. Mais ça ne fonctionne pas adéquatement. Il y a des turbulences. Comme en physique, l'homo œconomicus a pendant longtemps laissé de côté ces phénomènes incompréhensibles. Plus récemment, il a tenté de les réduire[8], d'expliquer ces zones de turbulence avec les mêmes schémas[9]. Sans succès, prétendons-nous dans cet ouvrage. Il est temps d'accepter dans les sciences humaines la présence de cet attracteur étrange qu'est le don, perturbant les équivalences que sont les régularités économiques des marchands et les régularités rationnelles des technocrates. Le marché est un attracteur simple, avec un point fixe, comme le pendule (Gleick, 1989, p. 179 à 182). Dans la circulation marchande, les négociations fluctuent autour de ce point jusqu'à la transaction, qui constitue le point d'équilibre. L'attracteur simple de l'économie, c'est l'équi-

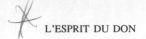

valence, qui met le système en repos. Or, le don est un attracteur sans point fixe. Il n'atteint jamais l'équilibre. Ou alors on n'a plus un système de don. Le point fixe marque l'arrêt du système. Ce qui est équilibre pour le système marchand — l'équivalence — implique, pour le système de don, la fin du mouvement, comme pour le pendule. L'équilibre du don est dans la tension de la dette réciproque. Tel est le moteur du mouvement du don. Le don, c'est le mouvement social perpétuel. Pour en expliciter les lois mathématiquement il faudrait, comme en physique, disposer de longues séries temporelles de don, à une échelle statistique, comme les séries sur les cours du coton, qui ont servi à élaborer la théorie des objets fractals.

Don et Occident

Nous avons tenté de parler du don avec les moyens que nous nous étions «donnés» au départ, ceux de la raison occidentale. Pour aller plus loin, il faudrait changer de langage, car le don atteint les couches universelles les plus profondes, celles dont parlent les mythes. Il faudrait passer de «tout se passe comme si» à «il était une fois», c'est-à-dire réintégrer le temps, essentiel au don, et que la modernité dissout dans l'espace… marchand. Le don est toujours une histoire. Le don pousse involontairement vers un au-delà du don. C'est pourquoi on ne peut terminer un livre sur le don qu'avec une infinie modestie, en sachant que l'on n'a fait qu'ouvrir une brèche, que l'univers du don est par définition impossible à circonscrire, que l'on doit s'y soumettre et non prétendre le dominer, fût-ce par le seul intellect.

En terminant l'introduction, nous disions que le don a trait aux relations de personne à personne. Le sens de cette affirmation s'est progressivement dégagé, à la fois par opposition aux rapports avec les intermédiaires, et aussi, plus positivement, pour montrer que dans un rapport de don la personne en tant que telle est engagée. Elle n'est pas un moyen. Ce qui circule transporte cet élément personnel. Ce qui circule contient une partie de soi. Tout don est un don de soi et peut difficilement être traité en objet. Le don relève de la pensée animiste. Par opposition, le rapport marchand est une objectivation du monde et des rapports entre humains, et entre les humains et les autres êtres qui l'entourent. À ce titre, il ne peut être pensé que situé à l'intérieur du grand mouvement d'objectivation du monde effectué par l'Occident, qu'illustre bien cette histoire des Inuit et de leurs caribous.

On a proposé[10] aux habitants d'un village inuit un projet de commercialisation de la viande de caribou pour le marché extérieur qui supposerait la construction d'une usine et éliminerait le chômage dans le village. Un projet mirobolant, qui ne peut avoir que des avantages, semble-t-il. Et pourtant les Inuit hésitent. Pourquoi? Parce qu'ils ont une relation personnelle avec les caribous. Noué par un passé et par un destin communs, le rapport à l'animal est fait de respect et de reconnaissance, c'est un rapport de don décrit par nombre d'ethnologues[11]. Avec les animaux, les sociétés de chasseurs échangent une vie contre une autre vie. Ainsi, en Sibérie, on va mourir dans la forêt pour nourrir les bêtes. On leur rend ce qu'on a reçu. Et chez les Indiens on ne doit pas tuer plus d'animaux que nécessaire, car cela va entraîner la mort de quelqu'un. Avec le marché, au contraire, on tue jusqu'à épuisement de l'espèce. Vu sous cet angle, le marché n'est donc pas une généralisation de l'échange. Il en représente au contraire une perversion, une exacerbation jusqu'à l'extinction des protagonistes progressivement métamorphosés eux aussi en objets.

On propose donc aux Inuit de passer d'un système de don entre eux et les caribous à un système marchand, où le caribou est transformé en objet. Le maire du village affirme avoir beaucoup d'hésitations. Peut-on leur faire ça, se demande-t-il peut-être. C'est un sale coup et on sera puni un jour. Commercialiser le caribou est un geste d'une grande violence pour les Inuit, qui entretiennent un rapport personnel avec l'animal. Il faudra le traiter comme un objet dorénavant, en arriver peut-être, comme le moderne, à avoir le cœur trop sensible pour le tuer soi-même, ou même être incapable d'assister à la mort d'un caribou; mais accepter comme un progrès que les caribous soient enfermés et éventuellement élevés comme du bétail de boucherie, dans les conditions que l'on sait. C'est la grande rupture avec le cosmos, avec le fait d'appartenir à un monde plus vaste dont font partie les caribous. C'est le repli sur soi par la transformation du reste du monde en objet susceptible de devenir une marchandise et d'obéir à des lois inéluctables, celles de la physique et celles du marché. Rappelons une dernière fois ce thème souvent affirmé par Mauss: «À l'origine les choses elles-mêmes avaient une personnalité et une vertu.» (1985, p. 232.) «Ce va-et-vient des âmes et des choses confondues entre elles» (p. 230) est essentiel au don, moderne et archaïque.

Toutefois, le maire ajoute: «Mais il y a tellement de chômeurs.» Cette dernière phrase indique qu'il a déjà intégré le modèle marchand[12]. Il n'y a de chômeurs que dans ce modèle. Dans l'autre, il n'y a qu'un manque de caribous. S'il y a beaucoup de caribous, et qu'on n'a rien à faire, on ne se conçoit pas comme chômeur, mais comme quelqu'un qui a beaucoup de chance.

Eux et nous

Posséder libère, dit la modernité. Posséder enchaîne, dit la sagesse de tous les temps. Le surplus est dangereux. Du surplus naissent l'inégalité, les conflits, la violence. Que faire du surplus? Il y a différentes manières de s'en libérer:

- ne rien avoir: c'est celle des chasseurs-cueilleurs;
- ne rien vouloir, éliminer le désir (bouddhisme, zen, détachement de Diogène);
- ne rien devoir, se libérer de la dette (le marchand);
- l'éliminer (le potlatch, etc.);
- le stocker selon des règles précises;
- s'abandonner à une autre liberté (mystique, dieu, mythes, AA);
- enfin le sacraliser, en faire l'objectif même de la société auquel tout membre est soumis: c'est le paradigme de la croissance.

À partir du moment où le calcul est extrait du système social, il est libéré et l'extension indéfinie du marché devient possible, parallèlement au don moderne. On assiste à la «libération» du calcul et du surplus, exorcisé par sa transformation en méta-objectif social. L'excédent n'arrive plus par surcroît, comme dans le don. La société tout entière se consacre, «se donne» à la production de surplus, et le surplus est de plus en plus utilisé pour produire lui-même du surplus (investissement), si bien que la société, sans s'en rendre vraiment compte, finit par se consacrer à la production contrôlée de surplus, et la consommation finale et l'utilité deviennent de plus en plus rares, ce qui conduit dans le même mouvement à valoriser l'utilité et à développer l'utilitarisme. Libérer le calcul libère en même temps le don, dans le même mouvement. Mais cette libération du don n'est possible que si sont assumées par d'autres systèmes, contraignants, non libres, les fonctions que le don remplit dans d'autres sociétés. C'est l'État et le marché, fondés sur le calcul qui remplacent en partie le don.

Une analyse du don remet en question les différences entre «eux» et «nous»[13]. Mais on donne un rein sans contrainte, pourrait-on répondre, on est libre, ce n'est pas comme «eux», qui obéissent à la tradition et n'ont pas le choix quand ils donnent. Pourtant, quand on leur pose des questions, les donneurs de rein répondent que cela allait de soi, que la question ne se pose pas, que cela n'est pas raisonné, qu'on donne malgré les souffrances, les pertes, les risques que cela entraîne, parce que c'est comme ça. Soit la même réponse que les «archaïques» font aux ethnologues, la réponse qui conduit les anthropologues à conclure qu'«ils» sont dominés par la tradition et que «leur» don n'est pas libre. Ce ne sont pas eux qui nous le disent, c'est nous qui l'interprétons à partir de faits que nous hésiterions souvent à interpréter de la même manière à propos de nos propres comportements. C'est du moins ce que montre cette comparaison avec le don de rein[14].

La différence entre eux et nous paraît donc moins évidente qu'il ne semble à première vue, à propos du don. Rappelons d'ailleurs que les grandes pensées de l'humanité sont fondées sur des expériences de don. Cela est évident pour le christianisme. Mais Bouddha a pu atteindre l'illumination grâce à un don à un pauvre, hors caste. Et Confucius affirme: «Je transmets. Je n'invente rien» (1987, p. 39). Quant à Socrate, il a toujours soutenu qu'il n'était pour rien directement dans tout ce qu'il disait, qu'il n'était qu'un accoucheur, et que le dieu faisait tout. «Tous ceux auxquels Dieu l'accorde font au cours de nos entretiens de merveilleux progrès, manifestement sans avoir appris de moi quoi que ce soit[15]». Que tout cela soit «vrai» ou non (question du moderne, qui dépense beaucoup d'énergie à savoir si et quand et comment tous ces personnages ont vraiment existé), le fait est que tous les grands sages à l'origine de toutes les grandes spiritualités de l'humanité affirment avoir reçu leur message d'ailleurs, et se placent ainsi, eux et leur «message», dans un système de don. Cela est un fait au sens moderne et scientifique du terme. Tous sauf les philosophes des Lumières. Mais d'où leur venait donc cette «lumière», pourrait-on leur demander? De toute façon, elle ne fait pas encore partie des grandes sagesses de l'humanité, n'étant pas partagée par plus qu'une infime minorité des membres des sociétés occidentales. La plupart, après des siècles de Lumières, demeurent toujours dans les «ténèbres», et sont en très grande majorité religieux (même ceux qui ont été le plus imprégnés de cette philosophie, comme les citoyens de l'ex-Europe communiste, et même la majorité des chercheurs scientifiques, qui sont aujourd'hui croyants[16]). Tels sont les faits, au sens moderne du terme. Et est-il bien raisonnable de classer parmi les «illuminés», parmi les arriérés, les fondateurs de toutes les grandes pensées de l'humanité, la nôtre exceptée (et encore, puisqu'elle est partagée vraiment par une petite minorité d'entre nous). Est-ce cela une pensée universelle?

Au bout de notre voyage dans le don moderne, nous en arrivons à nous demander si la vision du monde occidentale permet de penser le don. Lévi-Strauss affirme (1988, p. 127): «Le sujet occidental "introspectif" est à l'opposé du voyage intérieur oriental qui épouse le cosmos et est une négation de la rupture qui entraîne la dilution du moi. Pour le bouddhisme, l'intérieur c'est le monde. Il n'y a pas d'extérieur, point de vue propre à l'Occident des Lumières.» Pour penser le don, nous espérons avoir montré qu'il est nécessaire de le situer dans une pensée qui n'est pas fondée sur la rupture. Rupture entre producteur et usager, rupture entre «eux» et «nous», qui nous ramènent inéluctablement à la rupture de l'homme avec le cosmos.

Il faut se déconditionner de l'utilitarisme comme on s'est déconditionné de la religion. Car, après tout, est-il bien raisonnable de s'interdire de penser à la mort autrement que sous la forme de l'apparition d'un cadavre, et donc à la vie comme état de pré-cadavre? Donner la vie, c'est transcender l'expérience marchande définie comme le gain d'une chose par la perte d'une autre. Qui donne la vie non seulement ne perd rien, puisqu'il s'agit de don-transmission, mais gagne tout. Il gagne le fait de rendre la vie qu'on lui a donnée sans la perdre et la possibilité de donner à quelqu'un pendant toute sa vie, quelqu'un qui ne peut pas être un objet. Il gagne aussi l'accès à la compréhension de sa propre mort, il gagne l'autorisation de mourir, de rendre sa vie un jour. Quand on a donné la vie, on peut rejoindre sa mort, et la penser comme autre chose que l'accès à l'état cadavérique, à l'état d'objet. Donner la vie, c'est aussi accepter de mourir parce qu'il faut que ceux qui donnent la vie meurent pour que ceux qui naissent vivent, pour leur faire la place; volontairement, car celui qui naît est infiniment faible et pourrait être écrasé instantanément par ceux qui donnent la vie. Dans de nombreuses sociétés, le dieu de la mort est aussi le dieu de la naissance et du sexe, observe Joseph Campbell, qui ajoute: «Aussitôt que l'on a engendré ou que l'on a donné naissance, on passe du côté de la mort. L'enfant est la nouvelle vie, et l'on est seulement le protecteur de cette nouvelle vie» (1988, p. 110; notre traduction). C'est pourquoi il est si essentiel pour les hommes d'avoir part à cette capacité de donner la vie, qui a été d'abord donnée aux femmes. C'est pourquoi le mariage fonde la société et est le lieu de concentration des cadeaux, avec les enfants. La naissance est le don par excellence, dans toutes les sociétés.

Le cogito suppose la négation du monde, l'homo œconomicus la négation de la société. Le don nous relie à la société et au monde. Le don réintègre l'humanité dans le cosmos. Il est la théorie générale de l'échange, une théorie non limitée aux protagonistes du jeu marchand. Il est la reconnaissance de l'univers autrement que comme objet, le dépassement des droits individuels. Si nous poursuivons dans la logique des droits, nous deviendrons de plus en plus attentifs aux droits de certains, et c'est très bien. Mais cette logique est aussi, et symétriquement, une logique d'exclusion de tous ceux qui n'ont pas les caractéristiques nécessaires pour bénéficier des droits, c'est-à-dire, finalement, de tous ceux qui ne peuvent pas avoir le statut de citoyen rationnel capable de défendre ses droits et de penser en termes d'intérêt général. Sont ainsi progressivement exclus non seulement les animaux, mais, pourquoi pas, en fin de compte, les enfants, après le fœtus? Le droit de l'enfant dépend de la définition préalable de l'enfant, sur laquelle l'enfant lui-même n'a rien à dire, n'a aucun droit. Pour l'instant, c'est à la naissance que les droits commencent. La démocratie a consisté à étendre progressivement la définition du citoyen, c'est-à-dire de ceux qui sont dotés de la raison. Mais cette extension rationaliste a des limites. À partir de la conception jusqu'à ce qu'il soit un citoyen, l'être humain est considéré comme un être en formation, non encore à part entière, non libre encore, ne possédant pas encore les caractéristiques d'une personne, n'ayant donc pas le droit de se défendre lui-même. Ses droits ne peuvent être alors que les devoirs que les autres — les adultes — s'entendent pour respecter à son égard. À un certain point, le don doit prendre la relève du droit.

Après avoir constaté que la modernité était fondée sur une rupture fondamentale producteurs-usagers qui transforme à terme tout lien social en rapport entre étrangers régi par le marché ou par l'État, nous voyons apparaître une rupture plus fondamentale encore: une rupture avec l'univers coupant l'être humain de la tradition (du passé) et de la transcendance. Autrement dit, tout ce qui n'est pas la somme des individus raisonnables utilitaristes existant à un moment donné est transformé soit en objet (le reste du cosmos, en commençant par les animaux), soit en illusion (les morts, les ancêtres et ceux qui n'existent pas encore). Cette double rupture avec le cosmos, d'une part, le passé et le futur, d'autre part, fait de la modernité quelque chose de ponctuel, d'étroit, d'angoissant, où l'abandon n'est plus possible. À l'opposé, le don ouvre sur l'échange symbolique, lequel «n'a pas de cesse, ni entre les vivants, ni avec les morts [...], ni avec les pierres, ni avec les bêtes» (Baudrillard, 1976, p. 207-208). La négation de la mort, loin de nous débarrasser de cette «réalité», ne fait qu'accroître l'angoisse devant elle. La seule façon de lutter contre cette angoisse c'est de se rendre nécessaire à quelqu'un ou à quelque chose, un enfant, un chat, ou une Cause. De tout temps l'homme se donne, se crée des obligations pour atteindre un minimum de sérénité devant ce qui le dépasse. C'est l'origine du rapport de don: une création continue d'obligations qu'on retrouve partout dans les interstices de la modernité, qui se reforment à mesure que les progrès modernes permettent de s'en libérer, et qui nous libèrent de l'angoisse.

L'univers marchand fait que tout ne peut être que produit et traité, «produced and processed». Rien ne peut plus apparaître ou disparaître. La mort est donc la production d'un cadavre. Dans le don, les choses apparaissent et disparaissent. Le don, c'est l'apparition de quelque chose, d'un talent, d'un rien. Le don, c'est une naissance. Le don, c'est ce qui apparaît et n'était prévu ni par le geste, ni par la loi, pas même celle du don. C'est tout le paradoxe de la gratuité. Cette grâce qui apparaît en plus.

La générosité entraîne la reconnaissance. Tout est dit par cette phrase. Dans générosité il y a engendrement, et le *Petit Robert* définit la générosité comme le fait de quelqu'un qui est enclin à donner *plus* qu'il n'est tenu de le faire, qui va donc au-delà des règles du don lui-même. Cette générosité entraîne la reconnaissance, une nouvelle naissance conjointe, un autre don non prévu, et ainsi de suite, sans fin.

Penser en termes de don, c'est essentiellement cesser de voir ce qui nous entoure (d'abord les liens, mais aussi les choses) comme des instruments et des moyens à notre service, ce qui

307

nous ramène au paradoxe de Dale Carnegie et à la boucle étrange contenue dans la relation fins-moyens. Donner, c'est se remettre dans le courant, dans le cycle, sortir de la pensée linéaire, se rebrancher horizontalement, mais aussi verticalement, dans le temps, en retrouvant les ancêtres. L'extension spatiale du marché rétrécit le temps et fait que les ancêtres deviennent des cadavres transformés en poussière. Inversement, ce qui unit les partenaires du don, ce n'est pas leur statut, ni leur intérêt marchand; c'est leur histoire, ce qui s'est passé entre eux avant (Gouldner, 1960, p. 170-171). C'est d'ailleurs la définition même de la vie. Le don, c'est le geste concret et quotidien qui nous relie au cosmos, qui rompt avec le dualisme et nous rebranche sur le monde. Il y a deux façons d'accéder à l'universel: par réductions successives des spécificités de chaque chose, jusqu'au marché et à l'argent (Simmel); par généralisation du particulier par le mythe, le don, l'initiation (expérience de communion avec le cosmos, de renaissance), par la métaphore (Bateson).

Le don est l'alternative à la dialectique du maître et de l'esclave. Il ne s'agit ni de dominer les autres, ni d'être dominé; ni de dompter la nature, ni d'être écrasé par elle; mais d'appartenir à un ensemble plus vaste, de rétablir la relation, de devenir membre. Par peur (souvent légitime, évidemment) de se faire avoir, le moderne n'arrive plus à s'abandonner au courant cosmique, à «s'attacher». Il réduit tout l'univers à des objets apparemment non menaçants parce que ne liant, n'engageant pas, objets dont il peut se détacher instantanément. Et il engendre la pollution, il étouffe dans ce qu'il rejette et qui finit par le rejeter.

Le moderne se libère des liens avec les personnes en les remplaçant le plus possible par des liens avec les choses, se disant sans doute que c'est beaucoup moins contraignant, comme il est plus facile de se séparer d'un chat ou d'un chien que d'un enfant. Ce faisant, il accroît infiniment le nombre de choses, avec l'idée complémentaire qu'il se libère aussi des contraintes matérielles, point de départ et objectif de toute cette aventure: l'homme libéré de la contrainte historique de la faim, du froid, etc., grâce à l'accumulation des choses. L'effet pervers le plus spectaculaire de ce processus, c'est que l'accumulation non seulement ne libère pas, mais accroît notre dépendance envers les choses, crée une infinité de besoins, modifie même notre capacité de résistance physique, nous rend vulnérables et dépendants des choses que nous avons produites pour nous libérer d'elles, puis pour nous libérer des liens sociaux.

Le moderne pseudo-émancipé du devoir de réciprocité, croulant sous le poids de l'accumulation de ce qu'il reçoit sans rendre, devient un grand infirme, et sa sensibilité le rend incapable de supporter les rapports humains[17]. Un être vulnérable, ayant perdu son système de défense immunitaire contre les relations négatives, fuyant le cycle donner-recevoir-rendre de peur de se faire avoir, aseptisant le cycle en rapports unilatéraux, objectifs, précis, calculables, mécaniques, prédéterminés, comptables, explicités, objectivés, froids... alors que, on l'a vu, rendre c'est donner, donner c'est recevoir et c'est rendre, recevoir c'est donner; donner, recevoir, rendre, c'est, chaque fois, poser l'indétermination du monde et le risque de l'existence; c'est, chaque fois, faire exister la société, toute société.

À qui appartient le monde actuel?

Comment, par quel «tour de force» les sciences sociales arrivent-t-elles à parler des liens sociaux sans utiliser les mots qui les désignent dans la vie courante: l'abandon, le pardon, le renoncement, l'amour, le respect, la dignité, le rachat, le salut, la réparation, la compassion, tout ce qui est au cœur des rapports entre les êtres et est nourri par le don. Les sciences sociales doivent prendre acte avec Bateson qu'elles n'ont pas réussi à comprendre de quoi la religion est une métaphore, et qu'elles peuvent encore moins prétendre la remplacer. Si Dieu n'existe pas, l'homme est-il nécessairement utilitariste? Peut-on nier Dieu sans se prendre pour des dieux? C'est le grand problème de la démocratie représentative et de sa boucle étrange endogène: peut-on se sauver soi-même?

Nous ne prétendons pas fournir une nouvelle clé qui remplace les autres, mais seulement montrer qu'on ne peut ni faire l'impasse sur le don, ni le réduire aux autres explications modernes de la société. C'est donc essentiellement la prétention à l'exclusivité de l'explication, l'illégitimité de la réduction utilitariste que nous attaquons, non le fait, ni son importance. Il y a de l'intérêt partout, ou presque. Mais il n'y a rarement que de l'intérêt. Le monde social n'est pas une machine déterministe soumise aux calculs imparfaits de ses membres. «Les choses appartiennent à ceux qui les rendent meilleures» (Brecht). S'intéresser au don, c'est croire que le monde appartient beaucoup plus aux donateurs que l'on a généralement tendance à le penser aujourd'hui. Charles Foster Kane meurt seul dans son palace pour avoir oublié cela. «Celui qui n'est pas occupé à naître est occupé à mourir» (Bob Dylan). Le don est essentiellement un acte de répétition de la naissance, une renaissance, une remise en contact avec la source de la vie et de l'énergie universelle.

Mais il n'y a pas de «preuve» de cela. D'ailleurs, il n'y a même pas de preuves de l'existence du don tel qu'il est présenté dans les pages qui précèdent, pas plus qu'il n'y a de preuves de l'existence de l'amour pour quelqu'un qui n'a jamais été amoureux et se contente d'observer scientifiquement l'échange sexuel. Le don est une réflexion à partir d'une expérience. Il faut partager cette expérience pour que la réflexion prenne sens. Le don fait partie des phénomènes que l'analyse et la décomposition en pièces détachées font disparaître, comme la pornographie fait disparaître l'érotisme. L'observation d'un phénomène de l'extérieur ne fait pas que modifier le phénomène (Heisenberg), elle le fait souvent disparaître. Sans l'esprit du don, les choses peuvent circuler dans une routine qui ne nourrit plus aucun lien. Mais cela s'applique également à l'observateur: seul celui qui possède l'esprit du don peut le voir à l'œuvre dans l'observation des comportements humains.

Cette réflexion se termine sur des considérations phénoménologiques sur le don en tant qu'expérience humaine. À ce niveau, dans tout don on retrouve deux idées contradictoires:

- l'idée de l'acceptation de la perte, de sa sublimation, du détachement volontaire vis-à-vis des objets, du renoncement;
- l'idée, au contraire, de l'excédent, de l'apparition, de l'inattendu, du gaspillage, de l'engendrement.

Or, ces deux idées sont irrecevables ensemble pour la pensée moderne. La perte ne peut être qu'une façon de se faire avoir dans une affaire, ou bien une façon de se faire exploiter. L'engendrement est aussi impossible. Car seule la production existe, et toute production est reproduction du même, dans un processus où jamais rien n'apparaît sauf la plus-value ou le profit.

Dans les sciences humaines, seule la psychanalyse est sensible au fait qu'il est nécessaire de perdre sa mère et de renoncer à elle pour devenir adulte, expérience essentielle à tout être humain. Mais la psychanalyse a aussi tendance à concevoir le rapport de dette comme uniquement négatif, comme une chose dont on doit se libérer, vision caractéristique du modèle marchand. Le don n'est souvent que don-poison en psychanalyse.

Accepter l'expérience de renoncement aux objets et aux êtres et connaître l'engendrement et le renouvellement que cette expérience procure, c'est finalement faire l'apprentissage de la mort. Et du don.

Notes

Remerciements

1. Mouvement anti-utilitariste dans les sciences sociales

Introduction

1. Une version antérieure de cette introduction a été publiée dans la Revue du MAUSS (n° 11, 1991, p. 11-32).
2. Un repas gratuit, cela n'existe pas.
3. À ces deux systèmes, il conviendrait d'en ajouter un troisième, celui des «représentations sociales», ou de «l'imaginaire» ou du «symbolique» (selon les auteurs). Mais le caractère disparate de ces qualifications indique assez bien qu'à ce troisième système on ne prête généralement, et au fond, ni efficace propre ni cohérence intrinsèque véritable. Sauf à retomber dans un fonctionnalisme culturaliste peu satisfaisant.
4. Comme le montre admirablement Vidal, 1991.

Chapitre 1

1. Ou, si l'on préfère, la «socialité primaire».
2. À ce sujet, voir le texte de Wirth dans Grafmeyer et Joseph, 1984.
3. Elles vont du «don du rien» de Duvignaud (1977) à la dépense de Bataille (1967) et à l'échange généralisé de Lévi-Strauss (1967). La typologie la plus récente est celle de Sahlins (1972), qui tente de tenir compte à la fois du degré d'équivalence et du type de lien, établissant un rapport entre les deux variables. Elle place donc la réciprocité au centre du phénomène de don. Voir la dernière partie.

Chapitre 2

1. Garant et Bolduc, 1990, p. IV. Sur le soutien à domicile, voir aussi Lesemann et Chaume, 1989.
2. Sur l'importance pécuniaire des échanges dans le réseau de parenté, voir Roberge, 1985.

3. Phénomène que les Américains appellent «self-fulfilling prophecy» (expression intraduisible).
4. Kaufmann, 1990; Bloch *et al.*, 1989; Hochschild, 1989.
5. *Histoire de la famille,* t. 1, p. 10. Voir aussi le dernier chapitre des *Structures élémentaires de la parenté* (1967).
6. Cela n'est pas sans rappeler le «hé», à Maradi (voir le chapitre 7).
7. Source: documentaire sur la communication non verbale, Télé 99, Montréal, 4 octobre 1987.
8. Sur le potlatch, voir le chapitre 6.
9. Selon Jonathan Parry, le don fait en secret caractérise toutes les grandes religions de l'humanité (1986, p. 467).
10. Lévi-Strauss, 1967, p. 100 (citant Isaacs).
11. Cette section doit beaucoup à une recherche en cours d'Anne Gotman.
12. Voir le chapitre 10.
13. Voir à ce sujet le n° 110 de la revue *Dialogue* (Paris, 1991), dont le thème est «Dettes et cadeaux dans la famille».
14. Voir aussi Salem, 1990.

Chapitre 3

1. Rapporté dans *Le Devoir*, 16 février 1991.
2. Mais c'est aussi, quelque part, un don archaïque, rappelant les rites reliés au sang; et rappelons que le christianisme est fondé sur l'acte d'un Dieu qui a «versé son sang» pour l'humanité; enfin, c'est un don de soi, sans aucun doute possible. Le sang n'est pas fabriqué, il est une partie de soi-même.
3. Aux États-Unis, des entreprises commerciales ont même engagé des procès contre les organismes qui se servaient de sang donné. En 1966, la Federal Trade Commission considérait que les membres des banques de sang communautaires (sang donné) «s'étaient illégalement associés dans le but de conspirer pour limiter le commerce du sang humain» (p. 161)!
4. Dans certains cas il croit savoir, car ces organismes ne sont évidemment pas à l'abri de détournements de fonds par les intermédiaires, même si ces derniers sont moins nombreux que dans le secteur étatique.
5. Mauss développe ce thème dans les p. 260 et suiv. de son *Essai sur le don*.
6. L'aumône, don unilatéral à un inconnu, est un cas bizarre et sera traité plus loin. Logiquement, c'est un don qui exclut, qui affirme

une domination, dont le sens principal est de révéler l'impossibilité de rendre pour le receveur: de l'aumône dans la rue à l'aide au tiers monde, on assiste à la même perversion du don, sauf s'il est transposé dans un système religieux, puisqu'il sera «rendu au centuple» par nul autre que Dieu lui-même; et ne remercie-t-on pas les moines tibétains du don qu'on leur fait? La dimension spirituelle peut neutraliser les effets pervers du don unilatéral à un inconnu incapable de rendre (mais cela ne se produit pas nécessairement).

Chapitre 4

1. Chazaud, Gordon et Babchuk, Palisi, Gassler; à ce sujet voir Malenfant, 1990.
2. Voir le chapitre 10.
3. Sur l'origine de l'aumône, lire Weber dans Cheal, 1988, p. 157; Mauss, 1950, p. 169; Veyne, 1976, p. 44-65.

Chapitre 5

1. Ce que montre parfaitement Michel Crozier dans son récent livre (1990).
2. Richard Titmuss (1971) soulève ce problème à propos du don du sang, des malades utilisés par la médecine, ou des étudiants en médecine qui sont sous-payés: «Paradoxalement, on constate que la monétarisation d'un système de distribution du sang se traduit par une augmentation du PNB. C'est tout simplement, en premier lieu, la conséquence du transfert (sur le plan statistique) d'un service non rémunéré [...] comportant peu de coûts externes vers une activité rétribuée et impliquant des externalités coûteuses. On observerait des effets similaires sur le PNB si les femmes étaient payées pour leur travail domestique ou si les couples mariés sans enfants percevaient une prime à l'adoption, ou encore si les malades hospitalisés se faisaient rémunérer par les étudiants en médecine qui les examinent au cours de leurs études. Le PNB gonfle également lorsque des marchés commerciaux accélèrent "l'obsolescence du sang", ou le gaspillent; le gaspillage est comptabilisé car quelqu'un paye pour lui.» (p. 205-206 et 214.)
3. Ou encore l'idéologie ou le système de valeurs de l'artiste, du moins jusqu'à récemment.
4. Au sens strict, cela ne s'applique qu'aux arts plastiques, et encore, puisqu'une galerie peut commander des tableaux d'un format

donné. Mais jamais elle ne demandera de mettre un «bleu un peu plus foncé»...

5. Le chapitre 6 est consacré à ce thème.

6. Voir à ce sujet Maïté Pinero, «Enlèvements d'enfants et trafic d'organes», *Le Monde diplomatique*, août 1992, p. 16-17.

7. Source: France-Transplants, Paris, ministère de la Santé, cité dans *Témoignage chrétien*, numéro intitulé «Bioéthique, la vie au risque de la science», 4e trimestre 1991.

8 Voir *Le Monde* du 7 mars 1992.

9 C'est-à-dire électro-encéphalogramme plat mais cœur battant.

10. Comme d'habitude, les études sont étonnamment silencieuses sur les receveurs et les problèmes liés à la réception d'un don aussi énorme.

Chapitre 6

1. Ou alors on se situe dans l'agapé, l'amour pur, différent du don; voir à ce sujet Boltanski, 1990, mais aussi Jankelevitch, 1968, t. 2, p. 910-939, qui établit la distinction entre le don et l'agapé, ce que Boltanski ne fait pas.

2. Cité par Vidal, 1991, p. 31.

3. Ce qui ne signifie pas absence d'obligations.

Chapitre 7

1. Une version abrégée des chapitres 7 et 8 a été publiée dans la *Revue du MAUSS* (n° 12, 1991, p. 51-78).

2. Elles valent, à titre principal, pour les Kwakiutl.

3. Benedict, 1967, p. 253 et 293-294. Voir Schulte-Tenckhoff, 1986, p. 137-138.

4. Le système inclut non seulement les îles de l'extrémité orientale de la Nouvelle-Guinée (Louisiades, îles Woodlark, Loughlans, archipel des Trobriand et groupe des îles d'Entrecasteaux), mais aussi, outre les régions côtières de la Nouvelle-Guinée orientale elle-même, l'île Sud-Est et l'île Rossell. Voir le résumé synthétique que donne B. Malinowski, 1920.

5. 1989. Sur la dialectique de l'aliénabilité et de l'inaliénabilité, voir aussi Weiner, 1985.

6. Lire la présentation critique de ce livre par Mary Douglas, 1991.

7. Voir également, sur ce point, Breton, 1989.

8. Voir également Weiner, 1984

9. Dans *L'un est l'autre*, qui présente l'essentiel des thèses féministes admises en France en matière d'anthropologie, Elisabeth Badinter (1986) donne acte à A. B. Weiner de ce point, et ne fait démarrer le patriarcat qu'à l'avènement de l'agriculture. Mais même au sein des sociétés paysannes, comme nous allons le voir avec l'exemple de Maradi, les choses ne sont pas si simples qu'elles puissent se laisser ordonner dans un modèle de domination et d'exploitation linéaires.

10. Jean-Joseph Goux, dans *Économie et symbolisme* (1973), en développait certaines, de façon sans doute discutable, mais très suggestive. Il faisait l'hypothèse qu'il existe une analogie formelle entre la monnaie, équivalent général des marchandises, le phallus, objet sexuel privilégié, et le père, autrui privilégié.

11. Telle est, on le sait, la thèse de G. Simmel (1987).

12. C'est la conclusion à laquelle sont parvenus, il y a quelques années, lors d'un colloque tenu au Centre Thomas More, à l'Arbresle, un certain nombre d'anthropologues, dont Daniel de Coppet et J.-M. Servet. Leur conclusion est-elle si assurée? Existe-t-il, par exemple, des «paléomonnaies» chez les Guayakis, et dans toutes les cultures de type paléolithique?

13. Voir Bohannan, 1955 et 1967. Voir également Salisbury, 1962

14. Dans son *Vocabulaire des institutions indo-européennes,* E. Benveniste (1969) montre qu'à l'origine, dans les langues indo-européennes, la notion de valeur désigne d'abord la valeur des personnes, ce qu'il faut payer pour racheter un prisonnier ou venger une mort.

15. Sur la genèse de la monnaie, voir Servet, 1982.

Chapitre 8

1. Cité par Schulte-Tenckhoff, 1986, p. 63.

2. *Ibid.,* p. 123. I. Schulte-Tenckhoff rappelle que cette affirmation a eu longtemps valeur de dogme, malgré les critiques de Curtis (1915), qui affirmait «qu'un Kwakiutl serait objet de risée s'il demandait des intérêts en recevant un contre-don pour un don équivalent offert par lui.»

3. Cité par I. Schulte-Tenckhoff, 1986, p. 127.

4. Cité par I. Schulte-Tenckhoff, 1986, p. 141 et 148.

5. Aussi paru sous le titre *Le sens pratique,* 1980. Il est impossible de discuter ici plus avant l'œuvre de Bourdieu. Pour une discussion critique plus détaillée, voir Caillé, 1988.

6. Par exemple Raymond Firth (1929).
7. Plus généralement, C. Lévi-Strauss tient que les sociétés sont constituées par trois systèmes d'échange, le système de l'échange des femmes, celui des mots et celui des choses.
8. En partie seulement, car C. Lévi-Strauss pense que les femmes constituent les dons par excellence plus que des marchandises. Mais il ne distingue pas avec assez de clarté don et marchandise, d'où l'ambiguïté.
9. Lacan, 1962, p. 180. Une ambiguïté similaire se retrouve chez Jean Piaget. Celui-ci interroge la genèse du sens moral chez l'enfant en relation avec celle de ses capacités logiques et rationnelles. Le commun dénominateur serait constitué par les notions de réciprocité et de réversibilité, que Piaget ne distingue pas assez, croyons-nous (voir Piaget, 1977).
10. Nous y revenons brièvement dans le dernier chapitre.

Chapitre 9

1. Les travaux de Jeanne Favret-Saada (1977 et 1981, avec Josée Contrepas) mettent en évidence la subsistance des pratiques sorcières dans certaines régions rurales françaises, en Mayenne notamment. Des travaux récents de J. F.-Saada, on notera avec intérêt qu'il ressort que c'est habituellement peu de temps après «s'être mis à son compte» qu'un exploitant est susceptible de se sentir ensorcelé, peu de temps, donc, après avoir cessé de travailler «gratuitement», c'est-à-dire sans recevoir d'argent, pour le compte de ses parents. Autrement dit, la crise sorcière survient lors du passage de l'univers du don à celui de la marchandise et lorsque les premiers regards portés sur les comptes de l'exploitation signalent une inquiétante déperdition de l'énergie vitale.
2. Et procède de ce jeu à somme nulle.
3. Cette logique vindicatoire est remarquablement décrite par Ismaïl Kadaré (1981). La pertinence et la précision de ses descriptions «littéraires» sont parfaitement attestées par la passionnante série de travaux réunis par Raymond Verdier (1980).
4. Sur le thème des rapports entre démocratie sauvage et vengeance, voir le n° 7 de la *Revue du MAUSS*, «Les sauvages étaient-ils des démocrates?», 1er trimestre 1990. Et plus particulièrement les articles de Nello Zagnoli, «La vengeance en Calabre», et Georges Charachidzé, «Types de vengeance caucasienne». Ce numéro amorce une discussion de la thèse de Jean Baechler (1985) selon

laquelle la démocratie constitue le régime politique naturel et spontané de l'humanité.

5. On trouvera des éléments en ce sens dans Weiner, 1989.

6. Goldman, 1975, p. 124, cité par I. Schulte-Tenckhoff, 1986, p. 191. Des conceptions analogues sont développées en France par les anthropologues qui s'inspirent de l'œuvre de Louis Dumont. Voir Coppet et Iteanu, 1983.

7. C'est sur ce postulat que repose la théorie marxiste de la plus-value, et c'est lui qui la vicie. La plus-value ne serait déterminée, et le système économique clos sur lui-même, que si la force de travail était effectivement produite comme une chose, au moyen d'autres choses, si c'était une chose dont la valeur pouvait être déduite de la valeur des choses nécessaires à sa production. Marx s'est ici laissé abuser par les apparences mêmes qu'il voulait démystifier. La force de travail ne se réduit pas à une marchandise, à une «commodity produced by means of commodities» (Sraffa), pas plus que l'argent ou la terre. K. Polanyi (1983) parlait plus justement, à leur propos, de quasi-marchandises.

8. Même les minéraux doivent être accouchés (voir Éliade, 1977).

9. Nous suivons ici la voie ouverte par A. B. Weiner, qui insiste sur l'importance décisive de cette exigence de reproduction (voir notamment Weiner, 1982), mais il nous semble que la reproduction doit être pensée dans les liens étroits, indissociables, qu'elle entretient avec la symbolique du don. Si l'exigence de réciprocité est au cœur du don, alors la reproduction n'est pas à penser à la place de la réciprocité, mais comme son corollaire.

10. C'est ce qu'explique le mythe d'Œdipe selon C Lévi-Strauss (1958).

11. L'initiation féminine est généralement beaucoup plus brève et sommaire, probablement parce que la fécondité féminine est perçue symboliquement comme moins symbolique que naturelle.

12. Sur la logique de l'honneur, voir, dans une immense littérature, P. Bourdieu, 1980b. Sur les liens entre honneur et baraka, autrement dit le don d'une puissance surnaturelle, voir Jamous, 1981. La logique de l'honneur n'est évidemment pas réservée aux sociétés archaïques et traditionnelles. L'œuvre d'E. Goffman, par exemple, consacre une large place à l'analyse des rituels qui permettent de ne pas perdre la face, de la valoriser ou de ménager celle des autres. Voir Goffman, 1973. Voir aussi, sur E. Goffman, Catherine Kerbrat-Orecchioni, 1990, et Michel de Fornel, 1990.

13. Nous utilisons ici le langage de Lévi-Strauss (1967), qui parle du «primat du rapport sur les termes qu'ils unissent» (p. 133).

14. Contrairement à ce qu'affirme Lévi-Strauss (1967): «La femme y figure [dans l'échange matrimonial] comme un des objets de l'échange et non comme un des partenaires.» (p. 134.) Sur ce point, voir Chantal Collard, 1981.

15. Cheal, 1988, p. 173, citant Mauss.

Chapitre 10

1. Sur la notion de surplus, voir H. W. Pearson, «L'économie n'a pas de surplus: critique d'une théorie du développement», dans Polanyi et Arensberg, 1975, p. 301-318.

2. Boudon, 1990, p. 411, résumant la pensée de Simmel.

3. Simmel croit que, à long terme, cela finira par influencer l'association elle-même. Nous examinerons ce problème surtout dans le chapitre suivant.

4. La coproduction, concept développé surtout aux États-Unis, ne tient pas compte du fossé producteur-usager qui caractérise l'organisation moderne. Elle entraîne de ce fait des effets pervers importants. Sans être rejetée, la coproduction doit être conçue comme une phase qui suppose que le producteur se définisse lui aussi comme co-usager (Godbout, 1991). Gadrey (1991) arrive exactement à cette conclusion dans un texte intitulé *Le service n'est pas un produit:* «Considérer l'usager comme un client [...] nous semble correspondre plutôt à une phase transitoire [...] Cette étape nécessaire [...] ne correspond [...] qu'aux prémisses d'une orientation vers le service où il s'agirait au fond de *retrouver l'usager derrière le client*» (p. 24; souligné par Gadrey.)

5. J'ai constaté que les institutions publiques modifient effectivement leur pratique lorsqu'elles se mettent au service de ces réseaux, au lieu de vouloir se les assujettir selon le modèle de l'État-providence (Godbout et Guay, 1989).

Chapitre 11

1. Des parties de ce chapitre ont été publiées dans la *Revue du MAUSS,* n°s 15-16, 1992.

2. Le don est une offrande; par rapport au marché, le terme même d'offrande permet d'illustrer cette différence. Tout se passe comme si on avait scindé le mot offrande en deux parties, «offr» et «ande»

et qu'on avait engendré à partir de cette séparation l'«offr-e» et la «dem-ande», les deux membres essayant ensuite de se rejoindre par la recherche de l'équivalence.

3. Claude Lefort, cité par Boltanski, 1990, p. 216.

4. Cité par Goudner, 1960, p. 170.

5. Parmi les différentes opérations marchandes, celle qui ressemble le plus au don, paradoxalement, est peut-être le placement, car le retour n'est pas immédiat. Avec l'énorme différence que le don n'est pas fait en vue du retour et que le risque y repose sur les personnes impliquées dans le système. Le placement consiste à retirer une valeur du système du don pour tenter de lui faire produire plus de biens (Hyde, 1983, p. 37). Dans les deux cas le risque n'est pas de même nature. Dans le don, il porte sur la confiance morale, dans le placement sur la confiance «performative», sur la probabilité de réussite, définie comme la capacité (calculable) de produire plus que ce qui est «placé».

6. Quel mot conviendrait mieux?

7. Ce type de don semble important dans le Japon moderne, et les Japonais les plus urbanisés vivent les dons traditionnels propres à la société rurale comme des contraintes (Harumi Befu, 1986)

8. La réponse de Boltanski à cette question est sa description du modèle de l'agapê pure, de l'amour chrétien (tel qu'on le retrouve par exemple chez saint François d'Assise), auquel il consacre plusieurs chapitres. Contentons-nous ici de relever une caractéristique de ce modèle. La préoccupation pour le calcul, pour l'équivalence n'est plus activement refusée; elle est absente. Elle n'est plus implicite, ni même inconsciente; elle est ignorée, inexistante. Dans cet état d'agapê, il y a absence complète de désir, sauf du désir de donner (p. 235-236). Dans le modèle pur, Boltanski résoud donc le paradoxe fondamental du don en supprimant un des termes de la tension: les agents en état d'agapê ignorent tout du désir et du calcul, le mot rendre lui-même n'a plus aucun sens, il n'existe plus; les agents ne le refusent pas, ils ignorent tout simplement son existence. Le paradoxe n'est donc pas résolu, un des termes est supprimé dans un modèle pur que la réalité ne connaît pas. Pour une approche qui distinque don et agapê, voir Jankelevitch, 1968.

9. Cité par Boltanski, 1990, p. 220.

10. L'expression est de J.-P. Dupuy, qui s'est penché sur ce problème dans un ouvrage (1985) consacré à René Girard. Pour Dupuy, ni Girard ni Bourdieu ne semblent prêts à reconnaître «des propriétés

d'indécidabilité» (p. 126) aux systèmes sociaux, ces deux auteurs recherchant la «vérité objective» sur toute société. Et Dupuy cite Bourdieu, qui sait que la vérité objective de toute société, «le sol véritable de sa vie» (Lukacs), sa finalité potentielle, est celle d'un «système régi par les lois du calcul intéressé, de la concurrence et de l'exploitation» (*ibid.*).

11. «Donner est tout autant mettre autrui sous sa dépendance que se mettre sous sa dépendance en acceptant qu'il rendra.» «Le donateur invite, voire provoque le donataire moins à rendre une contrepartie qu'à occuper à son tour la position du donateur. Ainsi, donner pour que l'autre donne n'est pas équivalent à donner pour recevoir» (Lefort, cité par Bloch, 1989, p. 20-21).

12. Voir Crozier et Friedberg, 1977, notamment p. 20 et 67.

13. Theodore Caplow (1989) analyse ce phénomène à propos des échanges de cadeaux de Noël.

14. Les grands économistes libéraux étaient conscients des limites du modèle marchand et ne partageaient pas cette utopie apparue récemment avec les tenants du «public choice». À ce sujet voir Samuel Bowles et Herbert Gintis, 1987, p. 143-144. Sur ce thème voir aussi Aysa Bugra, 1989.

15. Voir à ce sujet l'excellent texte de Jean Gadrey portant ce titre (Paris, colloque sur les usagers, 1991).

16. Jean-Yves Girard, dans Nagel, 1989, p. 168; voir aussi Hofsdadter, 1980.

Chapitre 12

1. Turkle (1988) parle de mythe porteur («sustaining myth») à propos des liens entre l'IA et la psychanalyse.

2. C'est ainsi que Casti (1989) décrit les deux approches: «top-down» et «bottom-up» (p. 290-339).

3. En référence à Lindblom et à son ouvrage *The Intelligence of Democracy* (1965).

4. Mais dans son livre, on ne voit pas comment il s'écarte de façon décisive du modèle hiérarchique.

5. Dreyfus et Dreyfus, 1988, p. 25, 26, 29, 38; Cowan et Sharp,1988, p. 113; Reeke et Edelman, 1988, p. 153, 159; voir aussi Hofstadter, 1980.

6. Citant Friedberg, p. 525.

7. Cela définit plus le réseau marchand que le don, qui n'est pas plat, mais profond, temporel. Voir plus loin.

8. Rappelons que nous ne considérons ici que l'appareil et faisons abstraction de la dimension démocratique, qui, elle, constitue une boucle étrange.

9. Curieusement, Hofstadter (p. 772-779 et p. 801) termine son ouvrage en défendant la thèse réductionniste. Il affirme que la pensée obéit elle aussi à des règles précises, qu'elle relève d'un «méta-niveau inviolable», et que ce niveau, c'est son hardware, le jeu des neurones dans le cerveau, «régi par un ensemble de conventions qui lui sont extérieures» (p.775). Il invoque à l'appui de sa thèse des analogies comme le dessin des mains de Escher, paradoxe résolu par Escher lui-même, méta-niveau inviolable externe. Or, ces analogies devraient conduire Hofsdadter à la conclusion contraire: si le niveau inviolable du cerveau c'est la physique des neurones, le méta-niveau des mains d'Escher devrait analogiquement être les lois de la physique appliquées au dessin de Escher. Or, ces lois n'expliqueront jamais le fait que l'on voit dans ce dessin ce paradoxe des mains qui se dessinent mutuellement. Pour l'expliquer, Hofsdadter ne recourt pas au hardware, mais bien au contraire à un «métasoftware», un véritable *deus ex machina* au sens littéral de l'expression, un dieu qui s'appelle Escher, créateur du dessin. Son analogie est donc anti-réductionniste et montrerait plutôt que, pour expliquer l'intelligence, il faut recourir en effet à un méta-niveau inviolable mais qui, loin de se situer du côté du hardware, transcende même le software. C'est l'hypothèse de Dieu.

Conclusion

1. Schwarzenberg, cité par Vacquin, 1990, p. 137.

2. Voir tout particulièrement *Critique de la raison cynique,* de Sloterdijk (1987).

3. *Le Monde,* 10 mai 1990; voir aussi la *Revue du MAUSS,* n° 9, 1990, portant sur la socio-économie.

4. Le même raisonnement s'applique à l'histoire de Joseph et ses frères, dont parle également Girard.

5. Voir à ce sujet le chapitre 8 (l'enfant à la bobine).

6. C'est ce que les physiciens appellent l'étude des transitions de phase. «Lorsqu'on chauffe un solide, l'accroissement d'énergie fait vibrer ses molécules. Elles tirent sur leurs liens et obligent la matière à se dilater. ....À une température et une pression particulières, cette variation devient soudainement discontinue... La

structure cristalline se dissout et les molécules s'éloignent les unes des autres. Elles obéissent aux lois des fluides, lois que l'on ne peut déduire d'un examen du solide.» (Gleick, p.166-167.)

7. Cité dans Habermas, 1986, p. 62.

8. Par des théories comme celle du «*public choice*».

9. Voir à ce sujet Bugra, 1989.

10. Informations tirées du journal télévisé de Radio-Canada, 22 avril 1985.

11. Voir à ce sujet Campbell, 1988.

12. Ce qui est particulier chez les Inuit, c'est qu'on ne les a jamais dominés. On leur a donné de l'argent, des maisons, etc., jusqu'à ce qu'ils en arrivent à intérioriser ce modèle et à considérer qu'ils sont chômeurs. Ils se sont fait avoir doucement, sans violence, par le don.

13. De manière différente, mais, nous semble-t-il, complémentaire à celle de Bruno Latour, qui analyse cette différence à partir du fait scientifique (1991).

14. Nous retrouvons ici toute la pertinence de la critique faite à cette interprétation par l'individualisme méthodologique.

15. Cité dans Jaspers, 1989, 1, p. 139.

16. Ils sont même en train de le redevenir; car la proportion de croyants augmenterait chez les chercheurs, selon une enquête récente du *Nouvel Observateur* auprès des chercheurs du CNRS.

17. Et aussi les rapports aux animaux: incapable de voir le spectacle d'un animal qu'on abat — veau, poule, etc. —, mais supportant parfaitement le traitement que lui a fait subir l'élevage moderne rentable, pire que ce qu'aucune société a jamais fait à une telle échelle à des animaux. Tout cela est parfaitement acceptable à condition d'être caché, qu'on ne le voie pas autrement qu'enrobé sous le plastique de la protection marchande.

Bibliographie

AJAR, Émile, *L'Angoisse du roi Salomon*, Paris, Mercure de France, 1979, 342 p.

AKERLOF, George, «Labor Contracts as Partial Gift Exchange», dans AKERLOF, George, *An Economic Theorist's Book of Tales: Essays that Entertain the Consequences of New Assumptions in Economic Theory*, Cambridge University Press, 1984, p. 145-174.

ANSPACH, Mark, «L'échange des victimes», *Bulletin du MAUSS*, 1984, n° 12, p. 69-102.

ANSPACH, Mark, «Le don paisible», *Bulletin du MAUSS*, 1984a, n° 11, p. 15-38.

ARISTOTE, *Éthique à Nicomaque*, Paris, Flammarion, 1965.

BADINTER, Élisabeth, *L'un est l'autre: des relations entre hommes et femmes*, Paris, Éditions Odile Jacob, 1986, 361 p.

BAECHLER, Jean, *Démocraties,* Paris, Calmann-Lévy, 1985, 730 p.

BALZAC, Honoré de, *L'envers de l'histoire contemporaine*, Paris, Livre de poche, 1970.

BATAILLE, Georges, *La part maudite: précédé de La notion de dépense*, Paris, Éditions de Minuit, 967, 249 p.

BATESON, Gregory et Mary Catherine BATESON, *La Peur des anges: vers une épistémologie du sacré*, Paris, Seuil, 1989, 296 p. Titre original: *Towards an Epistemology of the Sacred*, Bantam, 1988, 240 p.

BAUDRILLARD, Jean, *L'échange symbolique et la mort*, Paris, Gallimard, 1976, 347 p.

BECKER, Gary S., *A Treatise on the Family*, Cambridge, Mass., Harvard University Press, 1981, 288 p.

BECKER, Howard S., *Les mondes de l'art*, Paris, Flammarion, 1988, 379 p. Titre original: *Art Worlds*, Berkely, University of California Press, 1982, 392 p.

BECKER, Lawrence C., *Reciprocity*, London, Routledge and Kegan Paul, 1986, 436 p.

BEFU, Harumi, «Gift-Giving in a Modernizing Japan», dans LEBRA, T.S. et W.P. LEBRA, ed., *Japanese Culture and Behavior*, Honolulu, University of Honolulu Press, 1986, p. 158-170.

BELMONT, Joseph, *Modernes et postmodernes*, Paris, Éditions du Moniteur, 1987, 93 p.

BELSHAW, Cyril S., *Traditional Exchange and Modern Markets*, Englewood Cliffs, N.J., Prentice-Hall, 1965, 149 p.

BENEDICT, Ruth, *Échantillons de civilisation*, Paris, Gallimard, 1967c1950, 368 p.

BENEDICT, Ruth, *The Chrysanthemum and the Sword: Patterns of Japanese Culture*, Boston, Houghton Mifflin, 1946, 324 p. Titre français: *Le chrysanthème et le sabre*, Paris, p. Picquier, 1987, 281 p.

BENTHAM, Jeremy, «Utilitarian Basis of Succession» dans WIGMORE John H. et Albert KOCOUREK, ed., *Rational Basis of Legal Institutions*, New York, Augustus M. Kelley, 1969c1923, p. 413-423.

BENTHAM, Jeremy, *An Introduction to the Principles of Morals and Legislation*, London, Methuen, 1982, 343 p. Titre français: *Introduction aux principes de la morale et de la législation*.

BENVENISTE, Émile, *Vocabulaire des institutions indo-européennes*, vol. 1. *Économie, parenté, société,* vol. 2. *Pouvoir, droit, religion*, Paris, Éditions de Minuit,1969.

BENVENISTE, Émile, *Problèmes de linguistique générale*, Paris, Éditions de Minuit, 1966, 356 p.

BERGHE, Pierre L. van den, «Ethnicity and Slavery», *Research in Social Stratification and Mobility*, vol. 4, 1985, p. 53-65.

BERTHOUD, Gérald, «Le paradoxe communautaire: une inégalité créatrice d'égalité», *Bulletin du MAUSS*, 1982, n° 3/4, p. 96-103.

BILL, W., *Le manuel de services A.A.* et *Les douze concepts des services mondiaux,* Montréal, Service de la littérature A.A. du Québec, édition 1981-1982, 116, 88 p.

BLIXEN, Karen, *La Ferme africaine*, Paris, Gallimard, 1978c1942, 501 p.

BLIXEN, Karen, *Le Dîner de Babette*, Paris, Gallimard, 1988 .

BLOCH, F., M. BUISSON et J.-C. MERMET, «Activités féminines et obligations familiales», *Dialogue*, n° 110, 1990, p.75-90.

BLOCH, F., M. BUISSON et J.-C. MERMET, *Dette et filiations*, Groupe de recherches sur la socialisation, Lyon, CNRS-Université Lumière Lyon 2, 1989, rapport de recherche, 2 tomes.

BOHANNAN, Paul, «The Impact of Money on an African Subsistence Economy», dans DALTON, George, ed. *Tribal and Peasant economies*, New York, The Natural History Press, 1967, p. 482-493.

BOHANNAN, Paul, «Some Principles of Exchange and Investment among the Tiv», *American Anthropologist*, n° 57, 1955, p. 60-67.

BOILLEAU, Jean-Luc, «Le don n'est ni abandon ni pardon», *La revue du MAUSS*, n° 11, 1991, p. 33-53.

BOIVIN, Robert, *Histoire de la Clinique des citoyens de Saint-Jacques, 1968-1988: des comités de citoyens au CLSC du Plateau Mont-Royal*, Montréal, VLB éditeur, 1988, 257 p.

BOLTANSKI, Luc, *L'amour et la justice comme compétences: trois essais de sociologie de l'action*, Paris, Métailié, 1990, 381 p.

BOSZORMENYI-NAGY, Ivan et Barbara KRASNER, «La confiance comme base thérapeutique: la méthode contextuelle», *Dialogue*, n° 11, 1991, p. 3-20.

BOUDON, Raymond, *L'art de se persuader des idées douteuses, fragiles ou fausses*, Paris, Fayard, 1990, 458 p.

BOUDON, Raymond, «L'acteur social est-il si irrationnel (et si conformiste) qu'on le dit?», dans AUDARD, C. et al., *Individu et justice sociale: autour de John Rawls*, Paris, Seuil, 1988, p. 219-244.

BOUDON, Raymond et François BOURRICAUD, *Dictionnaire critique de la sociologie*, Paris, Presses universitaires de France, 1982, 651 p.

BOULDING, K.E., «Réciprocité et échange: l'individu et la famille dans la société», dans MICHEL, André, *Les femmes dans la société marchande*, Paris, Presses universitaires de France, 1978, p. 21-37.

BOURDIEU, Pierre, *Esquisse d'une théorie de la pratique,* précédé de *Trois études d'ethnologie Kabyle,* Genève, Droz, 1972. Aussi paru sous le titre *Le sens pratique,* Paris, Éditions de Minuit, 1980, 470 p.

BOWLES, Samuel et Herbert GINTIS, *Democracy and Capitalism: Property, Community and the Contradictions of Modern Social Thought,* New York, Basic Books,1987, 256 p. Titre français: *La démocratie post-libérale: essai critique sur le libéralisme et le marxisme,* Paris, La Découverte, 1988c1987, 354 p.

BRAULT, Marie-Marthe T. et Lise SAINT-JEAN, dir. *Entraide et associations,* Québec, Institut québécois de recherche sur la culture, 1990, 282 p.

BRETON, Stéphane, *La mascarade des sexes: fétichisme, inversion et travestissement rituels,* Paris, Calmann-Lévy, 1989, 298 p.

BRUDNEY, Jeffrey L., *Fostering Volunteer Programs in the Public Sector: Planning, Initiating, and Managing Voluntary Activities,* San Francisco, Jossey-Bass Publishers, 1990, 243 p.

BUGRA, Ayse, «La "science" de l'économie au prix de son réalisme», *La revue du MAUSS,* n° 5, 1989, p. 124-136.

BURKE, Edmund, *Réflexions sur la révolution de France,* Paris, Hachette, 1989, 816 p. Titre original: *Reflections on the Revolution in France,* New York, Dutton, 1971c1910, 368 p.

CAILLÉ, Alain, *Critique de la raison utilitaire,* Paris, La Découverte, 1989, 139 p.

CAILLÉ, Alain, «Esquisse d'une critique de l'économie générale de la pratique», *Cahiers du L.A.S.A.,* Institut de sociologie de l'Université de Caen, 1988, n°s 8-9, p. 103-214.

CAILLÉ, Alain, «Deux mythes modernes: la rareté et la rationalité économiques», *Bulletin du MAUSS,* n° 12, 1984, p. 9-37.

CAMERER, Colin, «Gifts as Economic Signals and Social Symbols», *American Journal of Sociology,* vol. 94, supplement, 1988, p. 180-212.

CAMPBELL, Joseph, Bill MOYERS et Betty Sue FLOWERS, ed., *The Power of Myth,* New York, Doubleday, 1988, 233 p.

CAPLOW, Theodore, «Rule Enforcement without Visible Means», *American Journal of Sociology,* vol. 89, n° 6, 1984, p. 1306-1323.

CAPLOW, Theodore, «Christmas Gifts and Kin Networks», *American Sociological Review*, vol. 47, juin 1982, p. 383-392.

CARNEGIE, Dale, *How to Win Friends and Influence People*, New York, Simon and Schuster, 1936, 312 p. Version française: *Comment se faire des amis pour réussir dans la vie*, Paris, Hachette, 1939, 264 p.

CARROLL, Raymonde, *Évidences invisibles. Américains et Français au quotidien*, Paris, Seuil, 1987, 213 p.

CASTERET, Anne-Marie, *L'affaire du sang*, Paris, La Découverte, 1992.

CASTI, John L., *Paradigms Lost: Images of Man in the Mirror of Science*, New York, Avon Books, 1989, 565 p. Titre français: *Paradigmes perdus: la science en question*, Paris, InterÉditions, 1991, 496 p.

CHARACHIDZÉ, Georges, «Systèmes vindicatoires caucasiens», *Revue du MAUSS*, n° 7, 1990, p. 99-126.

CHARLES, Aline, *Travail d'ombre et de lumière. Le bénévolat féminin à l'Hôpital Ste-Justine, 1907-1960*, Québec, Institut québécois de recherche sur la culture, 1990, 191 p.

CHATWIN, Bruce, *Le chant des pistes*, Paris, Grasset, 1988. Titre original: *The Singlines*, Viking Penguin, 1988, 304 p.

CHEAL, David J., «Women Together: Bridal Shower and Gender Membership», dans RISMAN, Barbara J. et Pepper SCHWARTZ, *Gender in Intimate Relations. A Microstructural Approach*, Belmont, Calif., Wadsworth, 1989, p. 87-94.

CHEAL, David, *The Gift Economy*, Routledge, New York et Londres, 1988, 240 p.

CLASTRES, P., *La société contre l'État: recherche d'anthropologie politique*, Paris, Éditions de Minuit, 1974, 186 p.

CODERE, Helen, *Fighting with Property; a Study of Kwakiutl Potlatching and Warface, 1792-1930*, Seattle, University of Washington Press, 1950, 135 p.

COLLARD, Chantal, «Echangés, échangistes: structures dominées et structures dominantes d'échange matrimonial - le cas Guidar», *Culture*, vol. I, n° 1, 1981, p. 3-11.

CONFUCIUS, *Les entretiens de Confucius*, Paris, Gallimard, 1987, 168 p.

COPPET, Daniel de et ITEANU, André, *La ronde des échanges: de la circulation aux valeurs chez les Orokaiva,* Paris, Éditions de la Maison des Sciences de l'Homme, 1983.

COWAN, Jack D. et David H. SHARP, «Neural Nets and Artificial Intelligence», *Daedalus*, hiver 1988, p. 85-122.

CROZIER, Michel, *L'entreprise à l'écoute: apprendre le management post-industriel,* Paris, InterÉditions, 1989, 217 p.

CROZIER, Michel, *État modeste, État moderne: stratégie pour un autre développement*, Paris, Fayard, 1987, 316 p.

CROZIER, Michel et Erhart FRIEDBERG, *L'acteur et le système: les contraintes de l'action collective*, Paris, Seuil, 1977, 436 p.

CUTURELLO, Paul, «Entraide familiale», dans BONVALET, Catherine et Pierre MERLIN dir., *Transformation de la famille et habitat*, Paris, Presses universitaires de France, 1988, p. 149-168.

DALTON, George, ed., *Archaïc and Modern Economies: Essays on Karl Polanyi*, New York, Anchor, 1968.

DARMS, Louis et Jean LALOUP, *Interstances; communiquer à contresens,* Cabay, Louvain-la-Neuve, 1983.

DEFERT, Daniel, «Les personnes atteintes par l'infection au V.I.H. sont-elles des usagers du système de santé?», dans CHAUVIÈRE, Michel et Jacques T. GODBOUT, dir., *L'usager entre le marché et la citoyenneté*, Paris, L'Harmattan, 1992 (à paraître).

DERRIDA, Jacques, *Donner le temps,* T.1, *La fausse monnaie*, Paris, Galilée, 1991, 217 p.

DIALOGUE, «Dettes et cadeaux dans la famille», n° 110, Paris, 1991, 127 p.

DORE, Ronald, *Taking Japan Seriously: A Confucian Perspective on Leading Economic Issues*, Stanford, Stanford University Press, 1987.

DOUGLAS, Mary, «Une déconstruction si douce», *Revue du MAUSS*, n° 11, 1991, p, 113-123.

DOUGLAS, Mary, «Il n'y a pas de don gratuit. Introduction à la traduction anglaise de L'*Essai sur le don*», 1990, *Revue du MAUSS*, n° 4, 1989, p. 99-115.

DOUGLAS, Mary et Baron C. ISHERWOOD,*The World of Goods; Towards an Anthropology of Consumption*, Londres, Allen Lane, 1979.

DREYFUS, Hubert L. et Stuart E. DREYFUS, «Making a Mind versus Modeling the Brain», *Daedalus*, 1988, p. 15-43.

DRUCKER, Peter, «The potlatch», dans DALTON, George, ed., *Tribal and Peasant Economies*, New York, The Natural History Press, 1967, p. 482-493.

DUPUY, Jean-Pierre, «L'individu libéral, cet inconnu d'Adam Smith à Friedrich, A.», dans AUDARD, Catherine *et al.*, *Individu et justice sociale: autour de John Rawls*, Paris, Seuil, 1988, p. 73-125.

DUPUY, Jean-Pierre, «Totalisation et méconnaissance», dans Paul DUMOUCHEL, dir. *Violence et vérité. Autour de René Girard*, Paris, Grasset, 1985, p. 110-135.

DUVAL, Maurice *Un totalitarisme sans État: essai d'anthropologie politique à partir d'un village burkinabé,* Paris, L'Harmattan, 1985, 183 p.

DUVIGNAUD, Jean, *La solidarité. Liens de sang et liens de raison,* Paris, Fayard, 1986, 232 p.

DUVIGNAUD, Jean, *Le don du rien: essai d'anthropologie de la fête,* Paris, Stock, 1977, 314 p.

ECO, Umberto, *Le Nom de la rose*, Paris, Grasset, 1982, 633 p.

ÉLIADE, Mircea, *Forgerons et alchimistes*, Paris, Flammarion, 1977, 188 p., coll. «Champs».

ESCHER, M.C., *L'œuvre graphique*, Berlin, Benedikt Taschen, 1990.

ETZIONI, Amitai, «Pour une science sociale déontologique», *Revue du MAUSS*, n° 9, 1990, p. 14-32.

ETZIONI, Amitai, *The Moral Dimension: Toward a New Economics*, New York, The Free Press, 1990a, 314 p.

FAVRET-SAADA, Jeanne, *Les mots, les morts, les sorts: la sorcellerie dans le Bocage*, Paris, Gallimard, 1977, 322 p.

FAVRET-SAADA, Jeanne et Josée CONTREPAS, collaboratrice, *Corps pour corps: enquête sur la sorcellerie dans le Bocage*, Paris, Gallimard, 1981, 368 p.

FÉRAUD-ROYER, Rose-Marie, «Conversations publiques», *Les annales de la recherche urbaine*, 1987, n° 34, p. 8-15.

FERGUSON, Adam, *An Essay on the History of Civil Society*, Farnborough, En. Gregg, 1969c1773, 466 p.

FERRAND-BECHMANN, Dan, *Le phénomène bénévole*, Paris, Institut d'études politiques, thèse de doctorat, 1990.

FIRTH, Raymond, *Primitive Polynesian Economy*, Londres, Routledge and Kegan Paul, 1972.

FIRTH, Raymond, *Economics of the New Zealand Maori*, Government Printer, Wellington, 1ʳᵉ édition, 1929.

FISCHER, Eileen et Stephen J. ARNOLD, «More than a Labor of Love: Gender Roles and Christmas Shopping», *Journal of Consumer Research*, vol. 17, déc. 1990, p. 333-345.

FORNEL, Michel de, «Rituel et sens du rituel dans les échanges conversationnels», dans GOFFMAN, E., *Le parler frais d'Erving Goffman,* Paris, Éditions de Minuit, 1989, p. 180-195.

FORTIN, Andrée, *Histoires de familles et de réseaux. La sociabilité au Québec d'hier à demain*, Montréal, Éditions St-Martin, 1987, 255 p.

FORTUNE, Reo Franklin, *Sorciers de Dobu: anthropologie sociale des insulaires de Dobu dans le Pacifique*, Paris, Maspéro, 1972, 367 p., coll. «Bibliothèque d'anthropologie».

FOX, Renée C. et Judith p. SWAZEY, *The Courage to Fail: A Social View of Organ Transplants and Dialysis*, Chicago, University of Chicago Press, 1978, 437 p.

FROMM, Erich, *Escape from Freedom*, New York, Rinehart and Winston, 1964c1941, 305 p.

GADREY, Jean, «Le service n'est pas un produit: quelques implications pour l'analyse et pour la gestion», *Politiques et management public*, vol. 9, n° 1, p. 1-24.

GARANT, Louise et Mario BOLDUC, *L'aide par les proches: mythes et réalités: revue de littérature et réflexions sur les personnes âgées en perte d'autonomie, leurs aidants et aidantes naturels et le lien avec les services formels*, Québec, ministère de la Santé et des Services sociaux, 1990, 157 p.

GAUCHET, M., «La dette du sang et les racines de l'État», *Libre,* 1977, n° 2, 15-45.

GAUCHET, Marcel et Claude LEFORT, «La démocratie et l'institution du social», *Textures*, n° 1, 1971.

GIRARD, René, *Le bouc émissaire*, Paris, Grasset, 1982, 300 p.

GIRARD, René, Jean-Michel OUGHOURLIAN et Guy LEFORT, *Des choses cachées depuis la fondation du monde*, Paris, Grasset, 1978, 492 p.

GLEICK, James, *La théorie du chaos. Vers une nouvelle science*, Paris, Albin Michel, 1989, 424 p. Titre original: *Chaos: Making a Science,* New York, Penguin Book, 1988, 352 p.

GODBOUT, Jacques T., «Le communautaire et l'appareil», dans BRAULT, Marie-Marthe T. et Lise SAINT-JEAN, dir., *Entraide et associations*, Québec, Institut québécois de recherche sur la culture, 1990, p. 239-259.

GODBOUT, Jacques T., *La démocratie des usagers*, Montréal, Boréal, 1987, 190 p.

GODELIER, Maurice, *«La monnaie de sel des Baruyas de Nouvelle-Guinée»*, dans GODELIER, Maurice, *Horizon, trajets marxistes en anthropologie*, Paris, Maspéro, 1973, 2 vol.

GOFFMAN, E., *La mise en scène de la vie quotidienne*, 1973, t. 1. *Les relations en public*, t. 2. *La présentation de soi,* Paris, Éditions de Minuit,

GOFFMAN, E. et Catherine KERBRAT-ORECCHIONI, «Théorie des faces et analyse conversationnelle», dans GOFFMAN, E., *Le parler frais d'Erving Goffman*, Paris, Éditions de Minuit, 1990, p. 155-179.

GOLDMAN, I., *The Mouth of Heaven. An Introduction to Kwakiutl Religious Thought*, New York, Wiley, 1975, 124 p.

GOODWIN RAHEJA, Gloria, *The Poison in the Gift: Ritual, Prestations and the Dominant Caste in a North Indian Village*, Chicago, University of Chicago Press, 1988, 286 p.

GORZ, André, *Les chemins du paradis: l'agonie du capital*, Paris, Galilée, 1983, 249 p.

GOTMAN, Anne, «"Le vase c'est ma tante". De quelques propriétés des biens hérités», *Nouvelle revue d'ethnopsychiatrie,* 1989, n° 14, p. 125-150.

GOTMAN, Anne, *Hériter*, Paris, Presses universitaires de France, 1988.

GOTMAN, Anne, «L'économie symbolique des biens de famille», *Dialogue*, n° 89, 1985, p. 58-73.

GOULDNER, Alvin W., «La classe moyenne et l'esprit utilitaire», *Revue du MAUSS*, n° 5, 1989, p. 14-39. Traduction de GOULDNER, Alvin W, *The Coming Crisis of Western Sociology*, chapitre 6, Londres, Heinemann, 1970.

GOULDNER, Alvin W.,«The Norm of Reciprocity», *American Sociological Review*, vol. 25, n° 2, 1960, p. 161-178.

GOUX, Jean-Joseph, *Économie et symbolisme*, Seuil, Paris, 1973, 278 p.

GRAFMEYER, Yves et Isaac JOSEPH, *L'école de Chicago. Naissance de l'écologie urbaine,* Paris, Aubier, 1984, 334 p.

GRANOVETER, M., «The Strenght of Weak Ties: Network Theories Revisited», dans COLLINS, Randall, ed. *Sociological Theory*, Dossey-Bass Publishers, p. 201-233.

GREGORY, C.A., *Gifts and Commodities*, San Diego, Academic Press, 1983.

GUAY, Jérôme, *L'intervenant professionnel face à l'aide naturelle*, Chicoutimi, Gaëtan Morin éditeur, 1984, 237 p.

GUÉRY, Alain, «Le roi dépensier. Du don à l'impôt», *Bulletin du MAUSS*, n° 5, 1983, p. 7-46.

GUIBERT, Bernard, *L'ordre marchand,* Paris, Les Éditions du Cerf, 1986.

GUIDIERI, Remo, *L'abondance des pauvres: six aperçus critiques sur l'anthropologie,* Paris, Seuil, 1984, 323 p.

HABERMAS, Jürgen, *Morale et communication: conscience morale et activité communicationnelle*, Paris, Éditions du Cerf, 1986, 212 p.

HAESLER, Aldo, «Passages de l'économique: de l'échange symbolique à la transaction "singulative"», *Société*, n° 3, été 1988, p. 27-62.

HERSKOVITS, Melville, *Economic Anthropology; The Economic Life of Primitive Peoples*, New York, W.W. Norton, 1965, 547 p.

HIRSCHMAN, Albert O., *L'économie comme science morale et politique*, Paris, Gallimard et Seuil, 1984, 111 p.

HIRSCHMAN, Albert O., *The Passions and the Interests: Political Arguments for Capitalism before its Triumph*, Princeton, Princeton University Press, 1977, 153 p. Titre français: *La passion et les intérêts: justifications politiques du capitalisme avant son apogée*, Paris, Presses universitaires de France, 1980, 135 p.

HIRSCHMAN, Albert O., *Exit, Voice and Loyalty: Response to Declin in Firms, Organization and States*, Cambridge, Harvard University Press, 1970, 162 p. Titre français: *Face au déclin des entreprises et des institutions*, Paris, Économie et humanisme; Éditions ouvrières, 1972, 141 p.

HOCART, Arthur M., *Rois et courtisans*, Paris, Seuil, 1978, 379 p.

HOCHSCHILD, Arlie R., «The Economy of Gratitude», dans David D. FRANKS et E. Doyle MCCARTHY, *The Sociology of Emotions*, Greenwich, Conn., Jai Press Inc, 1989, p. 95-113.

HOFSTADTER, Douglas R., *Gödel, Escher, Bach: an Eternal Golden Braid*, New York, Vintage Books, 1980, 777 p. Titre français: *Gödel, Escher, Bach: les brins d'une guirlande éternelle*, Paris, InterÉditions, 1985, 883 p.

HUIZINGA, Johan, *Homo Ludens. A Study of the Play-Element in Culture*, Londres, Routledge & Kegan Paul, 1949, 220 p. Titre fançais: *Homo ludens, essai sur la fonction sociale du jeu*, Paris Gallimard, 1951, 340 p.

HYDE, Lewis, *The Gift. Imagination and the Erotic Life of Property*, New York, Random House, 1983, 352 p.

IGNATIEFF, Michael, *The Needs of Strangers*, New York, Penguin Books, 1986.

JAMOUS, R., *Honneur et baraka, les structures sociales traditionnelles dans le Rif*, MSH, 1981.

JANKELEVITCH, V., *Traité des Vertus*, tome 2, *Les vertus et l'amour*, Paris, Bordas, 1968.

JASPERS, Karl, *Les grands philosophes*, tome 1, Paris, Plon, 1989.

JORION, Paul, *Principes des systèmes intelligents*, Paris, Masson, 1990c1989, 188 p.

JORION, Paul, «Intelligence artificielle et mentalité primitive», *Revue philosophique*, n° 4, 1989, p. 515-541.

KADARÉ, Ismaïl, *Avril brisé,* Paris, Fayard, 1981, 216 p.

KASS, Leon R., «Organs for Sale? Propriety, Property, and the Price of Progress», *The Public Interest,* n° 107, 1992, p. 65-86.

KAUFMANN, Jean-Claude, «Partager les tâches ménagères: don de soi et calcul de la dette», *Dialogue,* 1990, 4e trimestre, p. 91-108.

KELLERHALS, Jean et al., *Figures de l'équité: la construction des normes de justice dans les groupes,* Paris, Presses universitaires de France, 1988, 225 p.

KOLM, Serge-Christophe, *La bonne économie. La réciprocité générale,* Paris, Presses universitaires de France, 1984, 472 p.

KUNDERA, Milan, *L'art du roman,* Paris, Gallimard, 1986, 199 p.

LACAN, Jacques, «Fonction et champ de la parole et du langage», dans *Écrits,* Seuil, Paris, 1966.

LACAN, Jacques, «Les quatre concepts fondamentaux de la psychanalyse», *Le Séminaire de Jacques Lacan,* Livre XI, Paris, Seuil, 1966a.

LACOURSE, Josée, «Réciprocité positive et réciprocité négative: de Marcel Mauss à René Girard», *Cahiers internationaux de sociologie,* vol. LXXXIII, 1987, p. 291-305.

LATOUR, Bruno, «Le grand partage», *Revue du MAUSS,* n° 1, 1988, p. 27-64.

LATOUR, Bruno, *Nous n'avons jamais été modernes,* Paris, La Découverte, 1991.

LE GALL, Didier et Claude MARTIN, «Aimer sans compter? Recomposition familiale et types d'échange», *Dialogue,* n° 109, p. 70-81.

LEFORT, Claude, «L'échange et la lutte des hommes», *Les formes de l'Histoire,* Gallimard, Paris, 1978.

LEGENDRE, Pierre, *Le crime du caporal Lortie. Traité sur le Père,* Paris, Fayard, 1989, 186 p.

LEMIEUX, Vincent, Pierre JOUBERT et René FORTIN, *Réseaux et appareils: une recherche dans l'Islet,* Québec, Département de science politique, Université Laval, 1981, 197 p.

LESEMANN, Frédéric et Claire CHAUME, *Familles-providence, la part de l'État: recherche sur le maintien à domicile,* Montréal, Éditions St-Martin, 1989, 287 p.

LÉVI-STRAUSS, Claude, *De près et de loin*, Paris, Éditions Odile Jacob, 1988, 254 p.

LÉVI-STRAUSS, Claude, «Préface», *Histoire de la famille*, Paris, Armand Colin, 1986, 2 tomes.

LÉVI-STRAUSS, Claude, *Anthropologie structurale II*, Paris, Plon, 1973.

LÉVI-STRAUSS, Claude, *Les structures élémentaires de la parenté*, Paris, Mouton, 1967, 591 p.

LÉVI-STRAUSS, Claude, *Anthropologie structurale I*, Paris, Plon, 1958.

LINDBLOM, Charles, *The Intelligence of Democracy: Decision Making Through Mutual Adjustment*, New York, Free Press, 1965, 352 p.

LOVELOCK, James, *Les âges de Gaia,* Paris, Laffont, 1990, 291 p. Titre original: *The Age of Gaia: A Biography of our Living Earth*, New York, W.W. Norton, 1988, 252 p.

MALENFANT, Roméo, «Typologie des Associations», *Inter-action*, numéro spécial, *Le contexte associatif*, 1990, Montréal, p. 3-11.

MALINOWSKI, B., *Les jardins de corail*, Paris, Maspéro, 1974, 355 p.

MALINOWSKI, B., *Les Argonautes du Pacifique occidental*, Paris, Gallimard, 1963, 606 p.

MALINOWSKI, B., «The Kula: the Circulating Exchange of Valuables in the Archipelagoes of Eastern New Guinea», *Man*, 1920.

MARCH, James Gardiner et Herbert Alexandre SIMON, *Les Organisations: problèmes psychologiques*, Paris, Dunod, 1979, 253 p. Titre original: *The Organizations*, New York, Wiley, 1958, 262 p.

MARGULIS, Lynn et Dorion SAGAN, *L'univers bactériel: les nouveaux rapports de l'homme et de la nature*, Paris, Albin Michel, 1989, 333 p.

MATALON, Benjamin, «Sociologie de la science et relativisme», *Revue de Synthèse*, juin-septembre 1986, p. 267-290.

MAUSS, Marcel, «Essai sur le don, forme et raison de l'échange dans les sociétés archaïques», dans *Sociologie et anthropologie*, Paris, Presses universitaires de France, 1985c1950, p. 145-279.

MELMAN, Charles, «Pourquoi la TVA n'est pas applicable à la séance de psychanalyse?», *Le Discours psychanalytique*, février 1989, p. 117-134.

MICHELS, Robert, *Les partis politiques: essai sur les tendances oligarchiques des démocraties*, Paris, Flammarion, 1971c1914, 309 p.

MILL, John Stuart, *L'utilitarisme*, Paris, Flammarion, 1988, 181 p. Titre original: *Utilitarism*, Indianapolis, Hackett Pub., 1979c1861, 80 p.

MINSKY, Marvin, *The Society of Mind*, New York, Simon and Schuster, 1986, 339 p. Titre français: *La société de l'esprit*, Paris, Seuil, 1969, 3 vol.

MORTENSEN, Dale T., «Matching: Finding a Partner for Life or Otherwise», *American Journal of Sociology*, vol. 94, supplement, p. 215-240.

NAGEL, E., J. R. NEWMAN, K. GÖDEL et J. Y. GIRARD, *Le théorème de Gödel*, Paris, Seuil, 1989, 178 p.

NICOLAS, Guy, *Don rituel et échange marchand*, Paris, Institut d'Ethnologie, Musée de l'Homme, 1986.

O.N.U., *Déclaration sur le progrès et le développement dans le domaine social,* 11 décembre 1969.

PANOFF, Michel, «Objets précieux et moyens de paiement chez les Maenge de Nouvelle-Bretagne», *L'Homme*, avril-juin 1980, n° 20, p. 5-37.

PAPERT, Seymour, «One AI or Many?», *Daedalus*, 1988, p. 1-14.

PARRY, Jonathan, «The Gift, the Indian Gift and the «Indian Gift»», *Man*, vol. 21, n° 3, 1986, p. 453-473.

PERROUX, François, *Économie et société. Contrainte, échange, don*, Paris, Presses universitaires de France, 1963, 186 p.

PETITAT, André, *Les infirmières. De la vocation à la profession*, Montréal, Boréal, 1989, 408 p.

PIAGET, J., *Études sociologiques*, Droz, Genève, 1977, 3e édition, 361 p.

PIDDOCKE, Stuart, «The Potlatch System of the Southern Kwakiutl», *Southwestern Journal of Anthropology*, n° 21, 1965.

PILISUK, Marc et Susan HILLIER PARKS, *The Healing Web. Social Networks and Human Survival*, Hanover et London, University Press of New England, 1986, 242 p.

PINTO, Josiane, «La secrétaire et son patron: dons et contre-dons», dans GAUJELAC, V., ENRIQUEZ, E et N. AUBRET, *Le sexe du pouvoir, Femmes, hommes et pouvoir dans les organisations*, Paris, Desclée de Brower, 1986, p. 48-56.

PIRSIG, Robert Maynard, *Zen and the Art of Motorcycle Maintenance: An Inquiry into Values*, New York, Bantam, 1984, 416 p. Titre français: *Traité du zen et de l'entretien des motocyclettes: récit*, Paris, Seuil, 1978, 350 p.

PITT-RIVERS, Julian, *Anthropologie de l'honneur. La mésaventure de Sichem*, Paris, Le Sycomore, 1983, 275 p. Titre original: *The Fate of Shechem or the Politics of Sex: Essays in the Anthropology of the Mediterranean.*

POLANYI, Karl, *The Great Transformation: The Political and Economic Origins of our Times*, Boston, Beacon Press, 1957c1944, 315 p. Titre français: *La grande transformation: aux origines politiques et économiques de notre temps*, Paris, Gallimard, 1983, 419 p.

POLANYI, Karl, *The Livelihood of Man*, New York, Academic Press, 1977, 280 p.

POLANYI, Karl et Conrad ARENSBERG, *Les systèmes économiques dans l'histoire et dans la théorie*, Paris, Larousse, 1975, 348 p. Titre original: *Trade and Market in the Early Empires*, New York, The Free Press, 1957.

RACINE, Luc, «Échange et circulation d'objets dans des groupes d'enfants en activité libre», *Information sur les sciences sociales*, vol. 19, n° 3, 1980, p. 543-580.

RAVEYRE, Marie-Françoise, *Jeux de miroirs. L'aide de Saint-Gobain au développement des PME*, GLYSI, Université de Lyon-CNRS, 1988.

REEKE, George N. et Gerald M. EDELMAN, «Real Brains and Artificial Intelligence», *Daedalus*, hiver 1988, p. 143-174.

ROBERGE, Andrée, «Réseaux d'échange et parenté inconsciente», *Anthropologie et Sociétés*, vol. 9, n° 3, 1985, p. 5-35.

ROBILLARD, Yves, «Le marché de l'art contemporain «international» et le Tiers-monde culturel», *Possibles*, vol. 14, nº 1, hiver 1990, p. 41-48.

ROBILLARD, Yves, *La nécessité du milieu ou le système artistique québécois*, Montréal, 1987, non publié.

ROSANVALLON, Pierre, *Le libéralisme économique. Histoire de l'idée de marché*, Paris, Seuil, 1989, 237 p.

ROWE, Jan O. *et al.*, «The Psychology of Forgiving Another. A Dialogal Research Approach», dans VALLE, Ronald S. et Steen HALLING, ed., *Existential-Phenomenological Perspectives in Psychology*, New York et London, Plenum Press, 1989, p. 233-243.

SAHLINS, Marshall, *Âge de pierre, âge d'abondance: l'économie des sociétés primitives*, Paris, Gallimard, 1976, 409 p.

SALEM, Gérard, «Loyauté, dettes, et mérites: contributions théorique et clinique à la thérapie contextuelle», *Dialogue*, nº 110, 1990, p. 50-70.

SALISBURY, R., *From Stone to Steel*, Cambridge Univ. Press, 1962.

SCHULTE-TENCKHOFF, Isabelle, *Le poltatch, conquête et invention: réflexions sur un concept anthropologique*, Lausanne, Éditions d'En-bas, 1986.

SCUBLA, Lucien, «Système vindicatoire et système sacrificiel: la fin d'un malentendu?», *Colloque Vengeance*, Stanford University, 27, 28 et 29 octobre 1988.

SCUBLA, Lucien, «Théorie du sacrifice et théorie du désir chez René Girard», dans DUMOUCHEL, Paul, dir., *Violence et Vérité*, colloque autour de René Girard, Paris, Grasset, 1985, 617 p.

SERIAUX, Alain, *Les successions, les libéralités*, Paris, Presses universitaires de France, 1986, 383 p.

SERVET, Jean-Michel, *Genèse des formes et formes monétaires*, thèse de doctorat d'État, sciences économiques, Lyon, 1982.

SGRITTA, Giovanni H., *Recherche et familles dans la crise de l'État-providence: le cas italien*, Paris, Colloque national Recherches et Familles, 1983.

SIMMEL, Georg, *Philosophie de l'amour*, Paris, Petite bibliothèque Rivages, 1988, 195 p.

SIMMEL, Georg, *La philosophie de l'argent*, Paris, Presses universitaires de France, 1987, 662 p.

SIMMEL, Georg, «Métropoles et mentalité», dans GRAFMEYER, Yves et Isaac JOSEPH, *L'école de Chicago*, Paris, Aubier, 1979, p. 61-78.

SIMMONS, Robert *et al.*, *The Gift of Life: The Effect of Organ Transplantation and Societal Dynamics,* Rutgers University, New-Brunswick, N.J., Transaction Pubs., 1987, 526 p.

SINGLY, François de et G. CHARRIER, «Vie commune et pensée célibataire», *Dialogue,* 1988, 4ᵉ trimestre, p. 44-51.

SINGLY, François de, «L'amour, un bien privé, un mal public?», *Revue française des affaires sociales*, 1988a, vol. 42, n° 2, p. 129-141.

SINGLY, François de, *Fortune et infortune de la femme mariée: sociologie de la vie conjugale*, Paris, Presses universitaires de France, 1987, 229 p.

SLOTERDIJK, Peter, *Critique de la raison cynique*, Paris, Christian Bourgois, 1987, 670 p.

STRATHERN, Marilyn, *The Gender of the Gift: Problems with Women and Problems with Society in Melanisia*, University of California Press, 1988, 422 p.

SWEDBERG, Richard, «Economic Sociology: Past and Present», *Current Sociology*, vol. 35, n° 1, 1987, 220 p.

TAIEB, Paulette, «L'oreille du sourd», *Bulletin du MAUSS*, n° 11, 1984, p. 39-67.

TITMUSS, Richard M., *The Gift Relationship. From Human Blood to Social Policy*, New York, Vintage Books, 1972.

TOURAINE, Alain, *La parole et le sang. Politique et société en Amérique latine*, Paris, Éditions Odile Jacob, 1988, 542 p.

TURKLE, Sherry, «Artificial Intelligence and Psychoanalysis: A New Alliance», *Daedalus*, hiver 1988, p. 241-268.

VACQUIN, Monette, «Le syndrôme de Frankenstein», dans *Va-t-on modifier l'espèce humaine?*, Le Nouvel Observateur, Documents n° 10, 1990, p. 134-145.

VERDIER, Raymond, *La vengeance: études d'ethnologie, d'histoire et de philosophie,* Paris, Cujas, 1981, 2 vol.

VERNANT, Jean-Pierre, *Mythe et pensée chez les Grecs: étude de psychologie historique*, Paris, La Découverte, 1985c1865, 432 p.

VEYNE, Paul, *Le pain et le Cirque: sociologie historique d'un pluralisme politique*, Paris, Seuil, 1976, 799 p.

VIDAL, Denis, «Les trois Grâces ou l'allégorie du Don», *Gradhiva*, n° 9, 1991, p. 13-47.

WALTZ, David L., «The Prospects for Building Truly Intelligent Machines», *Daedalus*, hiver 1988, p. 191-212.

WEBER, Florence, *Le travail à côté: étude d'ethnographie ouvrière*, Paris, EHESS, 1989, 212 p.

WEINER, Annette B., «La kula et la quête de la renommée», *Revue du MAUSS*, n° 6, 4e trimestre 1989, p. 35-63.

WEINER, Annette B., «La richesse inaliénable», *Revue du MAUSS*, no 2, 1988, p. 126-160.

WEINER, Annette B., «Du sexe des anthropologues et de la reproduction chez les informateurs», *Bulletin du MAUSS*, n° 10, 1984, p. 23-52.

WEINER, Annette B., *La richesse des femmes*, Paris, Seuil, 1983, 279 p.

WEINER, Annette B., «Reproduction: a Replacement for Reciprocity», *Bulletin du MAUSS*, n[os] 3-4, 1982, p. 27-40.

WOLFE, Alan, «Mind, Self, Society and Computer: Artificial Intelligence and the Sociology of Mind», *American Journal of Sociology*, vol. 96, n° 5, mars 1991, p. 1073-1096.

WOLFE, Alan, *Whose Keeper? Social Science and Moral Obligation*, Berkeley, University of California Press, 1989.

ZAGNOLI, Nello, «Réparation et médiation dans le système vidicatoire: la vengeance en Calabre», *Revue du MAUSS,* n° 7, 1990, p. 77-97.

ZONABEND, Françoise, *La mémoire longue*, Paris, Presses universitaires de France, 1980.

Table

Première partie
LES LIEUX DU DON

Deuxième partie
DU DON ARCHAÏQUE AU DON MODERNE

MISE EN PAGES ET TYPOGRAPHIE:
LES ÉDITIONS DU BORÉAL

ACHEVÉ D'IMPRIMER EN DÉCEMBRE 1995
SUR LES PRESSES
DE L'IMPRIMERIE L'ÉCLAIREUR À BEAUCEVILLE (QUÉBEC).